Geo

EL DESORDEN

Serie
CLA·DE·MA

EL DESORDEN

La teoría del caos y las ciencias sociales.
Elogio de la fecundidad del movimiento

por

Georges Balandier

gedisa
editorial

Título del original francés:
Le désordre
© 1988, *by* Librairie Arthème Fayard

Traducción: Beatriz López
Diseño de cubierta: Marc Valls
Composición tipográfica: Estudio Acuatro

Segunda edición, octubre de 1994, Barcelona

Derechos reservados para todas las ediciones en castellano

© by Editorial Gedisa, S. A.
Muntaner, 460, entlo., 1.ª
Tel. 201 60 00
08006 - Barcelona, España

ISBN: 84-7432-352-5
Depósito legal: B. 34.484/1994

Impreso en Hurope
Recaredo, 2 - 08005 Barcelona

Impreso en España
Printed in Spain

INDICE

Para Nil,
Jean-Sébastien
y Emmanuel,
mis nietos,
que ingresan
en este mundo turbulento.

El enigma

El caos es el enigma que viene desde tiempos muy lejanos, cuando los mitos trataban de mostrar cómo todas las cosas provienen y son el resultado de génesis sucesivas. Hoy, la investigación científica toma los caminos que conducen inevitablemente a él. El desorden, la turbulencia, la desorganización y lo inesperado fascinan, los arcanos del azar incitan menos a una iniciación que a un avance utilizando los instrumentos de la informática más complejos y más poderosos. Hace unos diez años ha nacido una disciplina nueva, la caología, y ya algunos la consideran una de las principales invenciones que han revolucionado la historia de las civilizaciones. Empero, parece estar preocupada, al principio, sólo en las curiosidades o los desvíos de la ilusión en beneficio de una ciencia que se ha vuelto extraña. Para ella, la trivialidad se transforma en misterio. El grifo que gotea ya no es un pequeño asunto doméstico y un motivo de irritación, sino la ocasión de una observación erudita, realizada a lo largo de los años, que hace de esa anomalía una especie de paradigma del caos. El agua de una cascada, con su caída en capas, su dispersión en una multitud de gotitas y su posterior circulación hacia la corriente errante, manifiesta un nivel superior de esa complejidad con un ritmo desordenado. El humo del cigarrillo, compañero de los vagabundeos del espíritu, que se eleva primero en línea recta y de pronto se tuerce y compone figuras con movimiento, sugiere la presencia de un fenómeno semejante. Más arriba, muy arriba, corren las maravillosas nubes, construyen paisajes celestes, móviles y siempre cambiantes, caos con los cuales se vinculan los sueños; pero la nueva disciplina quiere forzar su misterio, encontrar la respuesta que hará menos falible la previsión del tiempo más allá de lo inmediato.

Se dice: "La naturaleza no es lineal", nada es simple, el orden se oculta tras el desorden, lo aleatorio está siempre en acción, lo imprevisible debe ser comprendido. Se trata de una descripción diferente del mundo que conviene producir en el presente, en la cual la consideración del movimiento y sus flucturaciones predomina sobre la de las estructuras, las organizaciones, las permanencias. La clave es otra dinámica, calificada de no lineal, que le da acceso a la lógica de los fenómenos aparentemente menos ordenados. Esta conmoción del saber no se produce sin incredulidad ni rechazo, pero la pasión de los nuevos descriptores es contagiosa. Se desplaza de la física hacia las ciencias de la vida y la sociedad, aun cuando se reconoce, en este último caso, que las personas son más complicadas que las partículas.

Ya, sus aplicaciones son investigadas en los campos más diversos. La medicina se presta, con la interpretación del infarto como fenómeno de pasaje brutal de un estado de regularidad a un estado caótico, con el desciframiento de la crisis epiléptica que derriba repentinamente y somete al ataque desconcertante de la epilepsia. La economía también trata de recurrir a este examen arriesgado, con el estudio del desorden de las inversiones y el empleo, el estudio de los ciclos desconcertantes y el comportamiento errático de la Bolsa. La caología no podría ser interpretada como una apología del desorden, pues propone otra representación de éste, lo pone en su lugar; demuestra que si los acontecimientos y las turbulencias de la naturaleza dan una impresión de confusión, de batifondo, son sin embargo *atraídos* por ciertos estados. Estos "atraedores extraños" están mal identificados, pero su acción es reconocida; el desorden no se confunde con el batifondo.

Se plantean, sin embargo, preguntas irritantes, sobre todo las siguientes: ¿cómo puede nacer del caos algún tipo de organización?; ¿cómo otra vez vuelve a surgir del orden y a escapar a las obligaciones que éste define? Hace mucho que el mito ha dado respuestas; la ciencia ha enunciado las suyas, las ha sometido a la prueba de la verificación y las revisa continuamente. Hay ahí dos usos de la razón, dos lógicas, en la actualidad más reconocidas porque están más separadas. Los grandes mitos de las sociedades de la tradición dan una explicación total, afirman, dicen lo que es y lo que debe ser. La ciencia actual ya no intenta llegar a una visión del mundo totalmente explicativa, la visión que produce es parcial y provisoria. Se enfrenta con una realidad incierta, con fronteras imprecisas o móviles, estudia "el juego de los posibles", explora lo complejo, lo imprevisible y lo inédito. Ya no tiene la obsesión de la armonía, le da un gran lugar a la entropía y al desorden, y su argumentación, si bien enriquecida con conceptos y metáforas nuevos, descubre progresivamente sus propias limitaciones.

Si los científicos parecen jugar al caos sobre el gran tablero de la naturaleza, los analistas de la modernidad se lanzan con menos probabilidades de éxito a un juego similar. A éste lo he definido no hace mucho con una fórmula: el movimiento, más la incertidumbre. El primero de esos dos términos se realiza en formas múltiples, vistas por muchos como otras tantas ocultaciones o máscaras del desorden. El vocabulario postmodernista se ajusta a este inventario exploratorio de la "deconstrucción" y de las simulaciones. Hace unos años se estableció progresivamente la cuenta de las desapariciones: desde el campo hasta la ciudad, desde los grupos hasta las relaciones entre individuos, desde estos últimos hasta los espacios de la cultura y el poder, todo ha sido condenado a desaparecer.

La era de lo falso y lo engañoso, más "la era del vacío" y "el fracaso del pensamiento", han sido proclamados más recientemente. Las apariencias, las ilusiones y las imágenes, el "ruido" de la comunicación desnaturalizada y lo efímero llegan a ser poco a poco los constituyentes de una realidad que no es tal, sino que se percibe y es aceptada bajo esos aspectos. Esta es la nueva manera de poner en escena las figuras del desorden olvidando que lo real se construye y que sólo la incapacidad y la pasividad llevan a una sumisión desamparada, haciendo caso omiso también del hecho de que las técnicas progresan separadamente gracias a este abandono y que construyen un mundo en el que ellas podrían revelarse como sus dueñas. El segundo término de mi fórmula —la incertidumbre— expresa a la vez la irrupción de lo inédito bajo los impulsos de la modernidad, y el riesgo, para el hombre, de encontrarse en posición de exiliado, extranjero o bárbaro en su propia sociedad, si la incompresión de lo que está en vías de hacerse lo alejase de una civilización contemporánea donde sólo identificara el caos y el no-sentido.

La conciencia de desorden está avivada. Engendra reacciones contrarias, vacilaciones. Para unos, el pasado (conservador de la tradición), incluso lo arcaico (factor de permanencia y de lo universal), se refieren al orden, revelan las señales más sólidamente afianzadas, proponen los repertorios o las guías necesarias para una orientación según la cual nuestro tiempo podría ser examinado, interpretado, organizado. La modernidad recibe de estas fuentes lo que la ordena y la hace portadora de significaciones. Para los otros, es la confusión y la inestabilidad, el movimiento que aligera la pesadez del orden preexistente, la abundancia de lo nuevo, lo que da todas sus oportunidades a una libertad nueva y fecunda: el desorden se vuelve creador, los períodos de transición ejercen entonces una verdadera fascinación, son vistos como aquellos que hacen retroceder las fronteras de lo imposible, en los cuales se realizan rupturas y avances. Entre esos dos polos se sitúan las ignorancias, las interrogaciones, las dudas, los acomodamientos y los desconciertos, todo lo que puede llevar a un escepticismo trivial o a un nihilismo nefasto, todo lo que contribuye igualmente a nutrir una demanda impaciente de orden, sin medir bien los riesgos.

El orden y el desorden no se separan. En este libro no se los ha disociado; consagrado al segundo, se ocupa constantemente de sus relaciones complejas y misteriosas, del doble enigma que constantemente han planteado a los hombres, de todos los tiempos y todas las culturas. En la primera parte, se los considera bajo tres aspectos. Se demuestra primero en ella cómo los *mitos de origen* expresan un orden primordial sacado del caos, cómo los ritos trabajan para el orden y por qué procedimientos la tradición obra astutamente con el movimiento. Se aborda luego el *devenir de la ciencia*, la historia de las maneras de dialogar con la naturaleza, el paso de un mundo definido por la armonía a un mundo en movimiento, librado a una turbulencia incesante. Se examina finalmente un *saber social* en completa transformación, para el cual la sociedad ya no está más establecida en la unidad y la permanencia; el orden y el desorden actúan en ella juntos, la complejidad creciente multiplica en ella los posibles y se convierte en un factor de improbabilidad.

En la segunda parte se estudia el desorden en las sociedades de la tradición. En ella se pone de manifiesto su *trabajo oculto*, se señalan los lugares donde éste se sitúa, se identifican las figuras que lo encarnan, se presenta en acción bajo las máscaras de la brujería. Empero, en esas sociedades, el desorden puede *traducirse en orden* por el efecto de lo imaginario, lo simbólico y las prácticas ritualizadas. El poder mismo aparece como una máquina que tiene la capacidad de actuar sobre el desorden a fin de convertirlo en energía positiva; el movimiento debe ser un agente de refuerzo y no de disipación de las fuerzas colectivas.

En la tercera parte se efectúa el regreso al universo de la modernidad. Se revela cómo ésta *mezcla las cartas*, mantiene las incertidumbres y obliga en cierto modo a comprometerse en la historia inmediata al avanzar hacia ella a ojo de un buen cubero. La atención se centra primero en la dificultad de saber, en el desbarajuste de lo real y en el hombre actual, que se ha vuelto un sujeto difícil de identificar. El desorden *no se delimita*, lo cual exaspera la conciencia del desorden. Las figuras del desorden son entonces tratadas en tanto figuras reveladoras. Cuatro de ellas aportan un ejemplo: el acontecimiento, advenimiento repentino del desorden (la crisis bursátil del otoño de 1987); la enfermedad, el mal, desorden que viene de afuera (el SIDA); la violencia, aprovechamiento del desorden (el terrorismo); el político debilitado, desorden e incertidumbre (el revelador electoral). Nos arriesgamos a continuación a realizar una investigación primera de las formas que toma la respuesta dada al desorden. Nos hemos detenido en las tres principales: la respuesta total, el orden totalitario; la respuesta de la persona, el orden de lo sagrado; la respuesta pragmática, el orden por el movimiento.

Una doble incertidumbre se impone aquí. La crisis de la cual se habla tanto es también una crisis de la interpretación, y en este libro se trata, por consiguiente, de rastrear los caminos de un conocimiento en el que el desorden no aparece ya como un perturbador manejable. El pensamiento de nuestro tiempo, situado en este tiempo, lleva inevitablemente a pensar en el movimiento y, tal vez, a hacer su elogio.*

* Mi agradecimiento en primer lugar a Claude Durand por el interés que ha demostrado por este libro, por su lectura atenta y eficaz del manuscrito. Seguidamente, a Brigitte Guigou, que me ha ayudado a seleccionar las fuentes antropológicas, a Yvonne Roux y Denise Nobre, que han realizado una primera corrección del texto, y a Christine Cailleteau, que lo ha mecanografiado.

PRIMERA PARTE

ORDEN Y DESORDEN

1

El mito proclama el orden primordial

La ciencia quiso primero la muerte del mito, como la razón la desaparición de lo irracional. Ha visto en él el obstáculo para lograr una verdadera comprensión del mundo, ha desencadenado una guerra interminable contra el pensamiento mítico. Valéry ha glorificado esta lucha devastadora contra las "cosas ambiguas": "Lo que perece por un poco más de precisión es un mito; bajo el rigor de la mirada y bajo los golpes multiplicados y convergentes de las preguntas y las interrogaciones categóricas con que el espíritu despierto se arma por todas partes, veis morir los mitos". (1) Sin embargo, el mito no tiene una vida difícil y sus metamorfosis lo mantienen presente en todas partes. Asimismo, la ciencia actual busca menos su erradicación que su aislamiento. Cuando ella traza sus propios límites —las fronteras de lo posible, las de lo real, según la formulación de François Jacob—, deja al mito —y al sueño, se dice— el campo que les pertenece. Les concede lo que ella jamás podrá reivindicar: dar sentido, proponer justificaciones morales, presentar *una* visión del mundo. El pensamiento científico plantea las preguntas, el pensamiento mítico da las respuestas, las explicaciones que no se sitúan evidentemente en el mismo registro que la interrogación erudita. Son dos usos de la razón, dos procedimientos que permiten poner orden e inteligibilidad en el universo y llegar a este último mediante "relatos" absolutamente distintos por su modo de producción, por la lógica, la autoridad y la inscripción en la duración que les son propias. El relato científico es corregible y corregido. El relato mítico, una vez establecido, requiere una perennidad y no varía realmente sino manteniendo sus apariencias, su forma; se inscribe en una tradición, echa raíces, y es la migración lo que provoca sus metamorfosis en otros lugares.

Esta separación nítida ha sido negada a veces, sobre todo por Manuel de Diéguez que entrevé un "relato oculto" e inconsciente "bajo el relato descriptivo del sabio". Este autor enuncia la siguiente pregunta:

"¿Cuál es el antropomorfismo de la ciencia en su mito secreto, a partir del cual el sabio confiere a su vez inteligibilidad al universo?" Y esta pregunta desemboca en una respuesta interrogativa y provocativa: "¿Y si fuese por un relato tan ingenuo como el de los salvajes?". (2) Los científicos actuales hacen la separación, pero admitiendo una doble legitimidad: los dos recursos no tienen una medida común, son dos caminos diferentes del pensamiento que no deben confundirse en las tentativas de acceso a lo real; son dos prácticas del conocimiento que engendran efectos totalmente distintos: ninguno está equivocado, ninguno tiene razón. (3) La certidumbre de esta división se debilita sin embargo cuando se vuelve a la historia de la ciencia: a la consideración del mito relacionado con los orígenes de la ciencia y del mito científico actual; cuando el sabio se interroga sobre la realidad de los seres científicos que estudia; cuando se pregunta si existen independientemente de toda observación humana, como lo hace en el "gran debate de la teoría cuántica". (4) Ilya Prigogine e Isabelle Stengers han señalado el parecido y la diferencia, han aproximado y disociado: "Igual que los mitos y las cosmologías, la ciencia parece tratar de *comprender* la naturaleza del mundo, la manera en que está organizado, el lugar que ocupan los hombres en él"; pero el pensamiento científico se aleja de la interrogación mitológica al someterse "a los procedimientos de la verificación y de la discusión crítica." (5) El relato mítico, en cambio, se impone por su autoridad, depende de una hermenéutica (interpretación) y de una exégesis (explicitación):

El mito, por naturaleza, no tiene comprobación. De ahí resulta la incertidumbre de su identificación. El *mythos* griego remite igualmente a la palabra mentirosa, generadora de ilusión, como a la palabra capaz de alcanzar la verdad; esto llevó a Aristóteles a la conclusión de que "el amor a los mitos es de alguna manera amor a la sabiduría". En este caso se le reconoce al mito el poder de inclinar el espíritu a la investigación, comenzando por la búsqueda de su propio sentido, pues tanto misterio y oscuridad contiene. Es incluso debido a esta dificultad, a su forma enigmática, que el mito fascina, obligando al desciframiento, a la lectura iniciática. Según la concepción griega, el mito que no ilusiona posee tres caracteres: se refiere a lo que está en el origen, en el comienzo; remite, por ser un relato, a la temporalidad, pero no a la de una sucesión de acontecimientos históricos sino a la de un tiempo fundante durante el cual se engendra un orden; se liga con la memoria en cuanto ésta es una revelación que permite acceder a realidades ocultas.

Schelling, en la *Filosofía de la mitología*, le confiere al mito un valor elevado: lo considera suprarracional. Lo califica de relato concreto fijado en la memoria, la lengua, la creación, un relato que restituye mediante la simbolización los momentos y los fenómenos *originales*. El mito remite a una realidad primordial que preexiste a una profundidad misteriosa y que se traduce con signos, imágenes y reflejos en nuestro mundo. Relaciona dos mundos, manifiesta lo oculto, transmite una parte de la verdad. Ayuda a la conciencia a llegar al descubrimiento de un proceso teogónico y cosmogónico. Cassirer, refiriéndose a las formas simbólicas y tomando como base las adquisiciones de la antropología, considera que el mito es el saber colectivo originario que permite estructurar y dar sentido al universo sensible; es la expresión de una difícil búsqueda del secreto del origen, de una puesta en orden prístina del mundo de las cosas y los hombres. Pero, más que en el mito, Cassirer pone el acento en el pensamiento mítico, en la manera en que éste funciona y da unidad a la diversidad de sus producciones. Afirma su permanencia, su omnipresencia. No considera que sea un momento de la historia del conocimiento: las formas del pensamiento mítico y las de la racionalidad se desarrollan en dos planos diferentes; el sentido del mito se mantiene junto a lo que puede decir el pensamiento racional, o en su interior.

El mito es irreductible; su interpretación, inagotable. Los filósofos lo han interrogado y a veces le han otorgado una función didáctica. Las ciencias humanas han multiplicado las tentativas tendientes a precisar su naturaleza (¿se trata de un rasgo de mentalidad, un lenguaje, un discurso del inconsciente?), determinar sus funciones (¿es un conocimiento ilusorio, una memoria que fija al pasado transfigurándolo, una constitución que rige el conformismo social, un aspecto de la creación de toda cultura?), precisar su historia (¿está condenado a desaparecer por los progresos de la razón?). Gracias a una especie de "mito del mito", lo imaginario se nutre incansablemente de los productos del pensamiento mítico. El comentario mitológico no tiene fin. Lo que me importa, en este texto, es la lógica que actúa para dar al mundo una unidad, un orden, un sentido primordial; es captar cómo la creación pensada a partir de un caos inicial impone sin cesar el doble juego de las fuerzas del orden y el desorden, y las figuras mediante las cuales aquéllas actúan.

En el comienzo era el caos

El tiempo de los comienzos remite afuera del tiempo, cuando nada existía, cuando todo debía ser creado —cada elemento progresivamente puesto en su lugar— o, incluso, a una suspensión del tiempo histórico, cuando los hombres transforman la esperanza en ruptura del orden establecido, convierten un presente vivido, asemejado al desorden y al mal, en un futuro portador de un orden diferente y deseado. Tiempo del nacimiento del mundo o tiempo de la espera de una nueva sociedad. La antropología se ocupa del primero considerando las cosmologías, los sistemas simbólicos, las definiciones de la persona, los juegos de palabras y las prácticas que fundan y mantienen una cultura de la tradición. La historia y la sociología de las religiones consideran los momentos en que una fractura rompe el acuerdo del hombre con la sociedad y la cultura, cuando toma forma el proyecto de un nuevo comienzo, de una re-creación por la cual todo se encuentra en juego: las relaciones de los hombres con las potencias que los dominan y sus relaciones mutuas.

Primer ejemplo: "una cosmogonía tan rica como la de Hesíodo", y, además, todavía viva, a la que se refieren, por la lectura del mito y su simbolismo, los trabajos de Marcel Griaule y sus colaboradores dedicados a los Dogon de Malí. La narración de las creaciones, ellas mismas productos del "verbo" en el origen, se une a un comentario filosófico (una metafísica) y una teología. Es el resultado de fragmentos de mitos y saberes, transmitidos en un estado disperso, relacionados y ordenados según la lógica de los comentaristas (y sabios) dogones. Es necesario "comenzar en la aurora de las cosas", dice el más ilustre de ellos, identificar los gérmenes o signos de los cuales ellas proceden. En los orígenes, una figura divina y única, hecha de cuatro partes correspondientes a los cuatro elementos, que concibe el plan del mundo en "palabras" a fin de realizarlo en la materia. De una especie de juego cósmico, resulta un primer universo —las estrellas, el sol, la luna y la tierra, semejante a un cuerpo de mujer—, pero esta génesis fracasa, el "primer desorden" manifiesta las "dificultades de Dios". Este mundo sin cohesión debe ser destruido.

Es necesario realizar otra creación, agitando y mezclando los cuatro elementos; el hombre será su base. El relato que lo cuenta adquiere entonces una riqueza enorme. Asocia una mitología de los movimientos —la espiral, las vibraciones que son la forma inicial de la vida—, con una mitología de lo vegetal, del árbol y del grano, con una mitología del agua, relacionada con el cielo y con el pez, y una mitología de los seres que culmina con el advenimiento del hombre. Entonces la humanidad se desarrolla y la vida se organiza en la tierra por el reparto de las regiones cultivables, la institución del matrimonio, la invención y el desarrollo de las técnicas. El lugar, la regla, el instrumento fundan un orden de los hombres, pero en él el desorden trabaja, y de él procede inicialmente, a través de las peripecias que relatan la gesta de los ancestros míticos y la de los ancestros "sociológicos". Se descubre siempre en acción una figura del desorden, cósmica, mítica o humana.

Las primeras criaturas vivientes formadas por Dios (el Unico) son dos parejas de gemelos andróginos con rasgos dominantes masculinos: uno de ellos realiza la unión, la armonía, el otro lleva en sí el desgarramiento y la separación. El plan divino era crear dos parejas de gemelos correspondientes; de haberse llevado a cabo, se habría logrado la formación de ocho criaturas perfectas de las cuales nacerían bajo forma humana otros seres perfectos y, conjuntamente, un universo ilimitado y armonizado, resultante de la liberación realizada por Dios de todas las cosas todavía concentradas en El. El proyecto de armonía inmediata malogrado por la falta cometida por uno de los gemelos de la pareja desgarrada, impaciente por poseer a su gemela (su componente femenino), sublevado contra una Creación de la cual no ha tenido la iniciativa, con la ambición de rivalizar con Dios adueñándose para su solo beneficio del mundo creado. Esta primera figura del transgresor conserva su forma, si no su nombre, al pasar del dominio del mito al de los hombres. En el primer caso es Ogo, que vive con la ilusión de que posee el "secreto" y podrá ser demiurgo para su exclusiva ventaja, pero sólo engendra la esterilidad de la tierra, el incesto, lo monstruoso, la muerte; un mundo que no es un mundo, una realización frustrada y condenada a la degradación, un falso orden sin verdadera vida. Dios debe intervenir: piensa primero realizar una tercera creación, después renuncia a esa idea y decide luchar contra el desorden y la impureza del mundo actual. Por un sacrificio, que es el de Nommo, el gemelo del transgresor, reducido al estado de un cuerpo mutilado (por evisceración) y desmembrado, cuyas piezas deben servir a la "nueva puesta en marcha del universo" y a la prosecución de la acción creadora, que es esencialmente una puesta en orden más lograda. Esta permite resucitar al sacrificado, hacer del cuerpo recompuesto el equivalente de un universo regenerado donde todo —incluidos los primeros ancestros de los hombres— encuentre su justo lugar. El mundo está hecho, pero es el resultado de un drama en el que el creador manifiesta sus límites, donde el transgresor generador de desorden es vencido únicamente por el sacrificio que entraña un renacimiento del orden. Al Salvador se opone el Rebelde, como el orden civilizado al desorden salvaje.

La lucha de las fuerzas contrarias no cesa con este logro de una Creación en adelante basada en el hombre. El transgresor sigue su destino con los rasgos del Zorro, figura mítica o legendaria que simboliza la naturaleza inculta, la soledad, la fiebre incestuosa, la insaciabilidad, la agitación y la obsesión de la reprobación, la muerte. En un mundo que no puede ser perfecto, pero donde el hombre se ha establecido por fin, el Zorro mantiene una influencia perturbadora. Esta figura manifiesta la ambivalencia del ser humano y de todo lo que existe; además, se ve percibido de manera ambigua. Es temido y, sin embargo, ridiculizado, es visto bajo un aspecto negativo y, sin embargo, reconocido en cuanto "elemento indispensable para la marcha del mundo". La lógica del relato opera sobre dos planos: rige un discurso sobre el hombre y un discurso sobre el orden de las cosas. El primero une el advenimiento del hombre a la victoria sobre la animalidad, sobre el instinto, sobre la pulsión salvaje representada por el incesto, generador de caos y muerte. El segundo discurso muestra que las fuerzas contrarias se disputan el mundo, en un combate sin fin, que el orden no se alcanza jamás. Y que no debe ser así. Esta lucha insoportable se considera necesaria, pues el movimiento (el progreso, la marcha hacia adelante) es concebido "como una puesta en equilibrio perpetua, y el desorden como un fermento de la civilización". "Por eso Dios no ha aniquilado al Zorro". (6) Una lejana tradición presenta la lección que redescubre la modernidad, habla de la ncesidad de reconocer el lugar del desorden.

Las tradiciones africanas contienen, en grados diversos de riqueza y complejidad, relatos del origen, mitos del comienzo que componen los sistemas conceptual, simbólico e imaginario a partir de los cuales las sociedades se piensan y legitiman su orden. Todas llegan a la conclusión de que éste no se produce sin riesgos y que siempre tiene que rehacerse. Un ejemplo complementario se propone en un estudio en vías de concreción, dedicado a los Bwa de Burkina y Malí. En ese caso también la Creación conoce fracasos y reconstrucciones; es continuada más allá de las rupturas y se desarrolla en tres movimientos. En el origen, la "Forma" ("abuelo Dios"), aparece por autogénesis; ella engendra las primeras criaturas por el *juego* y por el gusto del espectáculo que ellas dan al enfrentarse con sus deseos. La tentativa de armonizarlas termina en un fracaso: se constituyen "parejas", pero queda un ser aislado, incompleto, mal hecho, de desmesura y de dominación que quiere adueñarse del secreto de su creador y se convierte entonces en un factor de desorden. La aventura termina en un diluvio, y es el momento del paso a la segunda Creación con la aparición de la materia, los vegetales, los animales, los genios y las máscaras. Su difícil concordancia con las criaturas primordiales hace que se sucedan episodios de orden y abundancia, de desajuste y escasez. Se establece un poder femenino y fracasa; se constituye una pareja basada en la diferencia y la atracción mutua de los sexos con la invención del matrimonio y la cocina, pero su desmesura la impulsa a desafiar a Dios. Una tercera Creación inicia el tiempo de la "gran aceptación", que es también el de la institución de la muerte. Se reorganiza el espacio y cuatro divinidades reciben la carga del mundo. La sociedad humana se organiza en sus formas tradicionales y recibe su Ley. Se descubren la agricultura y el arte de la fragua. Se constituyen la alianza de los hombres y los animales y las alianzas simbólicas. Pero ese mundo en orden no es un mundo terminado, es movimiento, vida, turbulencia. El mito transmitido por la tradición de los Bwa da acceso a su "pensamiento antropológico". Las relaciones primero tumultuosas, luego difícilmente establecidas entre la Creación (el Creador) y la sociedad de los hombres, se reencuentran en el seno de ésta y en cada hombre.

El mito habla, en su lenguaje propio, de la ambigüedad de lo social y de lo aleatorio que lo afecta: es el resultado de una oscilación *necesaria* entre alianza y enfrentamiento, orden y desorden. La sociedad es mostrada como el producto de la negociación y el compromiso, de la obligación y de una libertad que puede correr el riesgo del exceso. Los Bwa afirman sin temor al sacrilegio: "Lo que Dios ha rehecho varias veces, lo puede modificar el hombre". Proponen, además, por el relato mítico, una interpretación psicológica que hace del deseo una fuerza de animación; es el "ser hostigador del interior", actúa a la manera de una "persona de la oscuridad", arrastra al individuo sin que éste lo sepa para "precipitarlo en la felicidad" o "hundirlo en la infelicidad". Es aquello por lo cual se lleva a cabo la realización personal, pero también la disgregación generadora del desorden en sí y en torno de sí. Es una energética de las pulsiones que parece así iniciada. Por último, es importante subrayar —como lo hace con énfasis el relato mítico— la función del juego y lo arbitrario. La Creación es un "gran juego", las criaturas animadas son los actores de un espectáculo que Dios no deja de mantener. La Creación es una recreación, el Dios de los Bwa es el que tiene el privilegio de la risa, secreto del cual querrán apropiarse los hombres y del cual harán finalmente el motivo de sus fiestas. Lo que existe ha tomado forma por efecto del juego y el espectáculo cuya finalidad fundamental ha sido la "risa de Dios". Lo arbitrario divino es la figura de la necesidad, y los riesgos del juego de la Creación constituyen las figuras del azar. Los hombres entran progresivamente en este "partido" que no tiene término, y su conocimiento es primero conocimiento de las reglas móviles del mundo. (7)

En ciertas tradiciones lejanas y pasadas, más nítidamente que en el espacio cultural africano, la antropología restituida por el relato mítico y las prácticas ritualizadas es esencialmente, puede decirse sin abusar de la palabra, una *entropología*: un saber que mantiene permanentemente la obsesión de la entropía, la pérdida y el desorden. Se aplica también a los Aztecas —fundadores de México cuando los capetos construyen progresivamente la Francia y su identidad—, creadores de un imperio, generadores de un poder temido por todos sus vecinos. Su interpretación del mundo es ejemplar en cuanto lleva la visión dramática a su paroxismo, hasta la certidumbre del hundimiento del universo en cataclismos capaces de provocar el advenimiento de "monstruos del crepúsculo". Su cosmogonía es una genealogía de mundos engendrados y destruidos: cuatro de ellos —cuatro "soles"— han precedido al mundo en el que viven y que saben que está igualmente amenazado por la ruina. El primero ha sido devastado por las "fuerzas oscuras de la tierra", el segundo por la violencia de las tempestades, el tercero por la lluvia de fuego, y el cuarto por un diluvio de cincuenta y dos años. De las ruinas de este último y gracias al sacrificio de su propia sangre realizado por Quetzalcoatl (la Serpiente Emplumada) surge la raza de los hombres actuales; aparecen en un universo que no ha sido creado de una sola vez, sino generado en ciclos de construcción (puesta en orden) y destrucción (reducción al caos). Nada de lo que existe es estable ni tiene asegurada su permanencia, todo está condenado a la degradación en un período muy largo. Los Aztecas han relacionado de manera inseparable la economía del Cosmos y la de los asuntos humanos. Todas las gestiones —la de la ciudad, la del imperio y la del mundo— no son más que una; se mantienen y se condicionan mutuamente. Constituyen una respuesta, un alarde ante la ley inexorable de la Creación: el Cosmos engendra su propia decadencia, la energía se agota "en el calor de la vida", el tiempo se disgrega hasta el punto de acarrear el fin del futuro. Esta física y esta metafísica trágicas se unen a una sociología que no lo es menos; la fuerzas sociales se deterioran, la sociedad padece los efectos del desgaste.

A fin de remediarlo, de postergar y retrasar la degradación, todo debe ser programado y contribuir a la salvaguardia de la energía. El individuo está totalmente subordinado a esta obligación y todo lo que lo aleja de ella —el juego libre tanto como la desviación— es reprimido. Pero esta penosa gestión no es suficiente, es necesario aportar nueva energía, recargar el universo y, con él, la sociedad. La máquina del mundo debe ser alimentada con energía vital, con "agua preciosa", es decir, con sangre humana. El sacrificio de hombres y mujeres se convierte en una técnica así como también en una operación simbólica y ritual; capta fuerzas que serían consagradas a la disipación sin su frecuente acabamiento, permite "rechazar día tras día el ataque de la nada", mantiene un orden cósmico que, por esta razón, nos parece más monstruoso. Jacques Soustelle muestra la paradoja a la que lleva esta visión del mundo: "Es una idea planteada rigurosamente hasta sus consecuencias más extremas..., con una lógica perfectamente coherente, que ha llevado a este paroxismo sangriento a una civilización que no se sustentaba en una base psicológica más inhumana ni más cruel que otras". (8) Pueden obtenerse varias enseñanzas de esto, independientemente de toda evaluación moral. La descripción del mundo de los Aztecas es concebida —a la inversa de la que la mayoría de los mitos y la ciencia han propuesto hace mucho tiempo— según las categorías de la economía estricta de las fuerzas, de la irreversibilidad de un tiempo que va hacia su agotamiento, y todas las cosas con él, del fin de un orden en un caos engendrado por el cataclismo y que señala el término de un ciclo. He ahí una termodinámica cósmica innominada: la certidumbre del reino de la entropía que se traduce en una degradación cualitativa, en la desaparición de las diferencias, en la pérdida de una energía eficaz. La historia de los hombres es la de una lucha permanente y trágica contra este proceso. En este accionar sin tregua, es lo simbólico y el rito, el imperio de los signos y las acciones sacrificiales lo que proporciona los medios para mantener el orden, para luchar contra el desorden general en cuanto estado atraedor, como se diría hoy. Los filósofos epicúreos reconocían efectos de orden sobre un fondo de desorden; los Aztecas, en cambio, eran productores de orden, y al costo más elevado, a pesar del poder del desorden; para ellos, lo real es una construcción frágil que corre el riesgo constantemente de destruirse. Lo que ellos llevan al extremo se vuelve un elemento revelador de "la gran dosis de arbitrariedad y de contigencia que forma parte de los asuntos humanos", y, además, del totalitarismo que puede dominar absolutamente a la sociedad puesto que esa arbitrariedad es impuesta sin decaimiento, hasta sus más despiadadas consecuencias.

Frente al mito originario, el mito de los nuevos comienzos, que piensa la ruptura con la historia en curso a fin de provocar el advenimiento de la historia deseada. El que pone en marcha el "principio esperanza", del cual se ocupa una sociología definida en su especialización por el estudio de las esperas, los profetismos y mesianismos, los preludios revolucionarios. Es necesario marcar aquí la diferencia: este mito se inscribe en el tiempo histórico (el de los hombres y no el de las entidades o figuras imaginarias), y no en el del "tiempo antes del tiempo", según una fórmula que suele iniciar la narración mítica de los orígenes del mundo. Pero es un tiempo que permite conjugar corte y nacimiento. Lo que ya existe aparece como un desorden inicuo, una violencia hecha a los hombres y una injusticia, un mundo falso y perverso; lo que se anuncia se presenta como un mundo verdadero, un orden en el cual es necesario crear la institucionalización, sin mantener por eso la ilusión de un retorno al pasado que permitiría restaurar algún estado ideal. El orden, la armonía son proyectados en el futuro. Van a producirse y todo conduce a esa espera: hombres fuera de lo común, mediadores y mensajeros —de Dios o de la historia—, son los iniciadores y los promotores de esa idea. Los acontecimientos sucesivos son reconocidos como signos de un desorden creciente cuyo desenlace próximo será una catástrofe destructora; aparecen mandamientos nuevos que rigen las conductas, provocan movimientos disidentes, introducen ritualizaciones que convierten la esperanza en acción. El mito cobra forma en el transcurso de ésta; marca a los hombres a fin de cumplirse, funda la relación de los hombres con las potencias simbólicas cuyo apoyo ellos creen tener, nutre la palabra "caliente", que da la certidumbre de que el mundo puede cambiar y va a hacerlo. La historia está jalonada durante mucho tiempo por estas manifestaciones que han tomado la forma de sublevaciones o revoluciones fundantes, o la de innovaciones religiosas que engendran primero una liberación y una re-creación en lo imaginario, y terminan por transformar lo real. En tiempos más próximos, la descolonización a menudo ha sido preparada por iniciativas semejantes, trazando lo sagrado el camino de lo político.

Africa fue en esa época el continente donde esas iniciativas se multiplicaron, donde cundieron los mitos anunciadores de nuevos comienzos. Durante más de medio siglo, la región congolesa fue una de las más fecundas; en especial, nació allí, una religión (Iglesia) reciente, el kimbanguismo. El cristianismo colonial desempeña el rol de inspirador y de provocador de rechazo; es rechazado porque es acusado de traducir en el lenguaje del simbolismo y del rito las relaciones de dominación, discriminación y desigualdad, pero es utilizado en cuanto repertorio de donde son sacados los primeros temas de la liberación. El fundador, Simón Kimbangou, había sufrido un fracaso en su carrera dentro del protestantismo misionero antes de asumir una figura mesiánica. Antes de cumplir los treinta años recibe las primeras pruebas de su elección por Dios, se somete al mandato de enseñar una nueva fe, manifiesta su don de curación. Provoca entonces una doble ruptura: con las Iglesias cristianas, donde las disidencias se multiplican enseguida, y con los adeptos divididos de los cultos locales neotradicionales; conserva sólo la relación fundamental establecida con los ancestros, garantes de una alianza propicia al nacimiento de un mundo liberado de la ley extranjera y puesto en orden. Su acción obtiene un éxito rápido al combatir lo que es, por excelencia, la manifestación del desorden general: la brujería difusa, trabajo oculto y no controlado por el cual todo se degrada, generador y signo de una inseguridad que reduce a todos a vivir bajo una amenaza permanente. También en esta empresa, Kimbangou aparece como un salvador. Se convierte durante un breve período —de marzo a septiembre de 1921— en el agente de una puesta en movimiento mística y social, que provoca, en razón de su poder, la intervención de la fuerza colonial. Es arrestado, condenado, deportado. Su "Pasión" comienza entonces con respecto a sus fieles, su Iglesia se mantiene gracias a metamorfosis sucesivas, su fuerza simbólica acrecentada por el martirio contribuye al desarrollo del mito.

Kimbangou se convierte en la referencia originaria, el fundador de una religión autóctona si bien conserva una apariencia cristiana, el punto de partida de los nuevos tiempos; más tarde, su persona misma, presentada bajo doce representaciones asociadas con los doce meses del año, definirá un ciclo temporal señalado por ese calendario místico. Pero, al comienzo, Kimbangou es esencialmente identificado en su carácter de salvador surgido de un desorden que él convertirá en orden, por el hecho de la gracia divina de la cual él se beneficia sin mediación alguna. El desorden es reconocido en las pruebas y las "miserias" impuestas por la dominación extranjera, en la degradación de las costumbres en adelante sin reglas (sin "mandamientos") que favorece la extensión de los manejos de la hechicería, en la corrupción del poder indígena y de la autoridad. La codicia ilimitada y la sexualidad nuevamente salvaje son las representaciones principales del desorden; el sexo y el dinero lo designan todo lo mismo que la brujería (la inseguridad). La espiral de los desórdenes culmina ineluctablemente en el caos, las catástrofes y las sublevaciones que destruirán el mundo malvado perdonando a los adeptos a la nueva fe, y, más allá, en la fundación del "Reino" en el seno del cual cada cosa y cada persona encontrarán su justo lugar.

El mito se organiza y se desarrolla en función de la persona fundadora, jalonando las etapas de su transfiguración. Kimbangou es el mesías (el enviado que debe cumplir la profecía), el salvador (el que realiza la salvación colectiva e individual), el mártir (la víctima elegida cuyos sufrimientos constituyen la condición necesaria para la redención, para el paso hacia un mundo nuevo), el rey (el creador de una sociedad nacida de un contrato moral nuevamente vivo); es también el "Gran Simón" cuya connivencia con las fuerzas devastadoras del mal y las generadoras del bien permiten tener la certidumbre de la victoria final; es. en cada uno de sus actos, el instrumento de Dios. Una fórmula lo afirma: él es "todo eso a la vez". Su alejamiento favorece el proceso de elaboración simbólica: tiene el don de la ubicuidad, puede actuar por su sola aparición; posee el poder de dominar los elementos y de provocar la última catástrofe evocada por el "reino de la sangre roja"; él formula la Ley que hará surgir el orden deseado; desvía el poder material confiscado por los dominadores extranjeros en beneficio de su pueblo. Todo contribuye a mantener la espera de su regreso, relacionado con la desaparición total de la sociedad rechazada. Los cantos de los adeptos proclaman de manera anticipada: "El Reino nos pertenece. ¡Nosotros lo tenemos!" El tiempo de los nuevos comienzos ya ha llegado. Pero la historia practica la ironía. Una vez conquistada la independencia, el kimbanguismo se convierte en el Zaire en una potencia eclesial, política y económica. Es la institución de un orden que no hace realidad la esperanza formulada en el transcurso de los años de la efervescencia fundadora. (9)

En este mito, como en todos los que son de igual factura, se espera de la transfiguración de un hombre (parcialmente asemejado a Dios, a un dios o a cualquier otra potencia) la transfiguración de la historia, la abolición de una edad y el advenimiento de otra era; el pasaje de un desorden maquillado de orden, y mantenido por la fuerza, a un orden *verdadero*. La figura iniciadora es un poderoso operador simbólico. Todo se expresa y se efectúa en el espacio de lo sagrado: en el origen, una elección divina que designa el momento de la ruptura con un mundo en el que el mal hace estragos; después, una aceleración del proceso destructor durante el cual los sufrimientos del fundador son anunciadores de la catástrofe final; por último, la creación del nuevo orden, bajo el aspecto de un reino nuevo donde se logrará el acuerdo de los hombres entre ellos y con el universo. Las imágenes con una fuerte carga afectiva refuerzan el cuerpo del mito, los acontecimientos revelan su verdad, las prácticas rituales y las solidaridades lo muestran en marcha. Es por el mito y el rito unidos que debe efectuarse la transformación, realizarse a la vez en cuanto teogonía y politeogonía a fin de dar otro curso a la historia, un curso que lleve en sí el sentido y el orden cuya espera los hombres han expresado confusamente.

El rito trabaja para el orden

La complejidad del rito lo ha hecho objeto de interpretaciones jamás logradas. Se lo relaciona con el mito, algunas de cuyas secuencias traduce en acciones, en prácticas; pero no ni su simple reflejo ni su representación: tiene su lógica propia, determinada por su finalidad y la exigencia de ser eficaz. Su organización misma es el resultado de lo mencionado. Se organiza en torno de los elementos centrales que le especifican y designan su función particular; se inscribe en el interior de un sistema, que contribuye a la integración individual en una sociedad y en una cultura (iniciación), a la gestión correspondiente de lo sagrado (culto), a la manifestación del poder (ceremonial político) o a todo otro fin de orden social. El rito penetra en el "bosque de símbolos", los utiliza dándoles forma por su asociación y manipulándolos; pone en marcha el capital simbólico para expresar (decirse a sí mismo en el transcurso de su realización) y actuar; es un operador simbólico pero no se reduce sólo a eso. El rito es una dramatización que impone condiciones de lugar, tiempo, circunstancias propicias, designación de los que incluye o excluye. Requiere que sus ejecutantes lo realicen de conformidad con sus reglas, pues toda infracción importante al orden que lo constituye lo arruina y engendra efectos nefastos, de desorden contagioso. Desde el instante en que se sitúan en el espacio ritual, sus ejecutantes cambian de ser: sacerdote oficiante, sacrificador, máscara que encarna a un dios o a un ancestro, poseído transportador por un espíritu durante el trance. Por la representación de los actores litúrgicos y de aquellos que los acompañan —cantos, danzas, expresiones corporales—, el drama ritual transfigura lo real al provocar la irrupción de lo imaginario. Cumple una función mediadora, completamente aparente en el momento de su intensidad más fuerte; produce un cambio de estado en el cual las antinomias se disuelven, en tanto que las dificultades desaparecen bajo la acción de la creencia. Durante un tiempo, convierte la incertidumbre en certidumbre; hace que cualquier cosa se pase, de acuerdo con las potencias y las fuerzas que rigen los destinos humanos, y cuyo resultado es estimado positivo por la sociedad entera o por algunos de sus componentes.

El rito se presenta bajo formas múltiples, según la naturaleza de las obligaciones que requiere de parte del oficiante, según que su realización sea periódica (repetición constitutiva de un ciclo) u ocasional (acontecimiento que pide una respuesta), según que funcione para beneficio de la colectividad o de individuos particulares, según la riqueza de su contenido y la fuerza de la representación dramática que acompaña su movimiento. Pero, en todos los casos, el rito aparece como algo diferente del instrumento —vinculado con los procedimientos técnicos, racionales, de acción sobre el mundo— y *también* como un instrumento que actúa en el mundo por otros medios. Pone en marcha la información, el saber; bajo este aspecto, puede ser comparado con una memoria (dispositivo de acumulación) en el sentido informático del término. Resulta de la utilización de sus datos según un programa ajustado a un objetivo; por este motivo, comporta fases, secuencias por las cuales se cumple la progresión de su acción. Obtiene su eficacia de las potencias a las cuales se dirige y, en ese sentido, impone la correspondencia con una representación del mundo (por consiguiente, de la sociedad) y con las significaciones, con los valores que la expresan. Su arbitrariedad, con respecto a lo extraño, no hace otra cosa que designar lo arbitrario particular de lo cual resulta toda cultura. Se inscribe en el campo de las convenciones culturales dominantes, generalmente en positivo, a veces en negativo. Con el apoyo de los dioses, los ancestros u otras entidades, obtenido por su mediación, contribuye al buen funcionamiento de la máquina social cuya energía utiliza y mantiene. Su función desintegradora sólo aparece en circunstancias o coyunturas raras. El rito actúa sobre los hombres por su capacidad de conmover; los pone en movimiento, cuerpo y espíritu, gracias a la coalición de medios que provoca. Confía en las potencias cuya presencia manifiesta, por un efecto místico en el cual la unión sacrificial y el trance constituyen la prueba principal. Apela a la función imaginaria. Aprovecha el registro simbólico y el conocimiento reservado —o "profundo"— que le confiere la autoridad relacionada con todo esoterismo. Conjuga los lenguajes, el suyo propio, pero también la música, la danza y los gestos, y los actos litúrgicos definidos según su código particular. Es una obra colectiva que utiliza los *medios de comunicación* disponibles, de alguna manera una creación *multi-medios* que obedece a convenciones estrictas, en cuanto drama inseparable de lo sagrado. El rito requiere la creencia y la legitima por la participación en la vida de un más allá del universo humano trivial; la reactiva, pero asociándola con una representación donde la simulación da forma a otra realidad, a lo surreal; aunque los participantes pueden tener conciencia de esta simulación cuando se sustraen al efecto ritual.

El rito remite a las prácticas que se ocupan explícitamente del orden y el desorden, inseparables de toda vida, de toda historia. Cualquiera que sea su objetivo, por su naturaleza, el rito es el orden en sí mismo. Está estructurado y constituye un sistema de comunicación y de acción de una gran complejidad. El antropólogo Víctor Turner recuerda justamente que "posee a la vez una estructura simbólica, una estructura de valor, una estructura teleológica y una estructura de rol", a las cuales conviene agregar la que pone de manifiesto lo imaginario. Puesto que rige las conductas de la comunicación definidas culturalmente, se somete a un código general, refuerza su pertinencia y eficacia por las repeticiones múltiples y las variaciones temáticas que reducen las ambigüedades o los "ruidos" en los que se perdería la significación. Salvo para desnaturalizar su acción y los efectos esperados, su código tiene fuerza de ley. El rito, como lo hemos definido, es un proceso adaptado a un fin; es una liturgia, y en cuanto tal, implica episodios ordenados, una sucesión de fases durante las cuales se asocian de manera específica símbolos, iconos, palabras y actividades. Impone la idea de un orden global al cual contribuye y en el cual participa, aunque su ejecución pueda implicar vacilaciones que resultan de apreciaciones contradictorias o inciertas, y aparecer entonces bajo los aspectos del *bricolage*. "Es" necesariamente un orden, sin que la rigidez lo marque en cada una de las manifestaciones rituales.

El rito trabaja para el orden. Un gran texto chino, el *Libro de los ritos*, ha dicho de éstos que "tienen un mismo y único fin, que es unir los corazones e instaurar el orden". La armonía entre los hombres y la coincidencia con el mundo: éste es el principio. Y se verifica principalmente en el caso de las manifestaciones rituales periódicas relacionadas con los ciclos de la naturaleza y la actividad agraria. Las regularidades naturales y las regularidades sociales se presentan así ligadas, los hombres las hacen solidarias por las prácticas simbólicas y se consagran a salvaguardarlas conjuntamente. Los órdenes que ellas rigen deben ser mantenidos juntos, pues toda perturbación en un punto engendra perturbaciones que se extienden por contaminación. En esta correlación se inscribe una teoría: la naturaleza y la sociedad obedecen a una misma necesidad; contravenir a ésta es amenazar a una y a otra, iniciar un ciclo de desórdenes en el transcurso del cual las catástrofes, las calamidades y las crisis sociales se nutrirán mutuamente. De esto resulta una consecuencia: la afirmación de una solidaridad así asemeja la "naturaleza" de la sociedad a la "naturaleza" de la naturaleza; el orden y la permanencia (la eternidad) de una garantizan el orden y la permanencia de la otra (sacada de este modo fuera de la historia y de las incertidumbres). Además, es significativo que el poder político tenga una doble carga en las sociedades de la tradición, la del orden de los hombres y la del orden de las cosas; que la relación sea concebida como una armonía primordial mantenida con la naturaleza o bien como una relación positiva que debe establecerse y mantenerse de manera constante. Así sucede, en los antiguos reinos africanos —sobre todo en Africa oriental y central— donde el rey une en su dignidad un gobierno "natural" de los hombres a un gobierno político de la naturaleza. En la Rwanda monárquica, "el rey, concebido a la vez como responsable político de los fenómenos naturales y como fecundador del orden social, es el garante de esta armonía preestablecida pero sensible, en la medida en que toda anomalía del orden natural produce un desbarajuste sociopolítico, y viceversa." (10) El desorden trabaja a menudo oculto, el poder impide o se opone a su acción; la teoría social también, al imponer la conformidad con un orden cuya degradación no excluiría a nada (incluida la naturaleza) ni a nadie, al hacer del rito un instrumento de las regularidades o un corrector de las faltas de orden.

Gracias al rito el individuo llega a ser un hombre social y el curso de su vida pasa del nacimiento a la muerte por sus etapas más importantes. El individuo entra en un orden (su propia sociedad), se sitúa en él y progresa hasta el final de su existencia. La iniciación masculina realiza la socialización, es el "verdadero" nacimiento, el acceso a un doble estado de realización en la medida en que el niño es considerado bajo la forma de un ser incompleto; consagra la madurez física, marca el cuerpo y confiere a la sexualidad su disciplina; implica revelaciones y enseñanzas, el ingreso en el conocimiento y la imposición de una moral sin lo cual es imposible valer socialmente. Por un simbolismo utilizado a menudo, la iniciación masculina se vive y se manifiesta como una muerte (de la infancia y el mundo de las madres) y un nacimiento (de la madurez y el mundo social) simbólicos; es la mímica ritual del alumbramiento de los hombres hechos para adaptarse a la sociedad que los acoge. La iniciación produce la interiorización del orden propio de ella, y lo mantiene iniciando un proceso que permite escalar los grados del conocimiento y el status social a medida que se aumenta de edad. Hace contribuir a cada generación nueva a la conservación del orden. En cambio, la muerte aparece como una victoria del desorden, un atentado contra la corriente de la vida, y se la relaciona con la impureza. El rito funerario tiene por objeto el restablecimiento de uno y la desaparición del otro. Es necesario que la obra nefasta de la muerte esté relacionada con una causa, que rara vez se considera natural en las sociedades de la tradición: la costumbre africana de la interrogación del cadáver lo demuestra plenamente al forzarlo a éste a descubrir su secreto. Es necesario que el muerto sea tratado de la manera prescrita, para que no se convierta en un agente del desorden errante entre los vivos sino, por el contrario, en una potencia benéfica que actúe en beneficio de ellos. Sólo el trabajo simbólico y ritual puede convertir lo negativo (potencial) en positivo (actual), el difunto convertido en ancestro propicio. Es necesario, en fin, que la colectividad se libere de la "muerte del muerto", que se purifique, que elimine los factores de desorganización y degradación y haga de los ritos funerarios la ocasión de una verdadera renovación. Es la dramatización ritual, en la cual todo y todos se encuentran comprometidos, la que produce ese efecto en el momento de la mayor intensidad emocional. Los Dogon de Malí, ya mencionados, hacen explícitamente de los funerales notables la ocasión de recordar los hechos primordiales y fundantes, de manifestar una continuidad que resulta de la correspondencia, de reavivar las normas y las relaciones sociales principales. En un tiempo crítico, cuando la muerte ha ejercido su acción disolvente y puesto de manifiesto el trabajo de las fuerzas de destrucción, la dramaturgia litúrgica compromete a la totalidad de los participantes en una acción que expresa la permanencia y el poder del orden social.

El rito da una respuesta al acontecimiento, a lo inesperado, a lo aleatorio; conjura la amenaza que éstos encierran o administra el desfile de sus perjuicios, puestos de manifiesto. Entonces ya no mantiene más un orden, funciona como reductor de un desorden real o supuesto: su intervención se sitúa en el campo de las coyunturas imprevisibles, temidas o nefastas. Cuando la colectividad entera se encuentra en esta situación, la experimenta a menudo como una calamidad que es resultado de una voluntad perversa (la de una potencia) y de una falta que incumbe a su propia responsabilidad. No más que la muerte, el acontecimiento no es estimado natural; revela *por sus efectos* una intención y un proceso que es necesario determinar recurriendo a la adivinación, a sus técnicas adecuadas. La respuesta ritual no excluye la respuesta técnica, pero el rito prevalece sobre el instrumento, y esto, más aun cuando el período crítico perdura y mantiene un sentimiento de impotencia. La sequía, la epizootia, la epidemia, la esterilidad, la hechicería y el conflicto insidioso en vías de generalizarse son generadores de ritos; se espera de éstos que pongan obstáculos a un mal cuyo contagio, real o simbólico, amenaza con generar una desorganización general. El destino, la suerte, la infelicidad, la muerte, el desorden figuran en el seno de una misma configuración interpretativa. Es el exceso lo que indica la presencia del desorden o el riesgo de su irrupción, a un punto tal que la sucesión rápida de acontecimientos felices es considerada una ruptura del orden normal de las cosas y suele dar lugar a prácticas conjuradoras. Orden y norma están ligados; el orden es mesura.

El infortunio individual por lo general se relaciona con una agresión mística o una transgresión; en los dos casos hay una infracción a una ley de la tradición, mal conocida (es la sanción de las potencias lo que la revela), o reconocida (es el no-respeto consciente de una obligación lo que acarrea las consecuencias nefastas). El riesgo y el peligro proceden de la falta de conformidad con las reglas que rigen el orden social tradicional. En ciertas sociedades, lo inverso revela la rectitud: en los Dorzé de Etiopía, las personas que triunfan "pueden proclamar (según Dan Sperber) que su salud y su riqueza testimonian su buen comportamiento moral". Los Ndembu de Zambia atribuyen la adversidad que golpea a las personas —la llaman aflicción— a la posesión de un espíritu determinado; un adivino lo identifica; una asociación ritual adecuada interviene entonces a fin de aplacar al espíritu que ha "emergido" y provocado el trastorno. En este asunto, la culpabilidad importa menos que la cura; lo esencial es que el orden sea capaz de vencer al desorden. Una vez asistida, la víctima entra en la iniciación y se vuelve miembro del grupo de culto que se ha hecho cargo de ella espiritualmente; transformada por la operación simbólica y dramática, se convierte en un factor de orden. Turner dice del ritual ndembu, cuyo análisis realiza, que "puede ser considerado como un instrumento que consigue maravillosamente expresar, mantener y purificar periódicamente el orden social secular". Este resultado no se obtiene de manera mecánica: es el producto de un trabajo colectivo constante, reductor de un desorden que no puede no aparecer. Los conflictos, las desorganizaciones, las enfermedades son *temporariamente* transmutados, por el rito; éste no actúa como un medio de represión ni como un exutorio; capta las energías que se desprenden de esas situaciones a fin de convertirlas positivamente; hace de lo que es provocador de enfrentamiento, desgarramiento social y degradación individual, un factor de reconstrucción y cohesión. Si hay un deseo presente en esas circunstancias, es el de "dominar las divisiones arbitrarias creadas por los hombres, de superar por un momento —'momento en el tiempo y fuera del tiempo'— las contingencias materiales que desunen a los hombres y los separan de la naturaleza". (11)

El rito explícitamente político manifiesta por necesidad el juego jamás acabado del orden y el desorden, con una abundancia simbólica única y conformando una verdadera dramaturgia del poder. Los períodos de interregno, o de vacío del poder detentado por los soberanos de las sociedades de la tradición, inician a menudo una crisis a la vez simbólica y real. Es un tiempo de desorden y violencia, de suspensión de la regla, agresión, confusión y desasosiego; cuando la fuerza generadora de orden ya no cuenta con su respaldo, el cuerpo de la realeza se vuelve inoperante y se instaura el caos por acciones miméticas y múltiples transgresiones. Parece entonces que la ritualización actúa al revés: es necesario dejar el campo libre al desorden para que el orden reavivado surja de una sociedad provisoriamente falsa, pervertida, porque en apariencia no está gobernada. Con la asunción del nuevo soberano, el mito se restablece: "ordena" con una fuerza acumulada, mientras que la Ley encuentra un vigor nuevo y a menudo duro; termina por un acto sacrificial o de comunión re-uniendo la cohesión y la obligación sociales. En las sociedades de la tradición, este acceso al poder nunca es un procedimiento puramente constitucional y puesto en escena con fastos. El rey es hecho, producido por una verdadera transfiguración. El rey cambia de ser al recibir su dignidad. Su persona puede convertirse en el lugar donde se enfrentan ritualmente las fuerzas del orden y el desorden. En el universo kongo, en especial en el caso de los Suku del Meni Kongo, en el Zaire, la iniciación en la realeza que culmina en la investidura requiere el aislamiento, la de-culturación, el abandono a una suerte de salvajismo y a las violencias, el retiro de todo orden, antes de que el personaje soberano sea ritualmente construido y cargado con la fuerza del poder. El orden debe, *en sí*, vencer al desorden para que pueda, en su embestida, asegurarle la salvaguardia. Lo imaginario y la dramatización ritual hacen surgir de este enfrentamiento una energía nueva, capaz de mantener todas las cosas según su ordenamiento y sustentar la corriente de la vida. (12)

Ninguna sociedad puede ser librada de todo desorden; es necesario, por lo tanto, obrar con astucia frente a él ya que no es posible eliminarlo. Se trata principalmente de la tarea del mito y el rito: éstos lo abordan para darle una figura dominable, para convertirlo en un factor de orden o desviarlo hacia los espacios de lo imaginario. Mediante procedimientos en los que operan principalmente la transgresión y la inversión, el mito y el rito llegan a ser los instrumentos que permiten mantener juntos orden y desorden, de la misma manera que la antigua Grecia relacionaba mesura y desmesura, razón y exceso dionisíaco. Todas las culturas hacen de alguna manera la parte del fuego; todas las tradiciones contienen estos dos aspectos inseparables.

La tradición obra con astucia frente al movimiento

Según la acepción corriente, la tradición es generadora de continuidad; expresa la relación con el pasado y su coacción; impone una correspondencia resultante de un código del sentido y, por consiguiente, valores que rigen las conductas individuales y colectivas, transmitidas de generación en generación. Es una herencia que define y mantiene un orden haciendo desaparecer la acción transformadora del tiempo, reteniendo sólo los momentos fundantes de los cuales obtiene su legitimidad y su fuerza. Ella ordena, en todos los sentidos de este vocablo, lo que ha subrayado Marx al considerarla como una "obsesión" que pesa sobre el cerebro de los hombres. Es en la religión, y sobre todo en su institución cultural o eclesial, donde la tradición encuentra sus anclajes más sólidos. Ellas le dan su referencia original, la traducen en sistemas simbólicos y en figuras o iconos, la mantienen y le confieren eficacia por las prácticas rituales. La religión y la institución eclesial afirman permanencias por las cuales se establece el mundo en su sentido, su orden y su inalterabilidad. Son dispositivos de negación de la historia, del movimiento generador de desorden y cambio; son los medios de simulación de un orden inamovible, fundamental, que el curso de los acontecimientos puede solamente ocultar.

Las sociedades consideradas por los antropólogos son aquellas en las que la tradición y su relación con lo sagrado son más manifiestas. Es además según esta doble característica que han sido definidas hace mucho tiempo: sociedades mantenidas por los mandatos de la tradición, poco productoras de desorden y, por estos motivos, consideradas capaces de oponer una fuerte resistencia a las improntas históricas. Así, no tendrán un futuro salido de su seno, repetirán el orden antiguo, se reproducirán sin variaciones de importancia. Los "antropologizados" mismos no reducen la tradición a esos efectos. Según los Balante, de Guinea-Bissau, la tradición es primero una memoria nutrida por el pasado; acumula experiencias (y experiencia), conserva modelos de acción, contiene saber, información. En este sentido, es programable, es el medio de dar forma y sentido al presente, de aportar una respuesta de acuerdo con los problemas que impone éste. Los Balante vinculan la tradición con el saber y hacen a éste equivalente del poder: conocer el orden fundamental es tener el poder de mantenerlo, adquiriendo así la capacidad de reducir el desorden o de *convertirlo* en un factor de orden. (13) En algunas de las sociedades de la tradición, sobre todo en aquellas donde el lugar del poder político es discreto, un sistema principal expresa e impone las obligaciones que producen la conformidad. Así sucede con el culto de los ancestros que rige los destinos individuales y trata de asegurar la salvaguardia de la sociedad contra los principales riesgos de alteración. Un antropólogo de gran renombre, Meyer Fortes, lo ha demostrado con respecto a los Tallensi de Ghana: la relación con los ancestros manifiesta por los medios del simbolismo la necesaria sumisión a las relaciones sociales y justifica, en el lenguaje de lo sagrado, esta aceptación del orden establecido. Se dice: los ancestros son omnipotentes, los hombres no tienen otra opción que someterse a ellos; los ancestros se sitúan en posición de "árbitros supremos", obtienen bajo amenaza de muerte la conformidad con los axiomas morales transmitidos de generación en generación. Desde el punto de vista del individuo, la inserción en el orden simbólico (el que rige las figuras ancestrales) y la inserción en el orden social (el que rige las figuras notables) es sólo una. (14) La tradición fija las posiciones, lo sagrado oculta la historia, es decir, el movimiento del cual ninguna sociedad sabrá librarse.

Pero la tradición sólo actúa en parte sobre las apariencias de estabilidad; debe transigir con lo que la corroe y tratar de sometérselo. Los Dogon de Malí manifiestan una clara conciencia de la presencia del desorden y el peligro del inmovilismo que impediría toda "marcha hacia adelante". La narración mítica analizada precedentemente lo muestra con claridad: llega a la conclusión de la necesidad de continuos restablecimientos del equilibrio, de la acción de fuerzas contrarias que se enfrentan en el hombre (sobre todo en el conflicto edípico) como en todo el campo de la creación. La tradición no es ni lo que parece ser ni lo que dice ser; los antropólogos en lo sucesivo ya lo saben. Está disociada de la pura conformidad, de la simple continuidad por invarianza o reproducción estricta de las formas sociales y culturales; actúa sólo siendo portadora de un dinamismo que le permite la adaptación, le da la capacidad de abordar el acontecimiento y aprovechar algunas de las potencialidades alternativas. El tradicionalismo se presenta bajo varias figuras, y no bajo el único aspecto de una herencia de obligaciones, que imponen el encierro en el pasado.

Distingamos, como lo hice hace poco, tres modalidades principales. El tradicionalismo fundamental tiende a mantener los valores, los modelos, las prácticas sociales y culturales más arraigadas; se encuentra al servicio de una permanencia, de lo que se estima constitutivo del hombre y de la relación social según el código cultural del cual es el producto y el conservador. El tradicionalismo formal, que no excluye al anterior, utiliza formas conservadas cuyo contenido ha sido modificado; establece una continuidad de las apariencias, pero sirve a objetivos nuevos; acompaña al movimiento manteniendo una relación con el pasado. El pseudo-tradicionalismo corresponde a una tradición reformada, interviene durante los períodos en los que el movimiento se acelera y genera grandes conmociones; permite dar sentido a lo nuevo, a lo inesperado, al cambio, y domesticarlos imponiéndoles un aspecto conocido o tranquilizador. Arma la interpretación, postula una continuidad, expresa un orden que nace de un desorden. (15) En ese sentido, revela en qué grado el trabajo de la tradición no se disocia del trabajo de la historia, y en qué medida la primera es una reserva de símbolos e imágenes, pero también de medios, que permiten atenuar la modernidad. La tradición puede ser vista como *el* texto constitutivo de una sociedad, texto según el cual el presente se encuentra interpretado y abordado.

Notas

(1) Valéry, P.: *Petite lettre sur les mythes*, en *Variété II*, París. Gallimard, 1930.

(2) Diéguez, M. de: *Science et Nescience*, París, Gallimard, 1970, págs. 32 y 33.

(3) Tema predominante de la obra de Atlan, H.: *À tort et à raison, intercritique de la science et du mythe*, París, Seuil, 1986.

(4) Selleri, F.: *Le Grand Débat de la théorie quantique*, prefacio de K. R. Popper, París, Flammarion, 1986.

(5) Prigogine, I. y Stengers, I.: *La Nouvelle Alliance, métamorphose de la science*, París, Gallimard, 1979, pág. 44.

(6) Calame-Griaule, G. y Ligers, Z.: *"L'homme-hyène dans la tradition soudainise"*, en *L'homme*, I, 2, 1961, págs. 109-118. Sobre la mitología y el simbolismo de los Dogon: Griaule, M. *Dieu d'eau*, París, Fayard, 1966 (nueva edición). Sobre el personaje y la gesta del Zorro (la figura del desorden): Griaule, M. y Dieterlen, G.: *Le Renard pâle*, París, Instituto de Etnología, 1965, y de Heusch, L.: "Le renard et le philosophe", en *L'Homme*, VIII, 1, 1968, págs. 70-79; Adler, A. y Cartry, M.: "La transgression et sa dérision", en *L'Homme*, II, 3, 1971, pág. 5-63.

(7) Todo el apartado dedicado al mito de los Bwa se basa en el excelente estudio de J. Capron, realizado en varias décadas de trabajo. Se trata de un estudio todavía inédito en su totalidad: *Le Pouvoir villageois: essai sur le système politiques des populations bwa*, conjunto de textos, al que pertenece el volumen: *Le Grand Jeu, le mythe du création*, Ouagadougou-Tours, 1988.

(8) Citas extraídas de Soustelle, J.: *Les Quatre Soleils*, París, Plon, 1967, prólogo y cap. VI; del mismo autor: *La Vie quotidienne des Aztèques*, París, Hachette, 1955. Sobre la economía cósmica de los Aztecas, véase sobre todo a Duverger, C.: *La Fleur létale*, París, Seuil, 1978.

(9) Dedicado a los mesianismos congoleses el primer estudio de sociología interpretativa: Balandier, G.: *Sociologie actuelle de l'Afrique noire, dynamique sociale en Afrique centrale*, París, P. U. F., 1955 (4a. ed., 1982). Otras obras siguieron después en las que se presentó la evolución del kimbanguismo; la más reciente es la de Asch, S.: *L'Eglise du prophète Kimbangou, de ses origines à son rôle actuel au Zaïre*, París, Karthala, 1983.

(10) Smith, P.: "Aspects de l'organisation des rites", en Izard, M. y Smith, P.: *La fonction symbolique, essais d'anthropologie*, París, Gallimard, 1979.

(11) Turner, V.-W.: *Les Tambours d'affliction, analyse des rituels chez les Ndembu de Zambie*, traducción francesa, París, Gallimard, 1972.

(12) Véase Balandier, G.: *Le Détour, pouvoir et modernité*, París, Fayard, 1985, cap. I, "Le corps à «corps politique»".

(13) Temas retomados en la tesis (no publicada, E. H. E. S. S.) de D. Lima Handem: *Nature et fonctionnement du pouvoir chez les Balanta Brassa.*

(14) Fortes, M.: *Œdipus and Job in West African Religion*, Cambridge, Cambridge University Press, 1959.

(15) Balandier, G.: *Anthropologie politique*, París, P. U. F., 4a. ed., 1984; cap. VII, "Tradition et modernité".

2

La ciencia pierde la armonía

Por haber tenido la certidumbre, concedida a un siglo XIX triunfante, de que "el universo en adelante ya no es un misterio", la ciencia primero generó un efecto de desencanto. Rechazó el mito y a sus razones apartándolo hacia un pasado abolido —cementerio donde descansan también sus propias teorías, muertas y reducidas al estado de formas míticas—, o hacia un exterior que es el de las sociedades llamadas de la tradición y de la poca racionalidad. La ciencia actual manifiesta una mayor incertidumbre, cuando sus éxitos instrumentales aumentan rápidamente su conquista del mundo y del hombre, su poder expansivo. Es este movimiento y esta eficacia lo que la legitiman: ella triunfa; su éxito provoca reacciones contrapuestas, se pasa de uno a otro extremo: o bien nutre una fe absoluta, casi una religión, o bien provoca un rechazo radical justificado por los efectos descontrolados (incontrolables) de sus aplicaciones. Entre los dos extremos, está la duda, el cuestionamiento. Ella misma ya no hace suya la prescripción de Albert Einstein: dar "una imagen del mundo simple y clara". La ciencia interroga su modo de conocer, aborda lo complejo, hace lugar a lo imprevisible. Las teorías científicas son ahora menos globales o unificadoras que locales, poco o nada deterministas, sometidas al trabajo del tiempo; proponen síntesis sucesivas separadas por espacios huecos.

Al haber perdido su gran sueño unificador, la ciencia actual ha llegado a ser más permeable a lo que es exterior a ella, tiene una mayor relación de interacción con su exterior. Ha abandonado toda ilusión de "extraterritorialidad" teórica (Serge Moscovici) e incluso cultural (Ilya Prigogine). Sus proposiciones son poco separables del medio en el que son enunciadas. Y ella misma parece inseparable, en su totalidad y en su movimiento, de una forma de cultura determinada que la hace posible y mantiene su desarrollo. Es así que las culturas diferentes, portadoras de otras lógicas de la naturaleza, pasadas o todavía vigentes, la obligan a su propia evaluación puesto que esas variaciones culturales no son burdamente imputadas a una carencia —la de las sociedades consideradas incapaces para la ciencia, como se dijo que eran incapaces de ser históricas— o a un arcaísmo excluyente de toda racionalidad. En esta investigación realizada fuera de sus fronteras, la ciencia comienza a reencontrar los espacios de la tradición y del mito; ya no los excluye más, los constituye tal vez en lugar de una "intercrítica" cuya fecundidad ha demostrado Henri Atlan. (1) Hace reaparecer las raíces desvanecidas y durante mucho tiempo ocultas. Además, en el interior de su propio territorio cultural, no es dueña totalmente de su propio lenguaje. Sus nuevos objetivos —lo complejo, el devenir, y uno por otro—, sus nuevas lecturas de una realidad cuyo desciframiento no tiene fin, hacen que ya no pueda satisfacerse con sus palabras y sus formalizaciones solamente. Toma prestado, contribuye a la circulación de las metáforas y los símbolos, los utiliza como *medios de comunicación* que intervienen en su comunicación con la naturaleza. Antropomorfiza, principalmente en el caso de la biología, que recurre a conceptos como por ejemplo, código y programa, accionamiento, circulación y cantidad de información, transcripción y traducción. Imagina las máquinas naturales según las máquinas producidas por el hombre, que tienen la capacidad de mantener una orientación en un ambiente variable y por una parte imprevisible. Recurre a veces, a fin de representar mejor los seres de los que se ocupa, a un animismo de conveniencia; por ejemplo, cuando la física de las partículas no las designa a éstas según el capricho de sus convenciones, sino también por la atribución de una identidad y una personalidad que definen su comportamiento. (2)

En el esfuerzo de búsqueda y expresión que la impulsan a hacer incursiones extraterritoriales, la ciencia tiene acceso a otra presentación de ella misma y a un sistema de relaciones más amplio. No habla únicamente de lo que le concierne, dice más. A veces, a riesgo de perderse, cuando se aventura por los caminos de un sincretismo que vincula su propia racionalidad con la de las tradiciones exteriores, sobre todo las del Oriente: así, el Tao puede habitar la física actual gracias a la habilidad de un Fritjof Capra. (3) Los recorridos menos aventureros conducen a una epistemología reavivada, a la renovación de la filosofía de las ciencias, a una correlación de las concepciones presentes de la naturaleza, del hombre y de lo social, a una interrogación de los lenguajes, Se efectúan itinerarios cruzados, en ocasión de los cuales se reencuentran filósofos y científicos, sin eludir siempre los desvíos por sustitución de las funciones y los juegos del saber que éstas rigen. En estas turbulencias de donde surgen por impulsos sucesivos las obras de la modernidad, los paradigmas se pierden, aparecen y desaparecen, o bien se mantienen hasta el momento de un abandono más o menos duradero. El paradigma orden/desorden es a la vez nuevo (por sus representaciones en las ciencias actuales) y muy antiguo (por sus representaciones en la filosofía occidental en su comienzo). Concuerda con una ciencia que debe ahora mantenerse en los límites de lo parcial y lo provisorio, de una representación del mundo fragmentada, y en el movimiento general de las sociedades y las culturas contemporáneas, a menudo presentado bajo los aspectos de un caos en devenir.

El subterfugio inicial

El orden y el desorden son inseparables cualquiera que sea el camino que lleve de uno al otro, así como son inseparables de la historia de la racionalidad. Platón propone una concepción completa, máxima, del orden. Si el Espíritu "ha puesto todo en orden", es necesario también demostrar (es el objeto de la dialéctica) que "cada cosa en particular" se encuentra dispuesta, en el ordenamiento del universo, "de la mejor manera posible". Esta disposición (*taxis*) de las cosas es la de los elementos en un todo; es a partir de aquéllas, de éste y de sus relaciones mutuas que los conceptos de orden y desorden se vuelven definibles, así como lo demuestra incluso un pensamiento científico contemporáneo que lee la naturaleza según el sistemismo y lo social según el holismo. Pero Platón introduce también una consideración de valor al no someter el orden a la sola apreciación de la razón, pues sólo se realiza *plenamente* (haciéndose *cosmos*) cuando es el mejor de los ordenamientos, a la vez racional, bello y bueno. La "virtud" de una cosa es el resultado de la realización del orden específico de esa cosa, que implica proporción, armonía, buena forma. "El *cosmos* por excelencia es el mundo, el todo absoluto que contiene todos los todos parciales". (4) Y el desorden no puede aparecer sino como una ruptura de la unidad, de la armonía general, y como oscurecimiento de la finalidad. En este sentido, "el orden vale infinitamente más que el desorden" (*Timeo*). No es solamente objeto de saber (opción del realismo), sino también de evaluación y preferencia. Para Platón, el orden de las cosas y el orden que nosotros les asignamos se encuentran indisolublemente ligados; nuestro conocimiento es revelador del primero y no se hace posible si no hay "una naturaleza de las cosas, una realidad inmutable de las formas". Es necesario que la razón sea y que el ser sea razón, precisa justamente Marcel Conche, cuyo análisis estoy siguiendo aquí. Pero, si el orden es preferible —puesto que lo real es racional—, el hombre puede ser sin embargo generador de contingencia y de desorden.

Siguiendo a Platón y Aristóteles, la doble lectura en términos de orden y desorden se traduce en opciones de escuelas, en oposiciones que privilegian una u otra de las dos interpretaciones. En cada uno de los extremos, los estoicos y los epicúreos. Para los primeros, la razón es omnipresente; ella toma cuerpo en todo, rige lo sensible y el curso de las vidas individuales, no concede ningún lugar al azar ni al desorden, subordina lo que parece "contra natura", así como el mal. El mundo es armonía, es en cada instante todo lo que debe ser: una verdad que no puede hacerse evidente sino al sabio, pues sólo un pensamiento que se encuentre en sí mismo armonizado es capaz de tener acceso a ella. La razón "irrazonable", generadora de pasiones y trastornos, que hace que el hombre se subleve contra su destino y le oponga su libertad, produce "efectos de desorden". Nutre el deseo de cambio que contradice a la realidad del mundo, sistema armonioso y justo que no deja nada para cambiar. El pensamiento estoico afirma la necesidad del orden, sin permitir comprender los desvíos de la razón ni la carencia de un orden que deja surgir el desorden en su propio seno.

Los epicúreos operan de manera inversa, aprehenden "los efectos del orden sobre un fondo de desorden". No existe un mundo unificado, conjunto de todos los conjuntos captables por una vista única, aunque fuese divina, sino la suma de una infinidad de elementos, de sistemas u órdenes parciales. Una "suma de sumas", dice Lucrecio. Este englobamiento sin límites lleva por lo tanto, en sí, órdenes parciales, ordenamientos (materia viviente, mundo visible) en los cuales la realidad se manifiesta por nuestros sentidos y cuya explicación es de carácter atomístico. El orden visible "es sólo una parte del universo infinito invisible para los sentidos, vacío pero sin embargo poblado de átomos en movimiento, siendo el número de formas atómicas inconcebiblemente grande y el número de átomos de cada especie, infinito; como si el mundo visible (nuestro mundo) fuese un texto con un sentido que el azar habría producido con el paso del tiempo combinando de todas las formas posibles las letras del alfabeto". (5) Esta metáfora es la que utilizan todavía hoy algunos teóricos de la autoorganización; en la filosofía epicúrea, permite demostrar dicha metáfora que los conjuntos dotados de orden y sentido deben ser producidos —efectos del azar— entre innumerables conjuntos sin orden y sin sentido, y fuera del gobierno de la razón. En la naturaleza, en un tiempo que no está en la escala humana, es imposible que esas disposiciones ordenadas no aparezcan, puesto que no reaparecen en un momento o en otro. No existe una necesidad, sino una *probabilidad* que termina por realizarse y que puede repetirse. El desorden, portador de una infinidad de posibles, de una fecundidad inagotable, es él mismo generador del orden; hace de éste un accidente, un acontecimiento.

Todos los términos de un debate siempre actual —sobre todo entre los biólogos filosofantes— están presentes en esta rápida confrontación en la que se ligan y se oponen el orden y el desorden, necesidad y azar, totalidad y elemento. Es así una incitación a situar mejor dentro del espacio filosófico, después afuera, el primero de estos pares de conceptos. Orden y desorden remiten a la relación entre el todo y las partes, entre lo uno y lo múltiple, en los conjuntos de elementos. Es necesario referirse al comentario de Marcel Conche, a la serie de sus definiciones y diferenciaciones, a su riguroso análisis que va del orden al desorden: "Hay 'orden' cuando los elementos no carecen de vínculo, sino que tienen entre ellos un principio de unidad que los hace participar, al mismo tiempo, de un conjunto único"; este principio puede ser interior, inmanente, formador de una estructura, de un organismo, o exterior, constituyendo sólo un "orden menor", una suma. Esta distinción recupera la hecha por la filosofía epicúrea a partir de la tesis del desorden inicial de los átomos. El universo, "es decir, el conjunto de los átomos, no es sino una suma", pero, por el juego del azar, pueden formarse combinaciones ordenadas y viables; es la realización de algunos de los posibles. Una definición trae a la otra: "Hay desorden cuando los elementos de un conjunto, formando parte de este conjunto, *se comportan como si no formaran parte*"; introducen la contradicción; en cierta manera, cada uno realiza su juego para sí.

El desorden remite al elemento, donde reside su principio; y las posibilidades de desorden crecen en la proporción del grado de autonomía, de individualidad, del que disponen las partes: del cristal a las otras formas de la materia, después a los organismos vivos, después a la sociedad donde la "libertad" de los individuos es la más grande. En este sentido, los fenómenos materiales y vitales, donde "los elementos están atrapados en los tejidos estrechos de las relaciones", no manifiestan nunca un desorden absoluto —excluyente de toda relación, de toda ley—, sino desórdenes relativos. Lo que lleva a diferenciar las dos principales representaciones del desorden, independientemente de toda consideración de valor. El desorden se vuelve destructor cuando hay pérdida de orden, cuando los elementos se disocian, y tienden a no constituir más una estructura, una organización, una simple suma. El desorden se vuelve creador cuando produce una pérdida de orden acompañada de una ganancia de orden, que es generador de un orden nuevo reemplazante del antiguo y puede ser superior a él. El proceso de complejización opera según esta lógica, no por adición, sino por sustitución a un nivel más elevado. En un caso, la realidad queda amputada de las formas de orden que desaparecen sin compensación; en el otro, es enriquecida por formas nuevas de orden. (6)

Repetidas veces, se ha hecho alusión a la importancia del subterfugio filosófico en el pensamiento científico actual: se establecen parentescos, aparecen equivalencias de lenguaje, se repiten las interrogaciones; sobre todo la que impone el carácter paradójico de la transformación del azar en organización. Este paralelo está tanto más fundamentado en cuanto el hombre vuelve a ocupar un lugar en la reflexión teórica del sabio, mientras que los temas humanos habían sido eliminados de la escena de las ciencias "duras" durante un largo período a fin de que la objetividad fuese completa. No se trata evidentemente de revalidar en términos modernos una armonía en la que se comuniquen y concuerden el orden de la naturaleza y el orden de los hombres —social, político y moral—, sino de definir mejor cómo el hombre se sitúa en el mundo que él describe, cómo dialoga con la naturaleza, cómo la lógica de su modalidad de conocimiento está unida a la lógica de lo real. Son los biólogos —Henri Atlan y Francisco Varela, sobre todo—, quienes pusieron el acento en la obligación de no separar el estudio de lo vivo del conocimiento de lo vivo y, más allá, del conocimiento del conocimiento. Desde el lugar de su saber, mejor investigado, estos autores muestran cómo se efectúa la percepción de un mundo ordenado, pero que no lo está completamente: de un mundo donde la creación de orden procede del desorden mediante desorganizaciones y reorganizaciones sucesivas.

El reloj de Dondi y otros mecanismos

En Padua, en el siglo XIV, la Universidad constituye uno de los focos del aristotelismo más renombrados. Múltiples investigaciones anuncian allí el espíritu del Renacimiento; se refieren a los campos naturalista, médico, astronómico y astrológico; pues el curso de los astros parece regir el curso de las vidas, los destinos individuales. A este ambiente erudito pertenece Giovanni Dondi, elevado a la dignidad de príncipe de los astrónomos por Petrarca, después denominado el Leonardo da Vinci de la Edad Media por los especialistas modernos. Es a la vez médico, físico y poeta, representante de un siglo que es "un mundo de razón". Llega a la celebridad por la invención del primer reloj planetario, el *Astrarium*, destinado al alcalde de Padua. El instrumento consta de siete caras que presentan un cuadrante de la Luna, el Sol y los cinco planetas entonces conocidos: Venus, Mercurio, Saturno, Júpiter y Marte;

su función es la de informar instantáneamente sobre el estado del Cielo, sin recurrir a la compleja localización efectuada mediante cálculos y referencias a los documentos. A fin de traducir mecánicamente la geometría celeste directamente heredada de Ptolomeo, Dondi debió realizar una verdadera proeza técnica; su reloj es "semejante maravilla" que los astrónomos "vienen de regiones muy lejanas a admirarlo con el más profundo respeto", informa un cronista.

Un manuscrito del inventor presenta la descripción del *Astrarium* y la manera de construirlo; en su prefacio especifica el proyecto —"reproducir lo que pasa en los cielos"—y se glorifica la Creación. Es una imagen mecánica del mundo la que así se produce, de un mundo definido por sus regularidades, ya asimilable a un autómata regido por fuerzas, leyes que es necesario reconocer o captar. La representación es falsa, puesto que está centrada en la Tierra, pero rigurosa (regida por una concepción matematizable de la naturaleza) y eficaz (capaz de dar cuenta con precisión de la posición de los planetas). La visión corresponde a un universo con leyes inmutables que ordenan desde el exterior los fenómenos, incluidos los que manifiestan en sus diversos aspectos el mundo de los hombres; pero el tiempo casi no encuentra lugar en él, al punto de que el reloj planetario sirve sólo accesoriamente para dar la hora. En cuanto a un estado del saber, la empresa de Dondi revela una cultura, una forma social y el poder correspondiente: sólo algunos poderosos disponen de las máquinas que permiten dirigir la decisión sobre los movimientos del universo. En efecto, a principios del siglo XIV, la astronomía y la astrología gozan de un gran éxito, y muchas personas tienen cierta familiaridad con ellas. El orden del mundo y el orden de los hombres parecen estrechamente ligados; cada planeta tiene una responsabilidad y la astrología se convierte en un *medio*, una manera de comunicar y dirigir el curso de las existencias individuales o colectivas. Armonizarse con un universo en el cual el azar está excluido parece ser la única posibilidad de reducir la parte de lo aleatorio en los asuntos humanos (7).

Esta concepción del mundo lleva en sí una ciencia, heredera de un largo pasado, que formula preguntas y aporta respuestas sobre las relaciones del hombre con la naturaleza; reconoce en ésta una inteligencia en marcha que desarrolla con orden todos los movimientos que la revelan. Al modernizarse y constituirse por etapas a lo largo de los siglos ulteriores, la ciencia marcará rupturas, sin que por eso la antigua manera de ver sea totalmente eliminada. Tratará de romper con los dogmas anteriores (sobre todo el aristotelismo y los enfoques simbólicos o analógicos generadores de la concordancia con el cosmos, con el mundo ordenado); hará progresar ese diálogo con la naturaleza que es la experimentación; buscará una autonomía creciente con respecto a los poderes que le son exteriores, y, en consecuencia, provocará reacciones de rechazo, de desconfianza o de entusiasmo suscitados por la manifestación de una racionalidad universal. Toda esta empresa concurre a hacer la naturaleza inteligible a partir de la afirmación de que ella está completamente en orden y, al hacerlo, a superimponerle el lenguaje científico.

Dos series de circunstancias contribuyen al establecimiento de la ciencia de espíritu moderno: la presencia de un medio intelectual que Alexandre Koyré designa por la conjunción de Galileo y Platón; la formación y desarrollo de un medio económico y social que, aparecido desde fines de la Edad Media con la expansión de las ciudades y las actividades comerciales, favorece las innovaciones técnicas y las artes manuales, asegura la connivencia entre los inventores y los mecenas enamorados de la novedad. Es una dinámica general que funciona, a favor de la cual se corre progresivamente el riesgo de lo nuevo y sus efectos transformadores. La ciencia que nace y se hace provocadora de un movimiento de modernidad es arrastrada, estimulada, por una corriente resultante de empresas múltiples. Pero no arranca de un golpe las raíces culturales más antiguas. Al amanecer del siglo XVII, Kepler revoluciona la investigación astronómica con el cálculo de las órbitas, sin expulsar por eso de su reflexión algunos saberes esotéricos. Hace de la esfera el símbolo de la Trinidad, cree en un alma del mundo, simboliza los cuatro elementos y la "quinta esencia" por los poliedros, justifica incluso el saber de los astrólogos y su eficacia; "percibe" en las proporciones matemáticas que "él descubre entre los movimientos planetarios, un himno a la gloria de Dios" (8).

A los cálculos de Kepler, Galileo agrega la prueba experimental (la observación por medio del anteojo astronómico, inaugurado en Padua) y su propia contribución a la descripción del movimiento con las leyes que rigen la caída de los cuerpos. Lo que se afirma al mismo tiempo que la "armonía del mundo" es una concepción de la ciencia que le confiere la capacidad de descubrir el conjunto de la verdad de la naturaleza, estando ésta en cierta forma cerrada sobre sí misma. El mundo es homogéneo —si bien a cada descubrimiento local se le atribuye un alcance general— porque es descriptible con la ayuda de un solo lenguaje, el de la matemática puesta al servicio de la observación y la experimentación. Y porque el mundo es homogéneo la complejidad de sus apariencias puede ser reducida. Lo simple se convierte en la clave de lo complejo. Ilya Prigogine, al referirse al pensamiento teórico de Galileo y sus sucesores, subraya este aspecto: "Lo diverso se reduce a la verdad única de las leyes matemáticas del movimiento" (9). Una metafísica va unida claramente a una física, las dos son la afirmación de un orden dinámico y no obstante conservado.

Los inventores y los constructores de máquinas también se ocupan del movimiento, lo traducen en funcionamiento, después hacen de su saber y su técnica un nuevo modo de investigación racional de la naturaleza. Utilizan descripciones y conceptos matemáticos, deducen las relaciones entre las velocidades y los desplazamientos de las piezas ensambladas, los movimientos relativos de éstas y sus efectos. El reloj, cuyos ejemplares se multiplican a partir del siglo XIV, aparece a la vez como un objeto científico —por las razones que acaban de mencionarse— y maravilloso en la medida que hace comprender. Los movimientos de la naturaleza son así asimilados a los de la máquina, más especialmente del reloj que representa el orden del mundo en su perfección; un mecanismo construido según un plan que sus elementos dominados llevan a cabo, homólogo al de una naturaleza autómata —de una "máquina universal"— en la cual Dios es el Relojero. Así como la física no está desprendida de una metafísica, tampoco la práctica experimental y teórica está disociada de una teología. El hombre mecánico comprende y conoce, gracias al ejercicio de su arte, la Obra divina.

Con Newton, la ciencia nueva parece haber alcanzado un logro del cual la Europa de las Luces hace un objeto de glorificación; héroe nacional, Newton será, mucho tiempo después de su muerte, presentado como el símbolo de la revolución científica, el modelo inspirador de todo conocimiento erudito. Ilya Prigogine e Isabelle Stengers definen así la síntesis newtoniana: es la de "dos desarrollos convergentes, el de la física —la descripción del movimiento, con las leyes de Kepler y las de la caída de los cuerpos formuladas por Galileo— y el de la matemática que culmina en el cálculo infinitesimal", demostrando que esta ciencia es inseparable de una práctica: "Una de sus fuentes es muy claramente el saber de los artesanos de la Edad Media, el saber de los constructores de máquinas; [la ciencia] da, por lo menos en un principio, los medios para actuar en el mundo, para prever y modificar el curso de ciertos procesos, para concebir dispositivos adecuados a la puesta en marcha y el aprovechamiento de algunas fuerzas y recursos materiales de la naturaleza". (10) Un mundo definido por un orden mecanizado en el cual hay leyes inmutables que rigen desde el exterior (a la manera de un plan) el desenvolvimiento de los fenómenos, extraño a la historia, siempre propicio a la alianza del hombre con un Dios racional e inteligible, pero también al aprovechamiento por parte de la sociedad "esclarecida" de sus potencias y riquezas.

La afirmación de Newton —la naturaleza es muy semejante a sí misma— permite conferir un poder explicativo universal a las leyes que ha formulado, al lenguaje que las expresa. El orden natural nuevo llega a ser, por extensión, metáfora y traducción mítica, la forma de todo orden. Del orden del mundo al orden de los hombres en sus diversas manifestaciones (especialmente morales y políticas), todo se comunica y se armoniza. Ese tiempo de una edad dorada de la ciencia, como se dijo, es también el de la armonía; muchos de los que contribuyeron al elogio de Newton nutrieron su admiración con esta certidumbre. Al expresar la verdad del mundo, la ciencia del siglo XVIII sostiene la convicción de su propio y completo triunfo. Pero su desarrollo, resultante del trabajo teórico de los físico-matemáticos y de las investigaciones de carácter empírico y técnico, prepara, a su vez, el advenimiento de una nueva época científica. La legitimación teológica desaparecerá. La investigación experimental progresará, después se acelerará con el avance de la sociedad industrial. La actividad científica se volverá más profesional que mundana. Con la consideración de lo viviente, a lo cual hacen lugar Diderot y los enciclopedistas, nacerá la reacción contra el predominio abstracto de los sabios de inspiración newtoniana. Se prepara un desequilibrio: el pasaje a otra física, al re-conocimiento de la complejidad, a una representación del mundo donde el orden y el equilibrio no están sólo relacionados con la dinámica de las fuerzas, sino sobre todo con la dinámica del calor. Se forman interpretaciones antagónicas, a las cuales se agregará más tarde el desafío-contradicción de las teorías evolucionistas de lo viviente y lo social. La figura del desorden hace una nueva aparición en la escena intelecutal, en un cortejo en el que la degradación y la muerte la acompañan.

El ruido, la disipación y el caos

Al reloj —imitación de una naturaleza autómata cuyo orden es inmutable por su conformidad con las leyes del movimiento— el siglo XIX lo reemplaza por la máquina de vapor, evocadora de un mundo en el que la transformación del calor en movimiento se efectúa con un derroche irreversible en el que se revela la obra de una potencia a la vez creadora y destructora.

De mecánica, la naturaleza pasa a ser termodinámica. El cambio del modelo de referencia fecunda nuevas metáforas empleadas en la definición del hombre y de la sociedad; se vuelven a poner en cuestionamiento (con las más grandes consecuencias) las concepciones del orden y el desorden, y de los estados de equilibrio. Un principio predominante rige las nuevas configuraciones del pensamiento científico: el principio de *entropía*. El saber científico, ya se ha dicho sin provocar demasiado a las palabras, se hace entonces fundamentalmente "entropología". Desde el estudio teórico de la propagación del calor en los sólidos hasta la búsqueda de las condiciones necesarias para la concepción de una máquina térmica ideal, después hasta la fundación definitiva de una termodinámica de equilibrio por Clausius, se realiza un trayecto que se extiende alrededor de medio siglo. Se une al impulso de la industrialización el advenimiento del reino del fuego (fraguas y máquinas de vapor), el desbarajuste del sistema de representación: pasaje de una cosmología del Sol, recibida de Newton y Laplace, a una "termogonía".

Al principio, conviene recordar, se encuentra un cambio de la representación maquinista que comienza por mantener una cierta relación entre una y otra imagen. El estudio de las máquinas térmicas se relaciona primero con el de las máquinas clásicas: considera que las primeras son dispositivos que efectúan una conversión de energía y donde, en el estado de equilibrio, el balance es reversible. La media del margen entre el ciclo ideal y el ciclo real de las máquinas de vapor lleva a Carnot al descubrimiento de dos principios de la termodinámica: el de la conservación de la energía (ya formulado al estudiar las máquinas mecánicas) y el de la propagación irreversible del calor, explicativo de la pérdida de rendimiento. Momento de ruptura que se traduce por la imposibilidad, a pesar de las resistencias mantenidas durante mucho tiempo, de atribuir una misma condición a todas las energías. Clausius precisa la diferencia oponiendo los procesos mecánicos, en los que conservación y reversibilidad están relacionadas, con los procesos termodinámicos en los que la conservación de la energía puede efectuarse sin que haya reversibilidad. En todo sistema térmico distingue las corrientes de calor "útiles", que compensan exactamente la conversión de energía en el curso del ciclo, de las corrientes "disipadas", perdidas en el curso del ciclo en la medida en que no pueden ser reconducidas nuevamente a la fuente para la inversión del funcionamiento de la máquina. Dos clases de energía son así diferenciadas: una "libre", capaz de efectos mecánicos, la otra "ligada" al sistema; la primera, como hace el calor, se transforma en la segunda durante el ciclo: hay una degradación cualitativa de la energía. Esta define la entropía del sistema y permite prever, por degradación continua en el seno de un sistema aislado, un estado final en el cual toda la energía es "ligada" y, por consiguiente, no utilizable. Si el universo es interpretado según este modelo, no puede ser sino el lugar de una evolución que va en el sentido de una entropía creciente: la energía del mundo es constante, la entropía del mundo tiende hacia un máximo (Clausius). Los procesos naturales se encaminarían hacia un estado de equilibrio donde ninguna generación de energía podría producirse más. Cosmología trágica anunciadora del final, de la muerte absoluta.

La concepción termodinámica trastorna los sistemas de pensamiento y termina por provocar un importante uso (siempre actual) de la metáfora entrópica. En cuanto ciencia o economía, como se dijo con respecto a Carnot, de la energía, pone el acento en la *diferencia*: "La conversión de la energía no es otra cosa que la *destrucción* de una diferencia, la *creación* de otra diferencia" (11). La degradación, la pérdida de potencial energético, el avance hacia un orden "simple" o mínimo, se unen a la desaparición de las diferencias, la nivelación. A partir del segundo principio, la irreversibilidad hace irrupción en la física: una "flecha del tiempo" es así designada, una evolución provocada por la producción y la progresión de la entropía. Una máxima de Prigogine lo recuerda con intensidad: "El futuro es la dirección en la cual aumenta la entropía". Otra de sus fórmulas demuestra en qué el "objeto termodinámico" puede escapar a la dominación: "Contrariamente al objeto dinámico, jamás es controlado sino parcialmente". Es éste un lenguaje extraño al de la mecánica; según ésta, "el sistema evoluciona sobre una trayectoria dada de una vez por todas, y guarda eternamente el recuerdo de su punto de partida". El juego de los posibles parece quedar en adelante abierto.

En los últimos años del siglo XIX, Boltzmann innova al proponer una definición *probabilista* de la entropía: hace de la probabilidad el principio explicativo. Se investiga el medio de pasar niveles microscópicos a niveles macroscópicos, de cambiar de escala, de llegar a la descripción de fenómenos complejos. Se trata de reconocer el comportamiento nuevo que un sistema puede adoptar al estar constituido por numerosos elementos o partículas. La física de los gases, en su teoría propia, da un encuadre a esta empresa; se ocupa de vastas "poblaciones", introduce la consideración estadística a partir de la cual Boltzmann tratará de enunciar las reglas del mundo. Lo hace observando que el aumento irreversible de la entropía puede ser interpretado como la *expresión* del acrecentamiento del desorden molecular. Su aporte es haber definido la entropía de cada macroestado del sistema por el *número* de microestados correspondientes, de haber establecido la "fórmula" y permitido la medida. En termodinámica estadística, progresión de la entropía y extensión del desorden son sinónimos; y el grado de desorden de un sistema se establece conociendo la distribución de los elementos en el instante considerado. La fórmula de Boltzmann permite entonces una predicción probabilista de la evolución de los sistemas de población numerosa; manifiesta una dinámica irreversible, generadora de estados de probabilidad creciente, que efectúan, bajo el efecto de un azar calculable, el paso del orden al desorden, siendo el movimiento inverso sólo muy escasamente probable. El orden y el azar se encuentran asociados; los sistemas se convierten en estructuras de un *orden relativo* donde actúa el desequilibrio, que evolucionan —si *ninguna acción interna* viene a contrariar la tendencia— hacia el desorden máximo. El orden y el equilibrio ya no están más ligados, el desorden funciona en cuanto estado "atraedor".

Aquél es despojado en parte de semejante capacidad en los trabajos recientes (los de Prigogine), fundadores de la termodinámica no lineal. Esta última aborda los sistemas lejos del equilibrio, de las fluctuaciones que pueden llevar al sistema hacia un comportamiento diferente del hasta entonces descrito. Aparecen nuevas voces, que conducen al reconocimiento de las estructuras llamadas *disipativas*. Esta palabra traduce la asociación entre la idea de orden y la idea de derroche, y ha sido elegida a propósito para expresar el hecho nuevo: la disipación de energía y de materia —generalmente relacionadas con las ideas de pérdida de rendimiento y de evolución hacia el desorden— llega a ser, lejos del equilibrio, fuente de orden: "la disipación se encuentra en el origen de lo que bien podemos denominar nuevos estados de la materia (12)". Hay, en este caso, creación de orden a partir del desorden; el caos se ha vuelto fecundo. La fluctuación actúa por amplificación: de origen local, en lugar de experimentar una regresión, invade el sistema y termina por engendrar una nueva estructura de orden; el punto crítico a partir del cual ese estado cualitativo es posible recibe el nombre de *bifurcación*. En otros términos, los puntos de bifurcación son los puntos de inestabilidad de un sistema: una perturbación, muy débil al principio, basta para imponer progresivamente un nuevo ritmo macroscópico. Al principio de orden de Boltzmann se opone el principio de orden por fluctuaciones, que actúa tanto más en el seno de un sistema cuanto más débil sea la integración de éste. En ese caso, las fluctuaciones pueden extenderse y poco a poco afectarlo en su totalidad. El sistema no escapa a la obra, a los efectos del tiempo. La explicación es necesariamente *generativa*: "Es necesario describir el camino que constituye el pasado del sistema, enumerar las bifurcaciones atravesadas y la sucesión de bifurcaciones que han decidido la historia real entre todas las historias posibles". Es necesario recurrir a un complejo de nociones, incluso fuera de la descripción de los sistemas físico-químicos más simples: las de "historia, estructura y actividad funcional se imponen al mismo tiempo para describir el *orden por fluctuación*, el orden en el cual el no-equilibrio constituye la fuente (13)."

Los trabajos de Ilya Prigogine dedicados a las estructuras disipativas han llevado a empleos del modelo fuera de su dominio propio. De la materia inerte a la materia viva, después a lo social, se efectúa una transferencia, con miras a prever la conversión del desorden en orden y el incremento de la complejidad. Lo vivo y lo social tienen en común que son sistemas complejos y abiertos, es decir, que se encuentran en una relación de intercambio con el mundo exterior. Como lo demostraron los biólogos, estas dos propiedades obligan a considerar la entropía bajo, por lo menos, dos aspectos: el de una entropía creciente verificable a la escala del sistema completo, ligado con su medio; el de una disminución de la entropía que tiene lugar localmente fuera de la formación de estructuras organizadas. El acrecentamiento *local* del orden se paga con un acrecentamiento *global* de la entropía.

Todavía sería necesario enfrentar la paradoja de manera más directa: a saber, la transformación del azar en organización sin que aquél se encuentre al servicio de una necesidad exterior, como en el neodarwinismo, sino, por el contrario, que sea el generador de la necesidad. Para el biólogo ya no se trata más únicamente de interrogarse sobre la identidad del ser animado, la capacidad de mantenerla y reproducirla en el curso de la vida, sino también sobre la capacidad del ser animado de producir, en interacción con su medio, otras formas, la complejidad o lo radicalmente nuevo. Bajo este segundo aspecto, lo animado podría ser metafóricamente percibido como una especie de estructura disipativa, un proceso autorreferencial en el que la fluctuación finalmente llega a ser una fuente de orden. Henri Atlan, en su carácter de biofísico, se ocupa de este problema recurriendo al instrumental de los cibernéticos y los lógicos. Une en el mismo tiempo el orden y la complejidad, formula dos principios, el del *orden por el ruido* y el de la *complejidad por el ruido*; dicho de otro modo, por el efecto de las perturbaciones aleatorias. Orden y complejidad son definidos desde el punto de vista del observador exterior, y no a partir de las propiedades intrínsecas de los seres organizados naturales. Estas nociones remiten a un modo de conocimiento, no a un conocimiento *total* (inaccesible) de las propiedades de estos seres y de sus eventuales determinaciones. La función organizadora del azar debe ser comprendida desde el exterior, a partir de la percepción de la *historia* de los seres naturales. Es lo que Jean-Pierre Dupuy especifica a fin de demostrar cómo puede resolverse la confusión paradójica de los contrarios, del orden y del desorden: "El azar, el 'ruido', tiene por efecto reducir las presiones que ordenan el sistema para el observador. Este último diagnostica, por consiguiente, un aumento de la variedad, de la complejidad, es decir incluso, *para él*, del 'desorden'. Pero, puesto que, por hipótesis, el sistema sigue estando organizado y funcionando, el observador se ve obligado a postular que el azar ha sido convertido en significaciones nuevas por el sistema, significaciones a

las cuales él, observador, no tiene acceso (14)". Más allá del acrecentamiento aparente del desorden, es necesario pues postular la formación
de un nuevo orden, de un pasaje a una mayor complejidad. He ahí una
afirmación de la *autonomía* del sistema, capaz de crear orden (organización) y sentido por sí mismo y para sí mismo, afirmación que debilita la dependencia con respecto al medio. La teoría de la autoorganización, de la autonomía opuesta a la heteronomía, ha seducido; ha circula-
do vinculando disciplinas separadas; ha incitado a enunciar de otro modo los problemas de la morfogénesis social y cultural y a dar validez (no
sin riesgos) al deseo de hacer nacer una sociedad autónoma, completamente liberada de la trascendencia y convertida en dueña de su contingencia.

De una termodinámica a la otra, si se pierde la metáfora maquinista, si se imponen otras homologías por el hecho de las comunicaciones establecidas entre las disciplinas, si los enfoques formales se di-
versifican y se hacen más pertinentes, el progreso conduce sin embargo
a tomar siempre más en cuenta —conjuntamente— la singularidad, lo
aleatorio y el enmarañamiento jerárquico que los une a lo universal y lo
determinado. *Circuitos extraños* que manifiesta ahora la actividad de la
observación y el conocimiento, pero cuyo misterio no está sin embargo
aclarado. Es la incitación a otras investigaciones teóricas, equipadas
con nuevos instrumentos lógicos, matemáticos e informáticos; las
computadoras más poderosas, capaces de enfoques gráficos muy de-
tallados. En la huella de las investigaciones dedicadas a la termodinámica no lineal, las turbulencias, las manifestaciones menos previsibles
—comprendidas las más triviales, como el comportamiento del grifo
que gotea o las figuras fantásticas del humo de cigarrillo— que fijan en
adelante la atención y provocan una coalición de medios intelectuales y
tecnológicos. La dinámica no lineal tiende a convertirse en la llave que
dé acceso a otra comprensión de todas las cosas: "La naturaleza no es lineal", se afirmó. El caos ya no es únicamente el enigma que hay que re-
solver, se convierte en la palabra, el signo, el símbolo, con los cuales se
designan las nuevas empresas. Provoca el entusiasmo de algunos científicos y la curiosidad de los periodistas especializados; uno de los pio-
neros de estas investigaciones, el matemático norteamericano Ralph H.
Abraham, no vacila en anunciar que son "tan importantes históricamen-
te como la invención de la rueda".

En lo sucesivo, la naturaleza, el mundo, no son considerados bajo el
aspecto de un orden en el seno del cual actúa el desorden, sino bajo el
aspecto inverso: el de las turbulencias, los movimientos en apariencia
erráticos. Ya no se trata del proyecto de captar la secuencia orden→de-
sorden→orden, sino del de interrogar al desorden (o al caos) en cuanto

54

tal, independientemente de su apoyo, de hacer comprensible lo imprevisible y, si es posible, ulteriormente, previsible. Los caprichos del tiempo y las debilidades bien conocidas de la previsión meteorológica han sido una de las ocasiones iniciales. Esa fue la tarea de Edward N. Lorenz, que ha inventado un modelo geométrico del tiempo a escala mundial, utilizando los datos relativos a los movimientos globales de las masas de aire. No sin haber primero provocado un gran escepticismo, ha demostrado la posibilidad de concebir una modelización matemática que puede tener en cuenta lo imprevisible, ayudar a comprender el "comportamiento caótico". La traducción gráfica (el recurso a los modelos matemáticos gráficos) hace aparecer en la pantalla de la computadora una(s) configuración(es) que sale(n) progresivamente del desorden: en el seno mismo del caos se manifiesta una representación de estados *atrayentes*. Formas muy particulares, en cierta forma privilegiadas, traspasan las apariencias caóticas; esas formas se definen matemáticamente. El nombre de atraedor extraño (*strange attractor*) las designa. Estas representaciones no se ven de entrada: "Brotan puntos aquí y allá en la pantalla hasta que lo contornos de la imagen se precisan como una silueta que emerge de la niebla, formando una curva que se repliega indefinidamente sobre ella misma (15)". Los puntos, o las líneas brillantemente coloreadas que serpentean sobre la pantalla, hacen aparecer una figura cada vez más precisa. La figura resultante de los trabajos de Lorenz —una especie de mariposa esculpida en los colores de la luz— se ha convertido en el emblema de estos atraedores extraños.

Con los matemáticos, el estudio del caos se desarrolla independientemente de las manifestaciones concretas; éste es el caso con los trabajos de Mitchell Feigenbaum, que progresan según un proceso continuo de abstracción, de búsqueda de constantes a partir de las cuales lo imprevisible puede ser reducido, de investigación de los problemas concediendo un gran lugar a la intuición. Con los pragmáticos, la dinámica no lineal sale del campo de la matemática y de la física donde nació, es convocada además para dar respuestas de orden teórico y soluciones prácticas en campos cada vez más complejos: en fisiología, medicina, economía y ciencias sociales. La certidumbre de un economista de la universidad de Nueva York es significativa a este respecto, aunque poco compartida: "*Caos* [apodo de la nueva disciplina] es aplicable a la economía a pesar de la complejidad". Ya, algunos intentan descubrir el misterio que son siempre los comportamientos erráticos de la Bolsa, y las crisis cuya irrupción desconcierta y alimenta la inquietud o el pánico (16).

El concierto interrumpido

De la armonía newtoniana al orden oculto en el caos según las teorías contemporáneas, el trayecto conduce a la desmenuzación de las representaciones del mundo, a la multiplicación de las preguntas más que de las respuestas, a la identificación de posibles más que a la capacidad de formular una explicación verdadera. El conocimiento científico se encuentra en una situación paradójica: si bien cuenta con medios sin precedentes, sus resultados parecen más parciales y más precarios que nunca. Bajo alguna mirada (la de Henri Atlan), la ciencia tiene toda la seriedad de un juego en el cual la verdad de lo real queda "fuera de juego". Si es exacto que los hombres le han pedido a la ciencia que haga su contribución a un discurso del orden que los tranquilice, ella no ha cumplido esa función; es primero un instrumento: su eficacia manipuladora confirma su rectitud. Ella traza y vuelve a trazar una y otra vez las fronteras de lo real, del mundo real conforme a sus modos de saber; da la posibilidad de actuar en él, es operativa. Pero no practica más el discurso de la unidad. El concierto por el cual el hombre concordaba con el mundo, y donde la ciencia desempeñaba su parte, parece haberse interrumpido sin que jamás pueda volver a ser reiniciado. (17) El filósofo da el testimonio más brutal: "El desorden absoluto que en nuestra época de barbarie racional se ha vuelto imposible de negar..., obliga a ver el mundo, al menos desde el punto de vista filosófico, sin unidad, ni sentido, ni orden verdaderos..., como si no fuese incluso un mundo, sino más bien un conjunto disparatado". (18) Es necesario enfrentar el caos y convertirse de alguna manera en un detective en busca de los órdenes parciales que encierra.

La ciencia mide mejor sus límites, el conocimiento es interrogado de otro modo y se convierte él mismo en objeto de ciencia. Se admite en adelante que es *imposible* llegar a una descripción absolutamente lógica de la totalidad del mundo, porque siempre estará presente una falla bajo la forma de proposiciones indecidibles, en las cuales el carácter de verdad o falsedad será indemostrable, y esto sin recursos lógicos de ninguna clase. Se empieza a admitir que ningún lenguaje formal puede alcanzar el grado de perfección que permita evitar esa trampa. Existe siempre la "incompletud"; el sistema formal contiene por lo menos parcialmente una representación de sí mismo; implica proposiciones en autorreferencia, que remiten todas a sí mismas por el efecto de "circuitos extraños"; lo arbitrario del que formula los conceptos (sus convenciones) no es totalmente neutralizable. El "teorema de limitación" de Kurt Gödel ha instado a la rehabilitación de la analogía y de la metáfo-

56

ra; se les atribuye el poder de unir, fuera de todo lenguaje a priori, dos sistemas diferentes y aparentemente incoherentes en otro lenguaje que los sobrepasa y contribuye a explicarlos (19).

Si el saber científico da lugar a la incertidumbre es porque ha llegado a un mejor reconocimiento de la complejidad; la simplicidad y la estabilidad han llegado a ser la excepción, ya no son la regla. El problema del pensamiento complejo es aquel al cual ha abordado Edgar Morin en la serie de sus obras dedicadas a *La Méthode*, principalmente a partir de la consideración de lo animado. Demuestra este autor que la dificultad es "pensar la unidad/desunidad de la vida sin reabsorber, reducir, debilitar uno de los dos términos"; o, dicho de otro modo, de comprender cómo, "a partir de las disociaciones, se crean nuevas unidades complejas en las que se asemejan los diversificados, los desemejantes, los concurrentes, incluso los enemigos". Morin recuerda justamente que los desórdenes que afectan a las existencias vivas son innumerables e ininterrumpidos: "cuanto mayor es la actividad tanto más el trabajo produce desórdenes; el acrecentamiento de la complejidad y el acrecentamiento del desorden están vinculados" (20). Se ha asistido en realidad al nacimiento de una nueva ontología cuyos principios pueden ser comunicados, bajo una forma muy simplificada, de la manera siguiente: todo ser es una organización; ésta, en cuanto lugar en el cual orden y desorden se entremezclan de manera inextricable, se relacionan en jerarquías entreveradas, es generadora de nuevas formas de ser. En esta turbulencia incesante del mundo, en esta historia a la vez destructora y creadora, es donde los teóricos del caos hacen recaer toda su atención.

En este estado, las ciencias de la naturaleza facilitan su acercamiento a las ciencias del hombre y de la sociedad, mientras que unas y otras concuerdan con el espíritu de la época, una época del movimiento, el cambio generalizado, lo aleatorio y las incertidumbres. Para las segundas, es este movimiento mismo al que se le atribuye cada vez más una virtud explicativa, mientras que su reflexión estuvo durante mucho tiempo centrada en la estructura, la organización, el equilibrio, los grandes dispositivos de conservación o de reproducción social. La inteligibilidad de la sociedad era entonces y necesariamente la de un orden, de una sincronía. En lo sucesivo, el tiempo ya no es sólo considerado como el de la evolución o el de los períodos de ruptura, sino en su omnipresencia. Aparece como un componente de lo social, una parte constitutiva de su dinámica, un motor continuamente en acción. Sobre todo por esta razón, la sociedad se percibe a sí misma también en cuanto "orden improbable" (21).

Notas

(1) Atlan, H.: *A tort et à raison, intercritique de la science et du mythe*, París, Seuil, 1986.

(2) Información dada con ocasión de un encuentro en la Universidad de Ginebra, por Carlo Rubia, premio Nobel de física.

(3) Los símbolos científico-místicos han tenido su momento de moda: Capra, F. : *Le Tao de la physique*: Ruyer, R.: *La Gnose de Princeton*, y, más todavía, el "Coloquio de Cordoue", celebrado en 1979.

(4) Conche M.: "La notion d'ordre", en *Rev. de l'enseignement philo.*, 4, abril-mayo 1978. Esta breve incursión filosófica es realizada a partir de tres excelentes trabajos de M. Conche: véase el artículo citado y "Ordre et désordre", cap. VII de la *Orientation philosophique* (1973)

(5) Conche, M.: "La notion d'ordre" *op.cit.*, pág. 10.

(6) Conche, M.; "Ordre et désordre", *op.cit.*, pág. 214 y sigs.

(7) Una institución italiana, el "Centro internacional de historia del espacio y el tiempo", revitaliza las obras y creaciones de Giovanni Dondi: edición del manuscrito con una introducción general y una traducción, reconstrucción del *Astrarium* (desaparecido) según la descripción del manuscrito; celebración, en 1988 y en Padua, de un congreso internacional y de una exposición centrada en el reloj planetario. E. Poulle, autor de *Equatoire et horlogerie planétaire du XIII au XVI siècle*, ha concedido una entrevista dedicada a Dondi y a su reloj, en *Libération*, 3-4, enero, 1987.

(8) Simon, G.: *Kepler, astronome astrologue*, París, Gallimard, 1979.

(9) Prigogine, I. y Stengers, I.: *La Nouvelle Alliance, métamorphose de la science*, París, Gallimard, 1979, pág. 52.

(10) *La Nouvelle Alliance...*, *op. cit.*, pág. 65 y pág. 43.

(11) *La Nouvelle Alliance...*, *op. cit.*, pág. 127.

(12) *La Nouvelle Alliance...*, *op. cit.*, pág. 156.

(13) *La Nouvelle Alliance...*, *op. cit.*, págs. 168-69.

(14) Dupuy, J.-P.: *Ordres et désordres. Enquête sur un nouveau paradigme*, París, Seuil, 1982, pág. 117. Y también: Dumouchel, P. y Dupuy, J.-P.: *L'Auto-organisation. De la physique au politique*, París, Seuil, 1983. Y, sobre todo, la fuente misma: Atlan, H.: *Entre le cristal et la fumée. Essai sur l'organization du vivant*, París, Seuil, 1979.

(15) Gleick, J.: "Le mystère du CHAOS", en *Dialogue*, 2, 1985; presentación de divulgación a partir de los trabajos de M. Feigenbaum. Las investigaciones de la dinámica no lineal, los estudios de sistemas de alta complejidad se han multiplicado en Estados Unidos (Centro especializado de Los Alamos, Universidad de Texas, Universidad de California, sobre todo en San Diego).

(16) El interés de los medios industriales y de los agentes económicos, en Estados Unidos, aparece en un artículo de la revista *Business Week*, del 4 de agosto de 1986: "Making some Order out of Chaos".

(17) Véase Jacob, F.: *Le Jeu des possibles*, París, Fayard, 1981; evocación de un mundo desprovisto de espíritu y de alma, conforme a la ética del conocimiento, una ética que se encuentra en las antípodas de aquella a la que se refieren las grandes ideologías y las grandes teorías [los discursos unificantes].

(18) Conche, M.: "Ordre et désordre", *op. cit.*, pág. 225. Es el testimonio de la barbarie que acaba de abordar también otro filósofo, Henry, M.: *La Barbarie*, París, Grasset, 1986.

(19) Véase sobre todo a Hofstadter, D.: *Gödel, Escher, Bach, les brins d'une guirlande éternelle*, París, Inter-Editions, 1985.

(20) Véase Morin, E., la serie de tomos de *La Méthode* (I a III), sobre todo el volumen *La Vie de la vie*, París, Seuil, 1980.

(21) Forsé, M.: *L'Ordre improbable, entropie et processus sociaux*, París, Universidad René Descartes, tesis de 1986, publicación prevista en los P.U.F. en 1989.

59

3

La sociedad ya no es más lo que era

Las ciencias sociales actuales conocen la penitencia. Están condenadas a reformarse, sumergidas en la nostalgia de una época todavía
cercana en la cual sus "grandes teorías" contaban con un gran público,
en la que la filosofía desaparecía o trataba de mantenerse estableciendo
con ellas un entendimiento tácito. Ya no se les atribuye más la capacidad de dar el sentido (en la doble acepción de la palabra) de la historia
que se hace; y tampoco de contribuir al gobierno esclarecido de las sociedades y culturas en proceso de metamorfosis múltiples. Se mueven,
se alejan de los sistemas de referencia y de los modos explicativos que
las han orientado durante varias décadas, cambian de objetos e interro-
gan —ellas también— su saber. El conocimiento de su conocimiento es
uno de sus objetivos. Clifford Geertz recuerda al respecto la "reformu-
lación del pensamiento social", el cambio de los instrumentos del razonamiento y las sustituciones de las analogías, cada vez menos las de la
máquina compleja, o del organismo, cada vez más las del juego, el drama o el texto.

Ya no existe más una teoría general ampliamente aceptada, una
ciencia unificada de lo social; al igual que en las ciencias de la naturaleza, la visión se hace a la vez parcial y más inestable. Se lanzan desafíos,
que vuelven a poner en tela de juicio las imposiciones durante mucho
tiempo respetadas: la estricta separación del hecho (hecho bruto) y de la
construcción teórica; el recurso a un lenguaje que se considera vaciado
de toda significación subjetiva, que se aproximaría al estado de perfección formal reduciendo al máximo la arbitrariedad del que formula los
conceptos; la pretensión de neutralidad, de la capacidad de tener acceso
a una verdad aislada de las circunstancias que han provocado su búsqueda y su manifestación. El conocimiento de lo real es inseparable del

de los procesos del pensamiento que dan forma a éste, lo informan y lo cuestionan. Aquel del cual "tenemos necesidad es un proceso para disecar el pensamiento, no para manipular el comportamiento". (1) Si las ciencia sociales están condenadas a un "nuevo" nacimiento nuevo, quiere decir que la sociedad ya no es más lo que era; su movimiento mismo, sus cambios y desórdenes imponen otro diálogo con lo social a fin de que resulte más inteligible.

Durante este período de huecos, las ciencias de la naturaleza prosiguen su revolución. Sus teóricos multiplican —reitero— las exploraciones extraterritoriales; se arriesgan más allá de las fronteras de su saber, y sus formulaciones han ido tomando progresivamente el lugar de los "grandes relatos" de no hace mucho. Contribuyen así a la renovación de *toda* marcha científica, cualquiera que sea su objeto, sugieren que se empleen sus propias analogías y metáforas e instan a su uso. Se desalientan las pretensiones a toda comprensión global de lo social, a toda formulación teórica unificante, como las tentaciones de relacionar lo complejo con lo más simple y lo más estable. Ilya Prigogine e Isabelle Stengers afirman: "Ya no son más primero las situaciones estables y las permanencias lo que nos interesa, sino las evoluciones, las crisis y las inestabilidades..., ya no más sólo lo que permanece, sino también lo que se transforma, las alteraciones geológicas y climáticas, la evolución de las especies, la génesis y las mutaciones de las normas que actúan en los comportamientos sociales." (2) Lo simple se hace complejo, lo múltiple prevalece sobre lo singular, lo aleatorio sobre lo determinado y el desorden le gana al orden. Si ha sido necesario llegar a la "concepción de una naturaleza creadora de estructuras activas y proliferantes", es preciso por lo menos atribuir a lo social el mismo poder. Lo social también es capaz de morfogénesis imprevisibles, de lo inédito, de una producción continua de sí mismo en la cual orden y desorden actúan juntos, de un acrecentamiento de la complejidad multiplicador de los posibles y, por consiguiente, es un factor de improbabilidad. La idea misma de la sociedad, en cuanto totalidad establecida en la permanencia, comienza a ser rechazada: ilusión sobre el carácter de las cosas sociales o proyección en un futuro siempre diferido, o perversión que se realiza por el totalitarismo. Como un efecto de eco del último testimonio que ha formulado Prigogine: "Ninguna organización, ninguna estabilidad es, en cuanto tal, garantía o legítima, ninguna se impone en derecho, todas son productos de las circunstancias y se encuentran a merced de las circunstancias." (3) El desorden trabaja siempre, lo que existe lleva el signo de la inseguridad o, si se prefiere, de la vulnerabilidad. Los antiguos saberes ya lo conocían, habían llegado a saberlo por otros caminos.

El retorno

Este breve retorno a algunos aspectos de mi propia contribución teórica debe preceder a mi presentación del lugar del desorden en la teoría social; cuanto más que, aunque ella sea totalmente independiente, tiene resonancias en algunas de las formulaciones científicas actuales. La teoría social actual se inscribe en el proyecto de construir una sociología dinámica, generativa, basada en una doble experiencia: la de las sociedades de la tradición sometidas a la prueba de las grandes transformaciones, la de las sociedades de la modernidad en las que predominan el movimiento y la incertidumbre. En los dos casos, la historia presente representa el rol de un revelador. Pone de manifiesto configuraciones sociales trastocadas, reorganizaciones en marcha, apariciones de lo inédito; rompe la ilusión de la larga permanencia de las sociedades, que toman además el aspecto de una obra colectiva jamás lograda y siempre por continuar; muestra con mayor nitidez los efectos de las relaciones externas, del ambiente, en los ordenamientos internos de las sociedades que las mantienen. La dinámica del adentro y la dinámica del afuera se presentan en adelante como inseparables.

No basta con oponer las sociedades frías, que serían regidas por leyes semejantes a las de la mecánica clásica y por la reversibilidad, a las sociedades calientes, que serían gobernadas por los principios de una termodinámica social, por la irreversibilidad y la entropía. Todos saben que la historia practica la astucia y la ironía, pero no hasta el punto de dividir a las sociedades según las dos edades de la física. Lo que interesa es restituir a todas la dimensión del tiempo, comprender lo que tienen de ese hecho en común, evitando caer en las trampas de una nueva división, incluida la de oponer las sociedades que dependen de un estudio probabilista (porque son las del gran número) a las otras (porque siguen siendo de efectivos débiles). Lo que importa también es no atenerse a una reintegración del tiempo que lo evacue enseguida disolviéndolo en la duración muy prolongada o retrayéndolo hasta el grado en el que se confunde con el acontecimiento ordinario. Ya no basta con considerar el tiempo sólo en los períodos en los que la amplitud de los cambios sociales impone su presencia y su acción; la dinámica social se confundiría entonces (como sucede a menudo) con una sociología del cambio. Es necesario partir del principio según el cual si toda sociedad se encuentra en el tiempo, comprometida en una historia, el tiempo también está en ella: adquiere en ella una omnipresencia, ejerce en ella una acción constante. Esta es por lo menos identificable bajo dos aspectos principales y, por una parte, contradictorios: uno queda ligado con el pasado, con la definición anterior de lo social, expresa la tensión hacia el equilibrio, la búsqueda de la conservación en el Estado; el otro actualiza la apertura hacia un futuro más nítidamente histórico, la capacidad creadora adquirida "lejos del equilibrio", manifiesta la parte de lo aleatorio y la producción de lo nuevo. La imprevisibilidad no es necesariamente el signo de un conocimiento falso o imperfecto; es el resultado de la naturaleza de las cosas, es necesario dejarle su lugar y su cualidad.

Más aun que el tiempo de lo animado, el tiempo de lo social no se muestra en una forma única, monótona: la de la repetición, de la reproducción o del progreso unilineal, o incluso de la degradación, denominada entonces decadencia o declinación. Los tiempos sociales son múltiples, ya están ligados unos con otros según modalidades complejas. Toda sociedad revela diferencias sectoriales en materia de temporalidad, presencia activa del tiempo y sus efectos. Se puede decir que ciertos sectores son lentos: el de lo sagrado, lo religioso, que se refiere al pasado fundante tratando de eternizarlo, de resistir a los ataques de la historia, de mantener una conformidad; el de los ordenamientos. culturales y dispositivos emocionales que rigen la pertenencia a una sociedad "global", presentada bajo el aspecto de la nación, la etnia, el país o la comunidad política, afirman su existencia, atribuyen un valor elevado a su continuidad. Estos sectores definen un orden mùy abarcador, un Estado atraedor poderoso (según el léxico científico actual) que tiende a subordinar a los individuos y los grupos mediante una integración fuerte; esos sectores constituyen espacios donde actúan los factores de la conservación, que no llegan a imponerla completamente puesto que la disidencia y la innovación religiosas provocan rupturas y nutren rebeliones, y puesto que la separación con la sociedad "global" termina por arruinar su orden desde el interior o a querer subvertirla radicalmente. Puede decirse que varios sectores son los más rápidos en las sociedades de la modernidad: el de las ciencias y las tecnologías de aplicación, en expansión continua y poseedores de una capacidad creciente para afectar al hombre, en su naturaleza misma, en su relación con lo real y lo sensible, en su relación con el ambiente; el de la comunicación de las informaciones, mensajes e imágenes, en constante revolución; el de la economía, más sometido ahora a las fluctuaciones que a las imposiciones de los ciclos largos. Entre esos dos conjuntos se sitúa, entre otros sectores, el de la socialidad o los diversos movimientos de la vida social subyacentes en las organizaciones, en las formas instituidas; es el espacio de los actos individuales, donde la ritualización de los comportamientos se conjuga con la iniciativa que responde a los problemas de la cotidianidad y a los desafíos del acontecimiento.

Esas temporalidades diferentes, de sector a sector, son generadoras de discordancias, de desajustes; cuanto más se acentúan esas diferencias, tanto más se multiplican los desequilibrios y exasperan, con el tiempo, la conciencia de un estado de desorden o crisis. Los efectos de las diferencias de temporalidad no son únicamente consecuencia del orden interno. El hecho de poner en relación a las sociedades, generalizado hace poco, lleva a una confrontación basada globalmente en la desigualdad de poder; obliga a cada una de ellas a mantener su supremacía, o a conservar su jerarquía, o a elevar su posición relativa y su grado de autonomía. En esta competencia, el dominio del tiempo importa tanto como el acceso a los recursos y la capacidad de aprovecharlos. Lo que se denomina modernidad (señalando el avance de los más desarrollados) y modernización (señalando el esfuerzo de los demás para alcanzarlos), se capta primero como un movimiento, como una movilidad general que tiene efectos acumulativos —positivos y negativos— en todos los campos. Las temporalidades de las sociedades más activas y, por lo tanto, dominantes, no son armónicas con las de las sociedades que tratan de interiorizarlas durante su búsqueda del progreso, de la reducción del retraso. Se producen entonces desajustes de origen externo y, en consecuencia, nuevas rupturas de la continuidad. Hay una multiplicación de los lugares de inestabilidad, de las bifurcaciones posibles, de las opciones a partir de las cuales la sociedad puede tender hacia formas de orden estimadas preferibles, o superiores en función de la competencia. Pero he ahí la *exasperación* contemporánea de un estado normal, producido por la conjunción de la dinámica interna (el movimiento del adentro) y externa (el movimiento resultante de las relaciones con el afuera). En toda sociedad, el orden del conjunto nunca es sino aproximativo y vulnerable, siempre inestable y, por eso mismo, es un generador de incertidumbre.

Sin duda porque fue poco o mal recibida por las teorías sociales prevalecientes durante varias décadas, esta consideración de la flecha del tiempo, del juego de las temporalidades, ha modificado, terminando por imponerse en ellas, las representaciones actuales de la sociedad. Las sociologías del equilibrio y las sociologías del cambio ya no bastan para dar cuenta de la complejidad de lo social, de los movimientos que le son inseparables como lo son de toda vida, del constante trabajo en el cual es a la vez el artesano y el producto. Es necesario plantear las preguntas de otro modo, sin eludir las que perturban, empezando por la pregunta de la permanencia, de lo que parece haber estado y estar siempre inscrito en la duración. La continuidad es un hecho, y también una ilusión. Los trastornos cuyos lugares son todas las sociedades de este tiempo acentúan el segundo de estos aspectos: los términos "crisis" y "mutación" sirven además para designarlos. La afirmación de una mutación sugiere además que el cambio de forma da un conocimiento diferente (más verdadero) de aquello que es objeto de la transformación. La identificación de una crisis global restituye a ésta su función de manifestación, la de un revelador de una naturaleza de lo social que el curso ordinario de las cosas manifiesta menos. Por la puesta a prueba que impone, la sociedad presente muestra y prueba las propiedades principales —y en su mayor parte ocultas— de toda sociedad. Primero, es necesario repetirlo, la sociedad se capta como un orden aproximado y siempre amenazado; con grados variables según sus tipos o formas, es el producto de las interacciones del orden y el desorden, del determinismo y lo aleatorio. A continuación, presenta configuraciones cuya representación no está asegurada. Este término mismo es engañoso por efecto de la analogía, y nefasto porque oculta la realidad de lo social que es el resultado de una *producción continua* jamás alcanzada. En fin, la sociedad se muestra como un conjunto unificado, como una forma cuya coherencia interna se impone, pero sobre todo por el juego de las pantallas que enmascaran las rupturas y los desajustes. Lo que se denomina "sociedad" no corresponde a un orden global ya dado, ya hecho, sino a una construcción de apariencias y representaciones o a una anticipación alimentada por lo imaginario. Lo social, puede decirse por fórmula, está incesantemente en la búsqueda de su unificación; ése es su horizonte. (4)

El conde y sus herencias

El conde Henri de Saint-Simon hizo la elección de aprehender lo social en su movimiento, su abundancia y sus turbulencias. Por experiencia personal, como lo ha confirmado al presentar el balance de su existencia al aproximarse a los cincuenta años: "Llevar la vida más original y más activa..., situarse personalmente en el mayor número de posiciones sociales diferentes, e incluso crear... relaciones que no hayan existido". Su proyecto aventurero fue favorecido por una época fecunda en revoluciones; la norteamericana, en la que fue compañero de La Fayette, la francesa, a la cual adhirió antes de convertirse en sospechoso; una época generadora de grandes reorganizaciones políticas, de la ruptura con la sociedad "antigua", reemplazada por la "sociedad industrial", de la expansión científica unida a la de las técnicas. Es el tiempo de un viraje histórico, comparable en su amplitud, su duración, sus efectos, a la vez destructores y productores de lo inédito, a éste en el que se procura el logro de la modernidad actual. Saint-Simon encuentra en esa

época la ocasión de hacer varias carreras y una fortuna caprichosa, luego adversa; es empresario, pensador del "partido de los industriales",
más tarde, al final de su vida, defensor de la "clase más pobre"; se considera sobre todo un artesano de una renovación intelectual alimentada
por el movimiento científico de principios del siglo XIX, y propicio al
advenimiento de una "ciencia del hombre y las sociedades". Es la voluntad de responder por la ciencia (más que por la filosofía) a una doble
crisis: la de las acciones europeas desorganizadas, la de las ideas mal
concordadas con el desarrollo científico e industrial y que todavía tienen la herida abierta del acontecimiento revolucionario.

Esta conciencia de la crisis no bastaría para legitimar la actualización del pensamiento saintsimoniano. Se establecen otras analogías
entre su época y la nuestra: la certidumbre de una transición (o mutación) que se realiza por el nacimiento de una sociedad completamente
nueva; en aquella época, la de la "Industria", la de la información y la
comunicación; hoy, la convicción de que el período transitoriamente
mantiene un falso orden que oculta los dinamismos que engendran un
"régimen" o "sistema" en vías de realizarse. Es un llamado a la organización de la sociedad futura, semejante al que impulsa ahora a abrazar
la modernidad. En los dos casos, con la acentuación de lo nuevo, lo inédito, que vuelve ilusoria la búsqueda de continuidades. La forma social
en transformación no tiene precedente, y la tarea más urgente es el conocimiento y reconocimiento de su originalidad. Saint-Simon exige
una mutación completa de los modos de pensamiento comparable a la
que se requiere hoy; el acceso a un equipamiento intelectual diferente y
en gran medida compartido. Saint-Simon vincula esta creación con el
progreso de las ciencias, del saber positivo basado en la experiencia, y
provocador de un renovamiento epistemológico. La ciencia y la competencia son invitadas a regirlo todo, incluidas la moral y la religión ("El
sistema religioso será perfeccionado"). Ya surge como resultado la organización: la construcción de lo real según la racionalidad científica y
técnica. Saint-Simon busca en el saber de su tiempo los modelos, las
analogías, las metáforas necesarias para la edificación de la ciencia del
hombre. Pasa rápidamente de una física a una fisiología de lo social,
que es concebido bajo la forma de cuerpos organizados cuyas propiedades son consideradas comparables con las de los organismos vivos. Las
"leyes de la existencia" de la sociedad no difieren de las que formula la
fisiología general. Esta referencia a la ciencia naciente de lo vivo —homóloga a la que inspira ahora ciertas reformas de la teoría social— lleva a Saint-Simon a tomar a la sociedad no sólo bajo los aspectos de las
funciones y las organizaciones, sino también bajo los de los equilibrios
precarios y las degradaciones, la patología y la muerte.

No conviene presentar aquí la obra en su copiosidad y ambiciones —es el proyecto de una historia monumental de las sociedades—, ni en sus efectos —una contribución a la formación del pensamiento socialista y un llamado al advenimiento de un nuevo cristianismo—, sino en lo que estuvo en el origen de una filiación y que parece anunciador bajo la luz de las preocupaciones contemporáneas. El que fuera calificado de "Fausto francés", porque se consideraba el inventor de la forma propia de la nueva sociedad, es primero el pensador que se esfuerza por hacer que su tiempo resulte inteligible y por relacionar todo orden social con la temporalidad. Bajo este segundo aspecto, la interpretación recurre a un esquema evolucionista y reconoce la intervención de una necesidad. Pero la evolución es provocadora de rupturas, formadora de sociedades cuya diferencia capital (la novedad) debe ser comprendida en sí misma. No manifiesta una continuidad que sería identificable con un progreso. Esta última no podría ser el objeto de estudio, sólo puede serlo la organización social *en su devenir*. Saint-Simon propone una actitud generativa, no una interpretación historicista. Identifica un movimiento de desorganización y reconstrucción, de descomposiciones progresivas que provocan rupturas de equilibrio y engendran tendencias que culminan en otros equilibrios. En la medida en que la sociedad está siempre "en acto", donde ella es el lugar de una "actividad total", hay temporalidades múltiples en marcha, conjugándose u oponiéndose. Al tomar conciencia de sí misma, la sociedad adquiere la doble capacidad de pensarse y producirse. Se convierte en una creación colectiva en la cual se valora principalmente, en ese comienzo del siglo XIX, a los Industriales y los Intelectuales. El reconocimiento de una autoorganización de lo social se anuncia y busca su formulación.

Saint-Simon afirma que el conocimiento nuevo sólo puede ser el de las mutaciones sociales, de los tiempos de ruptura y de transición. Siendo así, se impone pensar en el pasaje que ha inaugurado la Revolución Francesa y que debe encontrar su salida en una "verdadera revolución": la formación de la sociedad industrial. No hay restauración, sino creación. Esta no puede lograrse si primero no han sido llevadas *al extremo* las incoherencias que ha revelado el período revolucionario. El estado transitorio es el de una crisis, de elementos opuestos que coexisten en un orden sin duración; la ruptura debe producirse impulsada por una necesidad imposible de contrariar y generadora de una forma social radicalmente diferente. El momento histórico es el de una bifurcación: después de la ruina del edificio mantenido durante la transición —su reducción al desorden— una "nueva organización social" aparece. El desorden no interviene sino como condición del nacimiento de otra sociedad en circunstancias históricas excepcionales; no tiene todavía un lugar claramente delimitado en el curso ordinario de las cosas sociales.

Está ahí sobreentendido, no mencionado. En efecto, Saint-Simon trata de descubrir lo que constituye la unidad de una sociedad o provoca, por el contrario, sus desgarramientos, lo que permite el funcionamiento social o engendra el cambio. Su respuesta hoy sería calificada de tipo holista o sistémico; él la relaciona con la ciencia de los "sistemas" o las "organizaciones", la que él ha visto fundar. La organización global es el hecho con el cual deben relacionarse los elementos particulares; éstos no tienen ni función ni sentido independiente; sería un error aislar los elementos constantes y afirmar su perennidad: mantenidos en apariencia, cambian de carácter, si no de forma. Sería también un error aprehender el "todo sistemático" a partir de los elementos, y aun más anular lógicamente a éste ateniéndose a los efectos de agregación resultantes de la interdependencia e interacción de los diversos actores sociales. Saint-Simon definió el sistema por el juego de fuerzas conflictivas en una relación de subordinación/dominación, fuerzas heterogéneas cuya combinación constituye su equilibrio o su desequilibrio. La dinámicaa de los conflictos, sobre todo la de las clases sociales, y no el desorden —atribuido sólo a la transición—, contribuye a la creación constante de la sociedad: en este caso, la sociedad que logra el devenir "necesario" de la Industria y donde actúan los movimientos sociales. Saint-Simon señala sin embargo los factores de desorganización: la dinámica social espontánea que es contrariada por el poder del Estado, el movimiento de las ciencias y las ideas que constituye una verdadera fuerza social. Pero él no llega a responder su pregunta inicial: ¿cómo ligar la cohesión del todo social con los desequilibrios que se actualizan en él sin que haya un estallido permanentemente, y no sólo durante los períodos llamados transitorios o revolucionarios? Saint-Simon vacila entre un modelo inspirado en la física newtoniana (la de la armonía) y un modelo tomado en préstamo de la nueva ciencia de lo vivo (el de una complejidad producida con riesgos durante el proceso de la evolución). Al final de su vida, moderó el optimismo que le hacía ver en la sociedad industrial en devenir una sociedad plenamente activa y consciente de sí misma, que integraba a todos sus participantes, y pacificada, donde podría elaborarse una nueva libertad. (5)

Marx reconoció estar "impregnado" por las ideas de Saint-Simon; lo está en la medida en que otorga el carácter de reveladores y aceleradores a los períodos revolucionarios; en cambio está poco impregnado de ellas en su concepción de la sociedad reconocida en estado de desequilibrio permanente en razón de sus contradicciones y sus conflictos de clase. En este caso, el desorden actúa constantemente, y el mercado mismo es menos un factor de regulación que un caos propicio a la injusticia. Este desorden es contenido por el hecho de la dominación de clase, hasta el momento en el que la intensificación de la lucha de clases llega a efectuar un trastocamiento de las estructuras. La filiación saint-simoniana directa nos lleva a Augusto Comte y Emilio Durkheim. El primero, en un tiempo secretario de Saint-Simon, adhirió con entusiasmo a su doctrina, luego rompió con ella con igual pasión, retomando el proyecto inicial del maestro que unía la filosofía y la política positivas. Retiene la concepción del sistema y la exigencia del recurso a la actitud dinámica, conjugándolas. Definió a la sociedad por el acuerdo entre varios sistemas: el que rige la división del trabajo y determina un tipo de organización y clasificación social, el que permite la institución del poder político, el que cimenta la unidad social mediante las ideas. Estos sistemas están siempre en movimiento, "por definición". Su equilibrio es *precario*; toda ruptura de la solidaridad, todo antagonismo entre los elementos que los componen provoca con el tiempo su degradación. Desde el momento en que uno de ellos ya no es el resultado de la completa armonía de sus elementos, los "gérmenes de la destrucción" lo amenazan desde adentro. Por consiguiente, las contradicciones se multiplican y lo condenan, por más que hagan los poderes que tratan de consolidarlo, "contribuyendo con sus propios actos, ya sea a hacer [su] desorganización más completa..., ya sea a acelerar la formación de aquel que debe reemplazarlo". La degradación (el desorden) nutre una vez más la necesidad del cambio. Augusto Comte encuentra en la contradicción presente en el seno de los sistemas —y entre ellos— la ley de la dinámica social, pero una dinámica que funciona a mediano o largo plazo y cuya fuerza transformadora es el resultado principalmente del desacuerdo entre las ideas y la organización social. Se sitúa aquí en la línea de Condorcet, que hace primero de la historia una historia del espíritu humano, y no en la de Saint-Simon que, en este punto, ha realizado la ruptura. (6)

Durkheim asigna a Saint-Simon una función doblemente fundante —del positivismo y de la sociología— y atribuye a su doctrina el mérito de haber definido al socialismo en sus comienzos. Se inspira en él por una parte, sobre todo en su teorización de las crisis, pero, por su propia modalidad y por la insistencia en la idea de progreso, recuerda más la influencia de Augusto Comte. No se ocupa de sistemas ni de organizaciones, sino más bien de *niveles* de manifestación de la realidad social. Distingue tres niveles principales en ella. Primero las estructuras reales, que corresponden al soporte físico de la sociedad (territorio, población, cosas); la vida social "reside ahí" y "de ahí brota", pero se encuentra impelida a la "consolidación" al materializarse; este sustrato tiene cierta estabilidad, no es sin embargo estático, "se reencuentra en el devenir". El segundo nivel es el de las instituciones, o hechos de funcionamiento, que son los conjuntos de normas, reglas y prescripciones que rigen la acción de los actores sociales; éstas poseen una inercia propia, que se hace evidente sobre todo durante los períodos en los cuales se transforman rápidamente los otros dos niveles. El tercer nivel es el de las representaciones colectivas: valores e ideales, ideas e imágenes que concuerdan con la sociedad existente; sus valores sociales últimos, que se hacen ver y aceptar en la permanencia y en cuanto generadores de conformidad; pero también las representaciones que nacen en los "momentos de efervescencia" a los cuales Durkheim otorga una atención reiterada, porque son generadores de cambio. Si bien estos tres niveles y sus subdivisiones son abordados en interacción constante, es a las representaciones colectivas (como Augusto Comte a las ideas) a las que Durkheim confiere una autonomía, una capacidad creadora. Les atribuye el carácter de factor principal del desarrollo social.

Al estudiar las crisis, y más todavía la anomia, Durkheim introduce la temática orden/desorden, sin empero designarla así. Reencuentra bajo otras formas su preocupación primera: saber "cómo la sociedad, permaneciendo siempre fiel a su naturaleza, va transformándose constantemente en algo nuevo". Su proceso es generativo, pues la sociedad se produce sin interrupción; debe ser considerada en acto. Durkheim otorga toda su importancia al hecho de que el tiempo está presente en la sociedad y que ésta está inscrita en el tiempo. Cada uno de los niveles de lo social obedece a temporalidades diferentes que engendran discordancias, más adelante incompatibilidades. A partir de este principio Durkheim elabora su teoría de las crisis, que no son vistas como accidentes de la historia, sino como fases inevitables que acompasan de alguna manera el devenir de las sociedades. Los períodos de crisis son aquellos en los cuales la no correspondencia de un nivel con el otro y en el interior de cada uno de los niveles es la más acentuada; este desajuste (nosotros diríamos desorden) puede tener un valor positivo, pues el progreso (formas de un orden superior realizadas al final de un proceso de desarrollo) procede en parte de él. El problema aparece también cuando es considerada la capacidad creadora, innovadora, que Durkheim confiere a la "efervescencia" de lo social: bajo la superficie fría de las sociedades se encuentran "fuentes de calor", lugares donde "se elabora una vida intensa, que busca sus vías de salida y que terminará por encontrarlas". Es la intuición de una termodinámica social que oculta una mecánica social relacionada con el orden instituido, prescrito y obtenido por los efectos de coacción; es el reconocimiento del hecho de que las sociedades son a las vez "frías" y "calientes", en lugar de estar divididas según estas categorías en dos conjuntos: uno, en el que prevalece un modo mecánico de funcionamiento y donde se produce un poco de desorden; el otro, donde interviene el desequilibrio que acarrea las transformaciones.

La teoría durkheimiana de la anomia continúa la de las crisis; es, en síntesis, su exasperación. Se nutre de una experiencia personal, de un desconcierto experimentado en el momento de la toma de conciencia de los efectos del desastre de 1871 y la Comuna de París, de una voluntad de contribuir a la reconstrucción de una Francia republicana de la cual se hace entonces el Gran Maestro. La anomia es presentada bajo dos aspectos que se completan, según que se la relacione directamente con la sociedad (en *De la división del trabajo social*) o con el individuo (en *El suicidio*). En el primer caso, la anomia corresponde a una ruptura de la solidaridad, a una crisis de las diferenciaciones según las cuales se definen las normas, los valores y la regularidad de las relaciones sociales. Es el resultado de la desaparición de la abundancia, así como también de los desequilibrios engendrados por la anarquía económica y el debilitamiento de las instituciones mediadoras. Es menos una transgresión de la regla (infracción, desviación) que un vacío de esa regla; en consecuencia, la determinación individual de los fines y los medios predomina sobre la determinación colectiva. La armonía social relativa se degrada, la irregularidad es la representación del desorden. En el segundo caso, la función moral de la sociedad y la relación con el orden simbólico son las que conocen los fracasos, las que pierden eficacia. Durkheim subraya el poder del deseo, infinito cuando está librado a sí mismo, sublevado contra los límites y los deslindes; este poder es ilustrado por René, el personaje creado por Chateaubriand, para quien "lo que está terminado" no tiene "ningún valor". Esta exigencia que transmite angustia se debilita cuando la sociedad tiene la capacidad de someterla por el efecto de sus normas, de sus valores, de sus regulaciones; se reaviva —provocadora de anomia— cuando se degrada la tarea de los dispositivos integradores. Ya no se explica más por la ruptura de la solidaridad, sino por el fracaso de la Ley en su relación con el deseo tendiente a normalizarlo. Se traduce en una exaltación, una enfermedad de la desmesura. Se ha dicho que la anomia definida al ocuparse de la división del trabajo social se transforma entonces en anomia de la personalidad mórbida. Durkheim ha investigado, bajo estos dos aspectos, los espacios del desorden: uno, siempre ahí, donde reina el deseo humano cuyas turbulencias son más o menos efizcamente contenidas; el otro, que aparece como una tierra nueva bajo el impulso de los movimientos de lo social, y no sólo bajo el de las revoluciones. Uno está, como en los precursores de la sociología, relacionado con el tiempo del cambio; el otro remite a una permanencia, a la efervescencia de una vida social capaz de engendrar un orden y formas nuevas de su propio desorden. (7)

Saint-Simon ocupa un lugar —menor, empero, que el asignado a Proudhon— en la obra teórica de Georges Gurvitch. Es la concepción de la sociedad como realidad en acto, y la de una obra colectiva que supera a los participantes individuales que son primero retenidos. Y, más allá, el reconocimiento de una "visión genial": la de la "riqueza extrema" de lo social, de su "volcanismo" que impone una sociología dinámica, que lleva a estudiar "los caminos de la libertad a través de los determinismos". El mérito que le otorga no excluye la crítica, sin embargo, sobre todo la denuncia de un optimismo que sostiene la espera del "triunfo de la armonía total en la sociedad". Gurvitch tiene menos ilusiones. Su vida misma, modelada por las grandes turbulencias de su siglo, empezando por la Revolución Bolchevique con la cual rompió muy pronto, alimentó su vigor polémico y su singularidad. En una presentación tardía de su itinerario intelectual, dice ser "el excluido de la horda". No adhiere jamás; a todo dogmatismo, opone el uso de la dialéctica, destructora de todo lo que obstaculiza "la puesta en contacto con las sinuosidades de lo real". Con la complejidad inherente a éste.

Gurvitch afirma la necesidad de considerar lo social bajo todos sus aspectos —pues es multidimensional— y en toda su profundidad —porque se muestra como una organización precaria de niveles, estratos o escalones—. Estos se interpenetran y se influyen mutuamente, desde la base ecológica y morfológica hasta los "estados mentales y actos psíquicos colectivos". Entran en conflicto, sus relaciones son calificadas de dialécticas y tensionales. Estas tensiones "verticales" se agregan a los conflictos, a las tensiones "horizontales" propias de cada uno de los niveles y cuyos antagonismos entre las clases sociales son la manifestación más aparente. Unas y otras están presentes en toda realidad social; la vocación de la sociología es hacerlas surgir "a la superficie" y a la conciencia, desenmascarar las contradicciones y tensiones latentes, inseparables de la existencia colectiva. El modo de ser de lo social es de carácter dramático: un drama agudo se representa entre los múltiples niveles de la sociedad y en cada uno de ellos. En esta perspectiva, ni la armonía total ni la perennidad son algo dado a las sociedades. el desorden trabaja en ellas, aunque se lo mencione rara vez.

Esta mirada sociológica es anunciadora de algunas de las maneras de ver actuales. Capta el fenómeno social no sólo en su complejidad (que condena toda reducción a lo más simple, a los fines de la explicación), sino también en su movimiento, en el juego de las fuerzas de "estructuración" y "desestructuración" que actúan constantemente. En consecuencia, la contingencia y la discontinuidad, la limitación del determinismo y la capacidad creadora de nuevas coyunturas son vigorosamente afirmadas. Precediendo a los teóricos de la autoorganización y siguiendo a Saint-Simon, Gurvitch ha insistido mucho en el hecho de que lo social es a la vez creado y creador; la producción continua es su ley, cuyos efectos no se manifiestan únicamente durante los períodos del cambio inmediatamente aparente. La teoría gurvitchiana de la libertad incumbe más directamente a mi objetivo. Nutre la sociología al igual que la convicción íntima de su autor. La libertad es condicional y relativa: ni un absoluto, ni una voluntad sin límites; no existe sino en relación con los determinismos, inserta (según una fórmula a menudo retomada) entre la contingencia y la necesidad, lo discontinuo y lo continuo. Pero activa en la experiencia colectiva y en la individual, sueña con la forma de una acción voluntaria, innovadora, creadora. "Se esfuerza por franquear, voltear, quebrar todos los obstáculos y modificar, superar, recrear todas las situaciones"; abre el camino de los posibles "edificando nuevas coyunturas, creando nuevos marcos de referencia y, por eso mismo, causando la aparición de nuevas contingencias". Esta libertad, destructora-generadora, representa en cierta forma el movimiento orden → desorden → orden; un movimiento sin fin. (8)

El desorden ilimitable y primero ignorado

La línea de fundadores franceses se rompe con la desaparición de Gurvitch en 1965. Ya la sociología es tironeada en diversas direcciones: del lado del empirismo imitador de los procesos científicos en vías de desaparición, a la búsqueda de aplicaciones para sus resultados gracias a una especie de tecnología social; del lado de la producción teórica, que brilla con un resplandor nacido del último enfrentamiento de las "grandes teorías" e ideologías; del lado de una práctica que relaciona el conocimiento social con la acción, con la intervención generadora de situaciones nuevas. Es un campo científico activo, si no unificado, pero en el cual la incertidumbre comienza a insinuarse a pesar de las afirmaciones contrarias. Las mutaciones —en especial las del saber—, que van unidas al trastocamiento de los paisajes sociales y mentales, se realizan cada vez con mayor rapidez. La cultura y la sociedad se agitan, después se instala la crisis a mediados de la década de 1970. Lo que poco tiempo antes era signo de desorden se impone progresivamente como un *nuevo estado* de cosas. El desorden se trivializa, parece pertenecer a la naturaleza de las realidades contemporáneas; las generaciones jóvenes viven en sociedades del movimiento, de lo transitorio, cuya cohesión relativa se quiebra; el movimiento y el desorden se convierten, juntos, en una parte creciente de su experiencia cotidiana y sus vivencias. Condiciones que afectan a lo vivido pero que, sin embargo, siguen estando mal definidas, mal identificadas.

A partir de los registros de los efectos del desorden, de la conciencia que se toma de él, ¿cómo hacer para delimitar su lugar? Se utilizan primero los procedimientos antiguos, actualizados por la novedad de las situaciones, modificados por la evolución de la teoría científica y la crítica de los conocimientos. Es todavía la relación con el cambio y la crisis, pero recurriendo a una sociología que debe salir de su propia crisis. No puede eludir la obligación de pensar ahora el desorden y rehacerse al mismo tiempo. Comienza una nueva etapa, más crítica, que marca el fin de los entusiasmos teóricos que han caracterizado a la actividad sociológica en el transcurso de la década de 1960; se pone el acento entonces en las dinámicas sociales y culturales, en las formas y las etapas del desarrollo y la modernización. "Orden y cambio" parece ser la buena divisa, en armonía con un período de crecimiento que todavía no se quebró. Lo que ahora se cuestiona es la validez —y, para algunos, como el sociólogo norteamericano Robert Nisbet, la posibilidad misma— de una teorización de los cambios sociales. La historia inmediata obedece a caminos difícilmente previsibles, la historia a largo plazo no progresa en todas partes según las etapas hasta entonces reconocidas. La predicción experimenta a menudo el desmentido de lo real alcanzado.

Raymond Boudon puede entonces partir de esta constatación: "La impresión general... es la del fracaso". En el espíritu del tiempo, es menos tentador interrogar al cambio que al modo de conocerlo, enumerar los procesos que las razones de invalidez teórica. A fin de evaluarlas, Boudon procede a una clasificación de las teorías según su intención predominante: identificación de tendencias más o menos generales e irreversibles, o de etapas recorridas según un cierto orden; formulación de leyes condicionales o estructurales que rigen tales o cuales cambios; atención centrada en la forma (en el proceso) más que en el contenido de aquéllos; por último, determinación de las causas y factores de la transformación social. En estas propuestas, la parte concedida al empirismo es muy variable, pero todas llegan a resultados científicamente controvertibles; al punto de que algunas de ellas son vistas como una reposición disfrazada de la filosofía de la historia. Traducen las intuiciones o las incertidumbres en afirmaciones; sobrepasan los límites de su espacio de validez generalizando lo que está ligado con condiciones de lugar y tiempo; sostienen el prejuicio nomológico (al buscar las leyes del cambio), el prejuicio estructuralista (cuando "la estructura de un sistema no permite determinar su devenir") y el prejuicio ontológico (por la imputación de los efectos a un factor principal). La crítica realizada por Boudon es devastadora; relativiza, modera el determinismo por el azar, encierra la racionalidad en el interior de las situaciones según las cuales obran los actores.

La elección efectuada es la del "individualismo metodológico", del conocimiento de lo social mediante el juego de las acciones y las interacciones individuales; es la adopción del punto de vista "estrictamente individualista" preconizado por Max Weber y algunos otros. Todo es considerado, a partir de los comportamientos de los conjuntos de individuos, en función de los efectos de agregación (de composición), o de los efectos perversos cuando la resultante es de valor negativo. Enfocado desde esa óptica, el cambio social no puede dar lugar a la enunciación de proposiciones de validez general, sino sólo de validez local; el conocimiento del proceso es circunstancial; se expresa, según los casos, en el lenguaje de lo posible o lo conjetural, o (rara vez) de la legalidad condicional. La conclusión no es específica en ese tipo de fenómenos. De manera más significativa, se trata del cambio sin que intervengan los términos convenidos de diacronía (relación con las temporalidades sociales) y dinámica (consideración de los movimientos); la separación de la sociología generativa o dinámica es total. La paradoja reside sobre todo en que la obra titulada *La Place du désordre* (*El lugar del desorden*) sólo concede a éste una presencia por alusión; sólo apunta al desorden, en cuanto condición, de las teorías del cambio social: "la confusión de los géneros". No plantea ni la cuestión del desorden en lo real exigiendo con vigor evitar la "trampa del realismo" ni la del desorden en cuanto categoría que tiene una función en la lógica explicativa de los funcionamientos (modo de existencia) y las transformaciones (modo de situación en el tiempo) de lo social. Cabe preguntarse si esta teorización no identifica el desorden porque lo implica, lo hace a su manera omnipresente e irreductible. Todas las interacciones y transacciones entre los individuos no son ni perfectamente integrables ni totalmente productoras de efectos buscados. Las pequeñas decisiones ligadas unas con otras conducen a desequilibrios sostenidos porque son renovados y, con el tiempo, suficientemente acumulados para imponer cambios. El individualismo absoluto, por la primacía otorgada al individuo sobre lo macrosocial, al elemento sobre el conjunto, no toma bien en cuenta, sin embargo, los límites, las obligaciones impuestas al actor y los desajustes que se producen en consecuencia. No puede ya explicar un orden de nivel superior (un metanivel) a partir de la sola agregación de acciones individuales y del desorden parcial inherente. (9)

Si el método científico no lleva a proclamar lo real sino a interrogarlo, todavía falta elegir las buenas preguntas y las buenas circunstancias. La sociología de la crisis hace del método científico un revelador —una coyuntura con ocasión de la cual la sociedad se hace más locuaz— tomando el partido inverso del precedente, el de la totalidad. La duración de la crisis iniciada hace alrededor de quince años devuelve al proceso su actualidad y su terreno de aplicación. Con el tiempo, las explicaciones abundan. Una obra colectiva publicada con el título de *The Global Crisis* (*La crisis mundial*), fruto de una colaboración internacional, propone un buen ejemplo de este procedimiento de interrogación de lo social; en esa circunstancia, Edward Tiryakian, responsable de la edición, invoca el patrocinio de Saint-Simon. En varias colaboraciones se considera justamente a la crisis en cuanto ella da acceso a otro modo de conocimiento de lo social; obliga a una representación (y, por consiguiente, a una construcción) de la realidad social renovada, a una búsqueda de instrumentos intelectuales más adecuados, lo cual no es ninguna novedad. En cambio, la observación de que la crisis experimenta la capacidad reflexiva del sistema social sobre sí mismo —al punto de que Niklos Luhman propone reemplazar la palabra "crisis" por "autorreferencia" (*self reference*)— es más novedosa. Esta observación sugiere que el trabajo mediante el cual se produce la sociedad comprende su propio trabajo de reflexión sobre sí misma, trabajo que requiere que haga de su propia descripción uno de sus componentes.

Bajo esa luz, la crisis es por una parte una detención de la marcha. A lo cual se une el problema de su percepción, de la toma de conciencia de lo que es "en sí" y de lo que es "para" un sujeto. Este no la capta inmediatamente (existe la crisis primero en estado latente); el sujeto la interpreta cuando se hace manifiesta, por medio de "programas" y de imágenes que le son anteriores y están mal ajustados o sin ajustar directamente, variables según las condiciones y los intereses individuales. Se establece una relación dialéctica entre la crisis y la percepción de ella, que funciona primero en el sentido de un refuerzo, de un choque de interpretaciones y acciones, con efectos de retroacción. La crisis reemplaza en primer plano a las ideas, su fuerza y su debilidad, o más bien a las cosmologías sociales, según la fórmula de Johan Galtung. La conciencia de la crisis es parcialmente constitutiva de ésta. En una perspectiva clásica, la crisis es tomada en términos de disfuncionamiento, aun de patología; es la señal de que "algo no funciona"; es definida entonces por los síntomas y un diagnóstico, evaluados en su devenir por un pronóstico. Sociedad anómica, sociedad en shock, sociedad enferma, son algunas de las fórmulas que designan este estado crítico. En una perspectiva científica más actual, la crisis es relacionada con el movimiento, con una evolución disociada de la interpretación darwiniana. Es una obligación más evidente, más pesada, de realizar una recombinación del orden y el desorden, una buena utilización del "caos". Impone la transformación de lo improbable en probable, el establecimiento de estructuras relativamente estables sobre una base inestable. Es la exasperación del modo de existencia de lo social, y no su enfermedad. Niklos Luhman saca la conclusión de que la política de espera, el *wait and see*, no es de ninguna manera una respuesta. La teoría afirma la posibilidad de actuar sobre "la evolución social en curso"; el perfeccionamiento de los medios de autoobservación y autodescripción de la sociedad se convierte entonces en una "estrategia adecuada o incluso preeminente". (10) Conclusión coincidente con la que formulé yo hace unos quince años: "Las investigaciones nuevas permiten medir mejor el espacio de libertad y espeficidad presente en toda sociedad... Demuestran que éste no corresponde a sociedades chatas, o reducidas a una dimensión única, y que no hay ninguna que no lleve en ella varios 'posibles' a partir de los cuales los actores sociales pueden orientar su futuro". (11)

El paradigma orden/desorden rige, inspirado por la teoría científica actual, las interpretaciones de lo social que privilegian ya sea la autoorganización (modelo biológico), ya sea la tendencia a una maximización de la entropía (modelo termodinámico). Jean-Pierre Dupuy da cuenta de las primeras en su "encuesta sobre un nuevo paradigma"; él es su propagador, defensor y protagonista. El pensamiento predominante es el de la autonomía, cuyos principales iniciadores son Francisco Varela y Henri Atlan; este pensamiento atribuye a lo real la capacidad de engendrar por sí mismo el orden y el sentido con respecto al observador interior o exterior al sistema considerado. La formulación científica ha sido mencionada precedentemente; su repetición aquí será muy simplificada: la creación se nutre del desorden, lo aleatorio (las perturbaciones) forman parte de su organización, el desorden se inscribe en lo que define el orden. La libertad parcial, la irrupción de lo nuevo y su estabilización relativa, el determinismo limitado encuentra así su lugar. Es una visión exclusiva de "un mundo sin presiones, sin orden, donde todo sería posible", y de un mundo "perfectamente determinista" cuyas determinaciones serían todas conocibles. De "la posición epistemológica del observador, que percibe un mundo ordenado, pero no *totalmente* ordenado, resulta la sensación de que existen sistemas autónomos, capaces de crear lo radicalmente nuevo". Y, con esto, la complejidad, la singularidad, el devenir continuo. La traducción sociológica de esta ontología nueva para la cual el orden y el desorden se encuentran inextricablemente mezclados en toda organización, sigue siendo más teórica que empírica y especificada, y sin que la condición del observador-actor, sin que la posición de lo social en sus ambientes sucesivos se encuentren a partir de ahora determinadas. La búsqueda es la de una superación, un tercer camino, descartando dos familias de teorías: la de los "holistas" (primacía del todo, carácter de realidad primera conferida a la sociedad), la de los "reduccionistas" (el todo es resultante de la composición de las partes, lo social es reducible a las propiedades y a las interacciones de los individuos). La superación de estas dos propuestas es percibida como una necesidad de conducirlas juntas. "En lugar de oponer el individuo y lo social, es necesario pensarlos juntos creándose mutuamente, definiéndose y conteniéndose uno al otro... es necesario pensarlos *también* así [en] la separación y la confusión de los niveles de organización". Lo cual no es tan nuevo como la afirmación lo deja entender... Más importante es la pregunta central y el problema que ésta impone: ¿cómo tener en cuenta las influencias exteriores (de la dependencia) ejercidas sobre un sistema autónomo, necesariamente encerrado en su propia organización? Se ha respondido determinando que "si la autonomía no es la que domina, no es entonces autonomía", cualquiera que sea la dificultad que tenga la tradición intelectual occidental para distinguir una de la otra. Los sistemas autoorganizadores (sistemas sociales del más alto nivel de complejidad) serían capaces de producir formas nuevas en las cuales ni el exterior ni ellas mismas tendrían el predominio. "La complejificación sería el resultado de una *colaboración negativa* entre el sistema y su ambiente; éste, paradójicamente, actuando positivamente mediante sus perturbaciones, es decir, por su poder de destruir." Dicho de otro modo, la muerte es parte integrante de la vida, la antiorganización de la organización, el desorden del orden. (12) Extraño circuito por el cual se reencuentran las preguntas y los debates de los cuales se ha nutrido la filosofía naciente.

Las afirmaciones contrarias a toda búsqueda de analogías entre los sistemas sociales y los sistemas físicos no han desalentado completamente las tentativas de interrogar a los primeros —en lo que es su naturaleza y su devenir— con la ayuda de las enseñanzas dadas por los segundos. Es sobre todo en el ensayo reciente de Michel Forsé, donde se intenta fundar una termodinámica social. Se trata de aplicar a las sociedades el principio de entropía en su forma estadística: todo sistema tiende hacia su estado más probable y este estado corresponde al desorden máximo *para el sistema*; pero esta aplicación no puede ser primero otra cosa que la construcción de un modelo considerado capaz de contribuir a una mejor inteligibilidad de los procesos sociales, y únicamente utilizable en los casos de "poblaciones numerosas" en razón de su carácter probabilista. Es exclusivo de las pequeñas sociedades abandonadas a los antropólogos. Requiere la primacía de la totalidad sobre el individuo; todo sistema social tiene la mirada puesta en la estabilidad, la conservación, y, para lograr este objetivo, subordina todas las finalidades individuales. La obligación social de la teoría durkheimiana se traduce así en "obligaciones sistémicas". Es a partir del conocimiento de éstas que el juego de los actores puede eventualmente ser comprendido en términos de ajuste o desajuste.

El paradigma entrópico es definido por los elementos que oponen orden y desorden, y son desconcertantes para el sentido común: con el orden se asocian el desequilibrio, la heterogeneidad, la desigualdad, la coacción, la inestabilidad; con el desorden, el equilibrio, la homogeneidad, la igualdad, la libertad, la estabilidad. En su aplicación sociológica este paradigma lleva a explicar el estado de un sistema social —en el momento de la observación— por "la dinámica que impone a todo sistema el tender espontáneamente hacia el estado de equilibrio", ese estado que "representa el desorden máximo habida cuenta de las coacciones". Es el *conjunto*, lo macrosocial, lo que obedece a esta tendencia, que culmina en una disolución de la sociedad al hacer desaparecer las diferencias, las jerarquías, las obligaciones implícitas o explícitas, al reducir a una libertad anárquica o a una sumisión al déspota que hace a todos los individuos iguales "porque ellos no son nada" (según la paradoja de Simmel). "Los estados de desorden crecientes son tan sólo estados de probabilidades crecientes"; en otros términos —los que utilicé por mi propia cuenta—, la sociedad está siempre inacabada y no existe sino bajo la amenaza permanente de su propia destrucción.

La conclusión no es totalmente nueva, aunque lo es la demostración por el efecto de una especie de integrismo termodinámico. Nada se dice, no podría decirse, de las evoluciones sociales coyunturales. Demasiado poco se dice de lo que contrarresta la tendencia entrópica: la sociedad, sistema abierto, puede tener la capacidad de encontrar afuera lo que contribuye a mantener su orden. Por último, si se toma en cuenta el tiempo " en cuanto grandeza irreversible", base de toda termodinámica, no lo es en cuanto constituyente de lo social y de su dinámica. Lo cual llevaría a enfocar bajo otros aspectos, como lo he sugerido, las relaciones complejas, entreveradas, del orden y el desorden. Pero es fuerte la incitación que impulsa a una sociología durante mucho tiempo obsesionada por el orden y el equilibrio a elegir decididamente el punto de vista del desorden. (13)

La seducción y sus límites

La ciencia actual seduce a los investigadores de lo social. Esta tiene todo para agradar puesto que se les hace accesible por la vulgarización de las teorías y la excursión filosofante. Manifiesta la inagotable complejidad de lo real y la incertidumbre que afecta a todo conocimiento; toma en cuenta lo imprevisible, lo espontáneo, la evolución hacia el desorden por "olvido de las condiciones iniciales", el proceso de auto-organización; determina menos, reconoce posibles y da a sus formulaciones teóricas una validez local y ya no general. Hay en ella con qué responder, al parecer, a las preocupaciones de los sociólogos todavía saturados de un positivismo de antigua forma y enfrentados a sociedades en movimiento y que parecen por esta razón cada vez menos asibles. Se hace fuerte la tentación de traducir en un lenguaje sociológico el nuevo discurso de la naturaleza, descubriendo isomorfismos entre campos muy alejados, procediendo por analogías, copiando los métodos interpretativos. La versión entrópica comienza a tomar forma de texto, ya sea para definir la tendencia espontánea del sistema social global (Michel Forsé), ya sea para hacer del orden —cosa deseable y rara— un objeto económico (Jacques Attali). (14)

La trasposición ofrece muchas otras posibilidades. La idea de "orden por fluctuaciones" es adaptable al campo social que se muestra como realización por aproximación, por el juego de equilibrios y ajustes precarios. El poder (el centro) no tiene nunca un dominio completo. La institución sustenta en su exterior la impresión de una capacidad de ordenar que no posee plenamente. El orden logrado es el de las utopías y las ucronías —sociedades de ninguna parte y de ningún tiempo—, o el que buscan los totalitarismos en la violencia ejercida sobre los hombres, sin llegar jamás a establecer otra cosa que la dictadura de lo arbitrario y de la ignominia. En los dos casos, se trata de detener o desacelerar el paso del tiempo, de expulsar de lo social el movimiento; si el tiempo de las mitologías suele ser devorador, el pensamiento negador del tiempo es peor, puesto que reduce al hombre al estado de cosa o de simple elemento sometido a la relación de orden. (15)

La idea de bifurcación también puede ser traspuesta y ya se ha utilizado. Esta idea limita la influencia de los determinismos sociales, permite situar puntos de libertad, identificar posibles. Las sociedades de la modernidad más acelerada comienzan a ser consideradas como sociedades de bifurcaciones; la selección de los posibles se haría progresiva y sucesivamente, a la manera en que se realiza un recorrido de encrucijada en encrucijada hasta llegar a un final todavía desconocido. La necesidad, la de la evolución y aun más la de la revolución, desaparece en cuanto transformación ineluctable y global, para ceder el lugar a las realizaciones de lo social más inciertas y más locales.

Otras trasposiciones serían concebibles, sobre todo a partir del concepto de Estado atraedor; no se trata de hacer el inventario de ellas, sino de aprender la lección que ofrecen. La más importante es la de la insistencia que la ciencia actual pone en el tiempo recuperado, en la pluralidad de sus formas, en la historia ya presente en la naturaleza. Cada ser complejo es una manifestación de ella. El contrasentido en la lectura de lo social resulta principalmente del olvido de este principio; sin embargo, fue mantenido en nombre de la exigencia de cientificidad.

Hay una segunda lección, de otra clase, y sin duda de mayor alcance. La ciencia de hoy, porque interroga más al conocimiento que produce, define mejor lo arbitrario a partir del cual dialoga con la naturaleza. Sabe que lleva en ella una parte de mito y de ideología, que recurre a las analogías y las imágenes propicias para una mejor inteligibilidad y una intervención más ajustada en lo real (de eficacia creciente), y que esta inteligibilidad depende del *relato convincente* —según la expresión de Manuel de Diéguez— que se oculta en lo más secreto del saber. Se aclara por eso mismo que las ciencias de la sociedad no tienen que imitar, tomar prestado, trasponer, sino definir su propia arbitrariedad, la que resulta más adecuada al conocimiento de lo social; no en su generalidad y su eternidad, sino en su lugar, su momento y su movimiento. Es en esta perspectiva que hay que situar el trabajo del desorden, manifiesto en toda sociedad y en todo tiempo; con la casi certidumbre de que ningún poder podrá abolirlo por una política de las cosas (racionalidad totalmente dominadora del mundo), una política de los seres (gobierno absoluto y total), una política de las ideas (despotismo de la conformidad).

Notas

(1) Geertz, C.: *Savoir local, savoir global, les lieux du savoir*, trad. fsa., París, P. U. F., 1986: cap. I: "Genres flous: la refiguration de la pensée sociale".

(2) Prigogine, I. y Stengers, I.: *La Nouvelle Alliance, métamorphoses de la science*, París, Gallimard, 1979, pág. 15.

(3) *La Nouvelle Alliance, op. cit.*, págs. 295-296.

(4) Remitirse a los textos "desarrollados" y, por consiguiente, al conjunto de proposiciones teóricas, sobre todo: Balandier, G.: *Sens et puissance, les dynamiques sociales*, París, P. U. F., 3a. ed., 1986 (primera parte y conclusión), y *Anthropo-logiques*, París, Livre de poche, Biblio-essais, 2a. ed. aumentada. 1985.

(5) Consultar principalmente las obras de P. Ansart, comenzando por: *Saint-Simon*, París, P. U. F., 1969, y las de G. Gurvitch: *C. H. de Saint-Simon. La physiologie social. Œuvres choisies*, París, P. U. F., 1965, y *Saint-Simon sociologue*, París, C. D. U., 2a. ed., 1961. Asimismo, Gouhier, H.: *La Jeunesse d'Auguste Comte et la formation du positivisme*, t. 1 y 2; Perroux, F.: *Industrie et création collective*, t. I, y Dondo, M.: *The French Faust, Henri de Saint-Simon.*

(6) El *Système de politique positive*, tercer cuaderno del *Catéchisme des industriels*, se publicó poco antes de la ruptura con Saint-Simon, que además le ha escrito el prefacio. Es ahí donde se captan la filiación y la diferencia.

(7) Durkheim, Emile: *De la division du travail social, Le Suicide, Les formes élémentaires de la vie religieuse*, varias ediciones, París, P. U. F., y los escritos presentados y reunidos por J. -Cl. Filloux bajo el título *La Science sociale et l'Action*, París, P. U. F., 1970. Sobre Durkheim y su aporte al conocimiento de la dinámica social: Nisbet, R. A.: *Emile Durkheim*, Englewood Cliffs, Prentice Hall, 1965. Sobre la anomia, entre otros textos (como el de Merton, R. K.: *Eléments de théorie et de méthode sociologiques*, trad. fsa., París, Plon, 1953), el ensayo de Duvignaud, J.: *Hérésie et subversion. Essais sur l'anomie*, París, Le Découverte, 1986.

(8) De la obra sociológica de G. Gurvitch, conviene retener aquí: *Déterminismes sociaux et liberté humaine*, París, P. U. F., 1955; *Dialectique et sociologie*, París, Flammarion, 1962, la "Introduction" a la *Physiologie social* de Saint-Simon, ya citada, y "Continuité et discontinuité en histoire et en sociologie", en *Annales*, 12, 1957. Sobre Gurvitch: Balandier, G.: *Gurvitch*, París, P. U. F., 1972; Duvignaud, J.: *Georges Gurvitch: symbolisme social et sociologie dynamique*, París, Seghers, 1969; Bosserman, P.: *Dialectical Sociology: An Analysis of the sociology of Georges Gurvitch*, Boston, Porter Sargent, 1968.

(9) Boudon, R.: *La Place du désordre, critique des théories du changement social*, París, P. U. F., 1984. Y también, porque la reducción a las interac-

ciones y transacciones individuales está ahí menos acentuada: *Effects pervers et ordre social*, París, P. U. F., 1977 y 1979.

(10) Tiryakian, E. A. (dir.): *The Global Crisis, Sociological analyses and responses*, Leiden, E. J. Brill, 1984. Sobre todo, las colaboraciones de Galtung, J.: "On the Dialectics Between Crisis and Crisis Perception"; Luhman, N.: "The Self-Description of Society: Crisis Fashion and Sociological Theory", y Sztompka, P., "The Global Crisis and the Reflexiveness of the Social System".

(11) Balandier, G.: *Sens et puissance, les dynamiques sociales*, París, P. U. F., 1971, pág. 9, y la "Conclusión", pág. 299.

(12) Dupuy, J. -P.: *Ordres et désordres. Enquête sur un nouveau paradigme*, París, Seuil, 1982: sobre todo; "Vers une science de l'autonomie" y "La simplicité de la complexité".

(13) Forsé, M.: *L'Ordre improbable, entropie et processus sociaux*, París, Universidad René Descartes, 1986; "Introduction", caps. 1 y 8, "Conclusión".

(14) Crítica de la obra de Attali, J.: *La Parole et l'Outil*, París, P. U. F., 1975, por J. -P. Dupuy, *op. cit.*, págs. 62-67.

(15) Sobre la utopía ("Le sol froid, silencieux et blême de l'utopie"), véase Lapouge, G.: *Utopie et civilisations*, París, Weber, 1973.

SEGUNDA PARTE

EL DESORDEN
EN LA TRADICION

4

El desorden trabaja oculto

Según la concepción occidental, la tradición tiene dos representaciones, una, pasiva, que manifiesta su función de conservación, de puesta en memoria; la otra, activa, que le permite hacer ser lo que ya ha existido. La palabra, el símbolo, el rito, la mantienen bajo este doble rostro. Es por ellos que la tradición se inserta en una historia en la cual el pasado se prolonga en el presente, en la que éste recurre al pasado; historia desconcertante puesto que niega su propio movimiento y es refractaria a la novedad. Quiere expresar permanentemente *la* verdad, la del orden del mundo desde el origen. Lo cual la escuela tradicionalista del siglo pasado ha constituido en tesis a fin de desacreditar mejor lo nuevo, calificándolo de error, y, más allá, de factor de desorden. Bonald da a esta afirmación y a este rechazo todo su vigor: "La verdad, aunque olvidada por los hombres, jamás es nueva; está desde el comienzo, *ab initio*. El error es siempre una novedad en el mundo; la verdad no tiene antepasados ni posteridad...". En este sentido, el rechazo de la modernidad es primero el de lo nuevo, el del movimiento y lo efímero, que supuestamente son los que matan a la tradición y no le dejan ninguna probabilidad de renacer.

En este extremismo se encuentran, exagerados, los aspectos de la tradición identificados desde la Antigüedad clásica. La idea de una edad inicial en la cual un orden fundamental aseguraba la armonía de los hombres con los dioses y la naturaleza; una edad que sólo podía ser seguida de una degradación continua, si no admitida. La idea, también, de la autoridad propia de lo que es originario, primero, fundador desde los comienzos; de lo que confiere un valor absoluto al saber y a la palabra de los sabios, los poetas, los filósofos primordiales. Platón, en el *Fedro*, otorga a la tradición un valor irreemplazable: "Lo verdadero, es ella quien lo conoce"; y "el discurso del que sabe", "discurso vivo y animado", lo manifiesta por la palabra. Una tercera idea hace por último de la tradición una depositaria del múltiple aporte de las civilizaciones sepultadas: éstas sobreviven en la memoria de algunos sabios que transmiten oralmente su conocimiento. En la *Metafísica*, Aristóteles recuerda esas "reliquias de la sabiduría antigua conservadas hasta nuestra época".

En las sociedades de la tradición estudiadas por los antropólogos, estos aspectos se muestran plenamente: la conformidad necesaria con el orden establecido en la época de las fundaciones, la asociación de lo originario y de toda fuente de poder, la transmisión por procedimientos muy codificados del saber más valorizado y, por consiguiente, primero. Pero, en este caso, la tradición se traduce continuamente en prácticas; es aquello por lo cual la comunidad se identifica (se parece a sí misma), se mantiene en una relativa continuidad, se hace permanentemente produciendo las apariencias de ser ya lo que quiere ser. Porque es viviente y activa, la tradición llega a nutrirse de lo imprevisto y de la novedad; ella transige, de algún modo, como ya lo he demostrado al considerar las figuras del tradicionalismo y las estrategias que ellas determinan. Porque es practicada, descubre sus límites: todo no puede ser mantenido según su orden, nada puede ser mantenido por puro inmovilismo; el movimiento y el desorden son aquello de lo que ella alimenta su propio dinamismo y aquello a lo que finalmente debe subordinarse. La tradición no se disocia de lo que le es contrario. La tradición rige a los individuos y a los grupos, pero todos no lo saben todo acerca de ella. Bajo la superficie del conocimiento trivial —el que las prácticas ponen en marcha— se encuentra oculto el conocimiento profundo, el que posee un pequeño número de personas y que se transmite por un lento procedimiento iniciático. La tradición es a la vez exotérica y esotérica, divulgada en grados variables según las condiciones sociales, reservada en su totalidad a la custodia de los sabios.

Lo secreto y lo oculto

Lo secreto ocupa todos los lugares del espacio social, desde el que delimita la vida privada hasta aquellos en los que se enfrentan los agentes económicos, ésos también donde los poderes rivalizan en procura de la supremacía y de los medios de imponer sus puntos de vista y su orden. Es el secreto lo que ha dado a la tradición de los antiguos oficios la capacidad de proteger un arte, saber y técnica y de defender la solidaridad exclusiva de sus poseedores. Esta capacidad mantiene y transmite los procedimientos técnicos y sus instrumentos; pero hace más, al asociarles sistemas simbólicos, mitos, misterios y ritualizaciones por los cuales los artesanos componen una sociedad particular en el seno de la gran sociedad. Esta tradición, restringida a un gremio, presenta, sin embargo, caracteres considerados propios de la tradición común compartida por el conjunto de los miembros de una colectividad: requiere maestros que la conozcan, la mantengan viva y la comuniquen a los que ellos inician; recibe su autoridad y eficacia de su antigüedad, de las ideas, valores y modelos de los cuales ella hace una herencia, del secreto que la diferencia de los saberes ordinarios. Es por estos últimos aspectos que ella comprende un elemento de carácter suprahumano, que remite a los dioses, los héroes o los fundadores, y que se convierte en el depósito sagrado de aquellos que se presentan como sus vicarios o sus mandatarios en el presente.

La tradición en su forma acabada, completa, no se da sin esoterismo, ni éste, sin un pequeño número de poseedores de claves. La tradición es la suma de los saberes acumulados, a partir de los acontecimientos y principios fundadores, por la colectividad que procede de ella. Expresa una visión del mundo y una forma específica de presencia en el mundo. Por estas dos razones, remite a una realidad primera y a un orden que la manifiesta al ir lográndola en el correr del tiempo. Lleva en ella un núcleo de verdades fundamentales cuyos guardianes e intérpretes son los especialistas; es, en este sentido, un conocimiento "del adentro" que no es accesible a todos y, por esto mismo, necesariamente reservado. Es la parte esotérica de la tradición, aquella a partir de la cual un conocimiento menos secreto, más común, se difunde y rige las maneras de comprender, de hacer y de decir. La iniciación impuesta, como aparece en las sociedades antropologizadas, da a una tradición su parte de exoterismo. Como en Africa, donde los sistemas iniciáticos masculinos designa generalmente, por inclusión (de los hombres a partir de la adolescencia) y exclusión (de las mujeres y los jóvenes), a los que son marginados y mantenidos en una posición socialmente periférica. Ya he observado que este procedimiento hace de la participación en el secreto, y de las experiencias que acompañan a su develamiento, la condición del nacimiento social, del poder de intervención en los asuntos públicos, del acceso al dominio de sí. Este camino iniciático se efectúa por grados: revela tantos más palmos de saber cuanto más progresa la edad, lleva así de un más exotérico (el conocimiento del primer grado) a un más esotérico (el conocimiento último en poder de una elite erudita): opera así la división entre los que reciben y los que transmiten. Sobre todo, el recorrido que se abre sobre la revelación del orden social, en el seno del cual el iniciado va a situarse, se alcanza sobre la revelación del orden del mundo conocido sólo por los antiguos, sabios que se encuentran en las orillas de la vida, en los límites de un más allá de la comunidad de los vivos. El ciclo del saber acompaña el ciclo de la vida, se completa con un pequeño número de hombres, esos mismos de quienes se ha dicho que su muerte equivalía a la desaparición de una biblioteca. (1)

Toda cultura con componente esotérico manifiesta la función de lo secreto, la fuerza de lo oculto. Muy pronto, el sociólogo Georg Simmel ha reconocido que uno y otro son necesarios para la formación de las estructuras y la interacción sociales. Ha propuesto una sociología de las "sociedades secretas". Los caracteres mencionados anteriormente son retenidos. La pertenencia requiere ritos de iniciación, y los grados iniciáticos corresponden a una jerarquía interna que estratifica la asociación así constituida. La autoridad se adquiere progresivamente según el movimiento de avance en el conocimiento. En la cima se encuentra una elite restringida que ejerce un verdadero dominio: los que saben y regulan la circulación del saber. La participación en el conocimiento crea entre los miembros una solidaridad y una fraternidad incondicionales que eliminan los cortes sociales (los status desiguales) propios de la sociedad global. (2) El secreto, que encubre el conocimiento profundo de un orden del mundo y de los hombres, engendra el orden fuerte por el cual los iniciados están unidos y en función del cual intervienen en el orden general de la sociedad.

Lo secreto incluye lo oculto, pero éste lo supera, pues está presente por lo menos bajo tres aspectos. Es ese saber fundamental cuya adquisición se efectúa por grados, y sólo para algunos en su totalidad. En esta acepción, lo oculto puede implicar el conocimiento oculto, el descubrimiento de los arcanos, lo que trata de ir más allá del saber legitimado sea por la tradición o por la ciencia, conduciendo la búsqueda arriesgada de las revelaciones y verdades últimas. Se trata así de un vagabundeo y un desvío. La corriente gnóstica recorre de otro modo el espacio del saber reservado: pone la mira en la comunicación directa con la naturaleza auténtica de las cosas o el retorno a un conocimiento inicial (y verdadero) que ha sido deformado, alterado o pervertido por los intermediarios sucesivos. En la historia del cristianismo, la gnosis es, durante un tiempo, la enseñanza secreta destinada a los perfectos, la transmisión exclusivamente oral de una revelación comunicada por Jesús a algunos apóstoles solamente. El conocimiento no es accesible sino sólo a un pequeño número de los que son reconocidos en la perfección; y en esta medida son evaluadas la incompletud, la falsedad, el mal, el desorden. Pero la gnosis también puede ser vista como una herejía, una amenaza mucho más poderosa cuanto más secreta, por los poderes que definen el orden *oficial* del mundo y de los hombres. En esta perspectiva, la gnosis es invertida para ser transformada en una representación del caos.

Lo oculto reviste otros dos aspectos que lo hacen objeto de temor y de miedo. Por una parte, se encuentra en el origen de lo inesperado, de lo imprevisible, del acontecimiento que atenta contra el ser de los vivos y el curso ordinario de las cosas. Se manifiesta entonces en esos momentos de aflicción interpretados por Victor Turner, renovador de una antropología de los símbolos y los ritos. (3) Son los efectos —las perturbaciones y los desórdenes— que revelan una agresión no identificada o una transgresión desconocida o una falla por negligencia; esos efectos, por consiguiente, son relacionados con mayor frecuencia con una falta que debe ser determinada, con una culpabilidad. Algunas culturas acentúan esta imputación, hacen de ella el elemento central de las configuraciones que rigen, y han sido calificadas por esta razón de "culturas de la culpabilidad". Pero, en todas las situaciones, la falta debe ser reparada; los medios simbólicos y rituales son empleados para la restauración del orden. Lo desconocido es también lo que está por venir, lo que puede surgir del futuro inmediato: la incertidumbre mantiene el temor del advenimiento de lo nefasto, lleva a la búsqueda de procedimientos que permitan forzar la ignorancia, realizar elecciones más esclarecidas en el presente y poner obstáculos a la irrupción de la infelicidad y los males. Es el futuro, oculto para los hombres que no se sienten maestros, el que se presenta como un perturbador en potencia; es el movimiento, lo aleatorio, tanto como lo ignorado, mientras que el presente se vincula con un orden conocido y con las convenciones o procedimientos por los cuales éste trata de prolongarse. El acontecimiento, surja de otra parte (por la acción de los poderes a los cuales ha dado forma la tradición) o del futuro, depende de una misma categoría de lo oculto.

Este, por otra parte, se revela indirectamente bajo el aspecto de un trabajo oculto que ejecuta una intención destructora: acción subterránea que una formulación africana califica de "trabajo endiablado". El actor, esta vez humano y agente del mal, es generalmente identificado y temido en cuanto hechicero. Se sitúa en el espacio de lo nefasto, manipula el desorden, trastoca las convenciones sociales y las conductas. Destruye a las personas despojándolas del interior, y a sus relaciones perturbándolas, a la naturaleza esterilizándola. Es el enemigo enmascarado del interior. En este caso, lo oculto depende únicamente de los hombres, está entre ellos y es por ellos el lugar del mal, de la enfermedad y la infelicidad, lugar donde pueden surgir las fuerzas provocadoras de un retorno al caos.

En presencia de los peligros que proceden de lo oculto, la preocupación principal es la de la identificación: ¿cuál es la falta y con respecto a qué potencia?, ¿quién es el acto humano del mal y de los despojamientos consiguientes?, ¿qué acontecimiento puede venir del futuro y alterar el curso regular de las cosas? Para identificar, hace falta interrogar, consultar, preguntar: a las potencias de lo sagrado, mediante el oráculo o la interpelación mística; a la víctima, interrogando a su cadáver, y al sospechoso, por la prueba o las ordalías; a las coyunturas nefastas o críticas, por medio de las técnicas adivinatorias. Estas son múltiples, desde el recurso a la intuición profética (verdadera iluminación interior) hasta los condicionamientos psicológicos que dependen del sueño o el trance, la interpretación de los signos propuestos por la naturaleza (estado o comportamiento de los animales y los vegetales, modificaciones de los objetos y los seres inanimados), los procedimientos eruditos que constituyen una adivinación a veces calificada de "matemática", y la lectura de los presagios y los fenómenos extraordinarios según una tabla de referencia. Una adivinación intuitiva, inspirada, esencialmente expresada por la palabra, se distingue de la adivinación inductiva, basada en la observación, el razonamiento, el desciframiento de conjuntos de signos o símbolos portadores de mensajes, de informaciones. La primera es el resultado de una comunicación directa; revela por medio de una anomalía o de un desorden interior que afecta a los individuos predispuestos, o preparados para esta función, o elegidos; hace conocer por iluminación o por estado de trance. La segunda es instrumental, relacionada con la concepción de un orden del mundo basado en correspondencias (como en la astrología), o de un orden de la sociedad según el cual son enumeradas las principales situaciones críticas y sus causas (como en la geomancia). El saber prevalece sobre la elección, a la inversa de lo que provoca la adivinación inspirada. Pero, en los dos casos, el orden y el desorden están en juego. Y porque lo están, las potencias imponen su control estricto a los practicantes de la adivinación: se unen o se alían con ellos. En las civilizaciones antiguas de Europa y de otras partes —de China a la India, la Mesopotamia, la América precolombina—, el personal adivinatorio dependía del soberano y estaba ligado con las tradiciones sacerdotales. En Africa occidental, el "relator de las cosas ocultas" tiene, a la vez que el saber técnico, el conocimiento de los mitos y otros componentes de la tradición oral sobre los cuales se apoya su saber; la larga experiencia colectiva aclara su interpretación. Ejerce un arte a disposición de todos; en las sociedades estatales, jerarquizadas, el adivinador ocupa empero un rango elevado en el entorno del soberano y los personajes notables. Así, en la región del Bénin, donde un reino muy complejo está asociado con un sistema de geomancia de una copiosa riqueza y gobernado por *Fa*, la representación del destino. Todas las precauciones tomadas no bastan para dominar completamente a las fuerzas contrarias y los generadores del desorden, para contener los ataques de lo desconocido y de las potencias ocultas. Es necesario actuar no sólo por el rito sino identificar igualmente los lugares y los personajes que acarrean los riesgos.

Los lugares y las figuras

Lo imaginario, lo simbólico, el rito, imponen su marca a los lugares; rigen una topología en la cual se oponen lo ordinario y lo extraordinario, lo normal y lo anormal o lo monstruoso, el espacio humanizado y las otras partes donde el hombre se encuentra en peligro, librado a lo desconocido. Esta apropiación mental del espacio diferencia una naturaleza todavía salvaje, sitio de las fuerzas y las potencias más diversas, de los lugares acondicionados donde el hombre domina más el juego porque éstos son el resultado de su obra. Es la oposición del campo y la ciudad o, más abstractamente, del afuera y el adentro; la naturaleza se encuentra dotada así de una existencia sobrenatural, parece entonces menos librada a la posesión de los hombres que lo que lo son estos últimos al decreto de las potencias que ella contiene. En Europa, en la literatura medieval y la cultura popular oral, los sitios naturales son ocupados por seres fantásticos y animales salvajes. El bosque se transforma en un territorio peligroso o en un lugar de terror; las hadas no son ahí todas buenas (por ejemplo, las damas verdes que extravían a los hombres y los hostigan), los animales pueden metamorfosearse, los leñadores y carboneros mantienen un comercio con los espíritus del bosque y adquieren los poderes de los hechiceros y los conductores de lobos, los héroes de los cuentos sufren pruebas enfrentándose con monstruos de aspecto humano o animal. El bosque no es visto sólo como un espacio que escapa todavía a la actividad acondicionadora y al control de los hombres, es en sí mismo *otro* mundo; tiene un orden propio donde no se reconoce nada de lo que define al orden humano y, por esta diferencia absoluta, lo amenaza. Es un territorio casi desconocido donde la exploración y la explotación engendran héroes y personajes extraordinarios. La campaña no está menos poblada imaginariamente, hasta la periferia de las aglomeraciones donde se efectúa la comunicación de los dos mundos, del adentro y el afuera. Allá se encuentran las hadas malas que frecuentan las hondonadas, los senderos estrechos, los alrededores de las ciudades; la noche es su reino, las favorece para robar a los niños pequeños, agredir a los viajeros retrasados, hostigar a los durmientes. Ahí aparecen también, cuando se producen ataques nocturnos, las criaturas más temidas, porque son mitad hombre, mitad bestias. Es la especie de los duendes y otras transfiguraciones animales: los hombres la crean como consecuencia de una desgracia de nacimiento, un crimen impune o un pacto con el Maligno. Los duendes se confunden con las personas ordinarias durante el día, viven y trabajan entre ellas; pero, cuando llega la noche, cubiertos con la piel de un animal que les confiere el poder sobrenatural y la impunidad, se alimentan de seres vivos. En estos diversos casos, el desorden y las enfermedades y la muerte son la consecuencia de la no separación de dos mundos bien distintos (la naturaleza salvaje/la ciudad organizada), de la hibridación de los seres y de la confusión de las categorías (entre ellas las del bien y el mal). (4)

La interpretación del espacio imaginario a partir de un corpus homogéneo de narraciones lleva a precisar mejor estas relaciones en su complejidad y su ambivalencia. Es con esta intención que Marcel Drulhe propone el análisis de un conjunto de cuentos maravillosos occitánicos recogidos en la tierra de Sault, pequeña región de la Aude. En el estudio se muestra cómo en los relatos aparece la relación de los dos espacios (el del microcosmos social, el del mundo caótico), la relación de los dos universos o campos (el de los hombres, el del animal y el monstruo) y la cuestión de sus respectivos límites. El sistema de las oposiciones, mencionado recién, es central. El espacio vigilado, ordenado, corresponde a la aldea, la ciudad y sus alrededores inmediatos: es éste el que se sitúa "bajo la égida de la ley y el poder" pero que, sin embargo, no evita las enfermedades, las injusticias y los fracasos sociales, las calamidades. El espacio caótico es "designado por la extensión boscosa y la superficie acuática o próxima al agua"; es el lugar de la vida animal, el refugio de los monstruos y los hombres rechazados, con identidad inquietante, el sitio de las energías misteriosas y de las potencias. Esta topología imaginaria no se reduce, empero, a una representación dualista de la espacialidad. Los dos universos tienen límites inciertos; franjas mal definidas los separan, se abren pasajes de uno hacia el otro: umbrales que deben franquearse haciendo sus pruebas. Del espacio vigilado al espacio del desorden integral, el de los monstruos, se trazan espacios de transición donde lo desordenado se manifiesta en el orden y donde el desorden es ordenable. Pero más significativo aun parece el rechazo de excluir totalmente de la organización la presencia de lo no-ordenado: "El microcosmos no rechaza, no excluye el caos..., lo incluye en su seno para dominarlo, para supervisarlo, para controlarlo, en ocasiones para reprimirlo; lo incluye delimitándolo, pero dejándole la comunicación posible..." (5) Por una parte, el desorden no es reductible, es necesario hacerle lugar, tenerlo bajo vigilancia, utilizarlo también: tarea de héroes que convierten lo negativo en positivo. Por otra parte, el desorden extremo, el caos, puede invadir el campo de la vida social y desordenar su orden. El espacio imaginario es isomorfo del de la sociedad, campo de las relaciones donde orden y desorden coexisten en un constante enfrentamiento, donde la Ley enfrenta a las fuerzas destructoras y padece el desgaste del tiempo.

Todas las sociedades de la tradición —cabe recordar— imprimen fuertemente sobre los lugares conocidos las significaciones requeridas por su imaginario, sus sistemas simbólicos y sus prácticas rituales. Las de Africa aparecen a este respecto con una extraña creatividad; los mitos, las literaturas orales, los sistemas de representaciones la revelan y son objeto de interpretaciones antropológicas cada vez más elaboradas. La oposición entre los espacios en los cuales los hombres han inscrito su orden y los espacios de la naturaleza todavía salvaje se recupera. La condición del cazador lo manifiesta con frecuencia; éste es una figura singular, sometida a obligaciones rituales específicas, ambigua en razón de su intimidad con las potencias del exterior y con la muerte. En los mitos de fundación de un poder nuevo, el cazador surge frecuentemente bajo el aspecto de un desconocido venido de un país lejano y deshabitado donde las pruebas cumplen una función iniciadora, y tiene la capacidad de realizar hazañas que le otorgan mérito y lo hacen elegir en el momento de su llegada (o de su regreso) entre los hombres; se convierte en el artesano de un orden reelaborado y considerado superior, mientras que ha adquirido sus dones recorriendo espacios no sometidos a la ley humana. Figura mediadora, el cazador mítico fundador hace aparecer pasajes entre el mundo socializado y el mundo salvaje; es además pasando de éste a aquél que él puede tener acceso a poderes fuera de lo común y ponerlos en práctica. Estas comunicaciones los hombres las establecen necesariamente. Su trabajo de producción determina los impulsos en el seno de la naturaleza salvaje, introduciendo una diferenciación según los espacios sometidos a su control: desde la aldea hasta las zonas de actividad más en contacto con el espacio inculto aumentan, por grados, los riesgos y se multiplican las protecciones rituales. La comunicación se crea igualmente por necesidad simbólica, los dos elementos del símbolo asocian entonces lo social y lo no-social. El animal se contituye a veces en aliado del hombre, su gemelo según la tradición de los Dogon, su socio en la selva. Más a menudo, el mundo animal se divide según los criterios de lo positivo y lo negativo, del bien y el mal, de lo conforme y lo nefasto, del orden y el desorden: manifiesta entonces los enfrentamientos cuyo campo es la sociedad, los equilibrios y los desequilibrios resultantes, los juegos de vida y muerte en que todo se resuelve. Igualmente, el árbol puede convertirse en un aliado, mientras que el bosque se percibe como el sitio de las potencias temidas, el territorio donde combaten héroes y antihéroes. En una cantidad significativa de cuentos (Africa occidental y Africa bantú), el árbol interviene a la manera de un *medium* que actúa con astucia y magia en beneficio del héroe, por el cual el orden se restablece con la reafirmación de la regla. Por último, la comunicación de los mundos se efectúa por necesidad ritual. Las iniciaciones masculinas se realizan fuera de los lugares habitados, a distancia y al abrigo de las miradas prohibidas, en instalaciones provisorias que son destruidas cuando finaliza el ciclo iniciático. La operación es realizada en contacto con la naturaleza en el momento en que es necesario someter la propia naturaleza del hombre a la ley social y, más generalmente, dar al iniciado un lugar conforme al ordenamiento de la sociedad y la cultura. Este paso por el mundo salvaje, esta muerte simbólica que hace desaparecer en el iniciado un estado todavía natural, condiciona el pleno acceso a la sociedad, la entrada en un mundo donde prevalece el orden humano. El orden no se menciona, no se hace sino por referencia a lo que no es él; la selva da su sentido, su posibilidad de ser, al orden civilizado. Los dos pueden además coexistir en lugares donde lo sagrado los une en su diferencia absoluta, donde su relación es generadora de significaciones y su alianza una necesidad a la cual la colectividad no sabría sustraerse sin correr el riesgo de la degradación. Los bosques sagrados, donde residen los dioses y los espíritus reverenciados, y cuyo acceso está rigurosamente controlado, establecen esta conexión, sobre todo en las civilizaciones del Bénin. (6)

El desorden, el caos no están solamente situados, están representados: con la topología imaginaria, simbólica, se asocia un conjunto de figuras que manifiesta su acción en el interior mismo del espacio civilizado. Son figuras ordinarias, en el sentido de que se encuentran trivialmente presentes *en* la sociedad, pero están en situación de ambivalencia por lo que se dice de ellas y lo que ellas designan. Ellas son lo otro, complementario y subordinado, objeto de desconfianza y temor a causa de su diferencia y de su condición inferior, motivo de sospecha y generalmente víctima de la acusación. Ocupan la periferia del campo social en el sistema de las representaciones colectivas predominantes, a menudo en contradicción con su condición real y el reconocimiento de hecho de su función. Son los medios del orden al mismo tiempo que los agentes potenciales del desorden. La mujer, el menor, el esclavo o el dominado, el extranjero —utilizados como significantes— se cuentan entre las figuras más frecuentemente aprovechadas por las culturas de las sociedades tradicionales.

En la primera categoría, y en una ambivalencia completa, la mujer. Más que el hombre, ella está ligada al mundo natural; la topología imaginaria la coloca en los confines de la naturaleza y la cultura. Ella posee el poder de la fecundidad, el que permite hacer nacer, reproducir, estar en el origen de una descendencia. Poder originario que no puede ser desviado, del cual muchas tradiciones africanas dan cuenta evocando un tiempo de los comienzos durante el cual las mujeres, poseedoras del poder sobre los hombres, habrían abusado de él y habrían sido desposeídas de él. Esta desposesión reviste formas múltiples, se efectúa sobre todo en las prácticas de iniciación masculina que presentan el nacimiento social que realizan como algo superior al nacimiento biológico; el alumbramiento metafórico a cargo exclusivamente de los hombres prevalece y, con él, lo masculino sobre lo femenino. Más significativa es la conversión del poder de la naturaleza que posee la mujer en un poder negativo, nefasto, inherente a la naturaleza femenina; lo positivo (la capacidad de reproducción) se transforma en negativo (la impureza contagiosa); la sangre de la vida se degrada en sangre de la deshonra y la contaminación. Así, en los Lelé del Zaire, a las mujeres se les prohíbe el acceso al bosque —espacio peligroso del cual se han apropiado los hombres— en todas las circunstancias en que su impureza parece más activa, en el momento de la menstruación, pero también después de un nacimiento o un contacto con la muerte producida en el entorno. En un medio tradicional, toda la formación dada a las jóvenes africanas, fuera de una iniciación que no siempre es requerida, lleva a domesticar la naturaleza de la mujer y la relación de ésta con las cosas de la naturaleza: la sexualidad y la reproducción, la tierra y la producción, los alimentos y la cocina. La ambivalencia de la figura femenina se expresa sobre todo en la sexualidad, incluso cuando se le concede a la mujer una gran libertad sexual. Los Massai de Kenia le dan una libertad total a la joven no casada; luego, recortada, socializada, se convierte en una esposa con libertad restringida. La fragilidad de las estructuras sociales, el orden considerado precario, requieren que se pongan obstáculos al poder devastador del deseo. En los Balante de Guinea, mientras que la sexualidad libre del hombre casado se mantiene sin límites ni restricciones, la de la esposa existe —reconocida en cuanto compensación equilibrante del matrimonio padecido sin posibilidad de elección, la discriminación sexual y la exclusión de los asuntos públicos—, pero en el marco de condiciones estrictas, sobre todo las que permiten respetar las apariencias y satisfacer la exigencia de sumisión requerida ante los hombres. Aquí, se concede un lugar preciso al deseo femenino, y el término que denomina esta libertad condicional significa a la vez el deseo y la inclinación amorosa. No obstante, esta parte de libertad es percibida esencialmente como el medio de obstaculizar una libertad total que sería generadora de desorden, como el medio de mantener el orden de la paternidad y de las alianzas reduciendo los riesgos de conflictos y degradación de las relaciones. Las representaciones masculinas de lo femenino, en la cultura de los Mandenka senegaleses, establecen una equivalencia (además trivial) entre la mujer y la naturaleza salvaje, y les atribuyen el aspecto de lo inesperado y el peligro. Si la virilidad, con el poder de orden que se le atribuye, consiste en "ejercer su imperio sobre la mujer", ésta tiene sin embargo la capacidad de realizar ataques insidiosos, sobre todo sometiendo al hombre a la tiranía del deseo a fin de abatir su poder social y corromperlo. La mujer es comparada con la serpiente mítica que no muerde, pero traga. El desorden amoroso engulle al orden general de la sociedad. El adulterio siempre es considerado desorden social; la mujer, porque su fecundidad y su función instrumental al servicio de la máquina social están en juego, soporta la carga de culpabilidad más pesada: según la antigua tradición de los Fang de Gabón, su cuerpo desnudo y a veces su sexo debían sufrir una sanción pública, un castigo mutilante. El incesto es más aun: contraviene la ley fundamental de lo vivo; más allá del orden social, amenaza el orden de los seres y el mundo. Según esta interpretación, sus efectos contagiosos terminan por acarrear el caos y la muerte; engendra la enfermedad que afecta a los hombres y las bestias y el agotamiento de las fuentes de la vida, desordena y esparce la esterilidad. El sexo conjugado con el incesto llama a la muerte, malogra toda fecundidad y arruina a la sociedad. Ya no basta con oponerle la sanción, es necesario levantar las barreras rituales que reducen el contagio desastroso y que permiten una difícil restauración del orden.

La incertidumbre frente al ser de la mujer se manifiesta en la mayoría de las culturas. El imaginario griego, por intermedio de los mitos, revela ya esta interrogación sobre una alteridad inquietante. La figura de la mujer guerrera, la Amazona, expresa a ésta bajo tres aspectos: el de la feminidad peligrosa; el de la inversión de los roles sexuales y la exclusión de los hombres de la reproducción por el robo de su simiente y el engendramiento sólo de niñas; el de la barbarie, el regreso a lo salvaje a causa del rechazo de los valores masculinos que fundan la Ciudad. Una parte de la feminidad parece así haber desaparecido unida a la regresión y el desorden. La relación de incertidumbre pesa sobre todo en la naturaleza de la mujer. Esta, según los Lugbara de Uganda, debe ser definida a la inversa de la naturaleza masculina, lo cual la pone del lado de las fuerzas que agreden el orden social, que obran de manera oculta y corroen toda cosa del adentro, pues el procedimiento de inversión sirve para designar lo anormal, lo antisocial, el mal insidioso. Lo que aparece claramente en la topología imaginaria lugbara es la localización de la mujer en las orillas, en los umbrales, ahí donde se efectúan los pasajes de lo social a lo salvaje, del tiempo histórico al tiempo mítico, de las personas a las cosas, de lo religioso a la magia hechicera. Fronteriza, la mujer es ambivalente; punto de convergencia de las fuerzas naturales y las fuerzas sociales, está siempre amenazada de ser arrastrada hacia las primeras. La incertidumbre relativa a su naturaleza la hace una aliada incierta del orden esencialmente masculino.

Por intermedio de ella, el lenguaje de la fecundidad y el lenguaje de la sangre expresan la conjunción de lo positivo y lo negativo, de la vida y la muerte. Fecunda, la mujer posee un poder cuyo buen uso, evidentemente necesario para el mantenimiento de la colectividad, no está jamás totalmente asegurado. La perversión y la degradación de este poder equivalen a un riesgo mortal, a una esterilidad que condena al grupo a la desaparición. Un cuento africano muy difundido —el de la niña sin manos, o mutilada, o hermafrodita— manifiesta esa obsesión. En él se dramatiza una angustia latente, la de una duda obsesiva sobre la realización de la fecundidad femenina. La falla se pone en correlación con los desequilibrios naturales y sociales, con el advenimiento del desorden; la única manera de detener esta fatalidad es aliarse con las potencias, divinidades o espíritus capaces de reavivar la fecundidad al restaurar el orden. Envejecida e infecunda, la mujer ya no es más un enigma; es de alguna manera desfemenizada o hibridada: una "mujer-hombre" como se dice a veces, un ser de identidad sexual ambigua. Entonces tiene acceso a actividades (sobre todo rituales) antes prohibidas. Es respetada, pero también temida, pues se le atribuyen poderes extraordinarios, los de la magia y, a veces, la hechicería. En el imaginario y las representaciones colectivas transmitidas por las tradiciones africanas, no aparecen figuras femeninas totalmente positivas: la madre puede llegar a ser "devoradora", la esposa, perturbadora, agresiva, sexualmente insaciable, y las co-esposas generadoras de problemas a causa de sus constantes enfrentamientos. Las mujeres constituyen la mitad peligrosa; bajo el efecto de muchas de sus acciones, el orden (masculino) se altera.

Discurso que hace aun más complejas las especulaciones sobre la sangre de la mujer, sobre la herida *interna* que relaciona la feminidad con el desangramiento; mientras que los hombres lo son por los derramamientos de sangre que resultan de sus actos, de una intervención *externa*: la caza, la guerra y el homicidio, el sacrificio, las heridas de la iniciación. La sangre de la mujer, la de la menstruación, la del alumbramiento, conlleva un peligro, es objeto de las prohibiciones más imperativas: la infracción a la prevención puede ser de la misma naturaleza, generadora de los mismos altos riesgos, que la que afectaría a la relación con las potencias religiosas (los dioses, los espíritus y sus altares) o con el poder político (el soberano establecido en la sacralidad). Los

Joola senegaleses definen con mucha claridad estas situaciones de incompatibilidad, separación y exclusión. La mujer que está menstruando es obligada a vivir aparte; no puede tocar los alimentos ni cocinar; no debe tener relaciones sexuales; se mantiene apartada de los hombres, a quienes ella contaminaría, y de los lugares en los cuales tendría una influencia nefasta. El alumbramiento está prohibido en la casa de la mujer, pues la sangre derramada en esa circunstancia es el vehículo de las mayores calamidades. La sangre de la vida es también la de la contaminación y la enfermedad, una energía negativa y devastadora. Si la parturienta se deja sorprender, es necesario eliminar ritualmente la contaminación o, en ciertos casos, destruir su habitación por el fuego. Estas prohibiciones se encuentran en la mayoría de las sociedades antropologizadas. Pero lo más significativo es la ambivalencia de estos sistemas de representaciones, de sus clasificaciones según las cuales se dividen lo venturoso y lo nefasto, la vida y la muerte, el orden y el caos. La sangre menstrual, según una fórmula de Marcel Griaule, mezcla "en un mismo lugar lo mejor y lo peor"; contiene la promesa de vidas nuevas o, a la inversa, el riesgo de la enfermedad, la pérdida de fuerza y la esterilidad. La sangre del nacimiento puede ser asemejada a la del sacrificio; se refiere entonces a un más allá del mundo de los hombres (el de las potencias), a los territorios de la sacralidad, con la ambivalencia propia de ésta, al sistema de las fuerzas sobre las cuales es necesario actuar a fin de alimentar el orden con el desorden y la vida con la muerte. El nacimiento africano suele además relacionarse con una muerte metafórica. En su trayecto biológico, inseparable de su recorrido social, la mujer aparece como el *significante por excelencia*, aunque se encuentre reducida legalmente a la condición de ser subordinado o cosa. A partir del discurso sobre lo femenino es cuando la sociedad es pensada en su orden y en lo que, en ella, puede volverse contra ella. (7)

El menor es la segunda de las figuras marcadas con ambivalencia, aunque en menor grado. Las relaciones de desconfianza, enfrentamiento y rivalidad entre las generaciones masculinas se encuentran en todos los tiempos y todos los lugares; de ellas surgen las luchas insidiosas y los conflictos, la polémica y el movimiento: el corte y la oposición, según una fórmula de Robert Lowie, uno de los fundadores de la antropología norteamericana. Las tradiciones orales africanas, ese registro de referencias principalmente utilizado en el momento de la presentación de las imágenes de lo femenino, dan, en este caso también, una información significativa. Los conflictos, que brindan al relato su intensidad dramática, son frecuentemente los que oponen los mayores y menores, padres e hijos, tíos maternos y sobrinos. Los Buma de Zaire relacionan estos antagonismos, todos presentes en su sociedad, con una teoría general que hace del enfrentamiento la ley de toda vida, y del equilibrio encontrado en ese juego de oposiciones el estado normal de las cosas y de la sociedad.

En el campo de una teoría más específica, el menor —descendiente o *junior* en el seno de una fraternidad— se define más en términos sociales que en términos de la naturaleza. La identidad de sexo hace más difícil recurrir a este segundo lenguaje. Lo que subsiste es la relación de engendramiento, la relación de engendrador a engendrado, puesto que se los considera en su significación biológica (lo que nace de la simiente del padre) y en su extensión metafórica. Los Bwa de Malí y de Burkina ilustran claramente estos dos aspectos. La figura paternal simboliza la potencia, el poder, la autoridad; se dice: "La palabra del padre tiene fuerza porque él es padre; él ha engendrado; el hijo no puede nada contra la fuerza de su padre". Por deslizamientos del significado, esta representación del padre se aplica al padre social que gobierna la unidad familiar ampliada, al mayor de los hermanos, considerado más cerca del origen, al hombre en posición de proximidad genealógica en relación con un ancestro y al grupo que desciende del fundador de la comunidad aldeana. El concepto discriminante es el hecho de estar en el origen, de haber engendrado o fundado y, de un modo más general, de haber precedido. La antigüedad biológica, por metáfora, da forma a la antigüedad social; las dos son juntas las creadoras de la diferenciación, legitiman las posiciones de dominación y los privilegios relacionados con ellas. Lo que se encuentra en juego es la desigualdad, justificada en función de la naturaleza y el orden social, en el acceso a los circuitos matrimoniales, a las riquezas, a los poderes y a los bienes simbólicos. Pero no es de la misma clase en la relación entre padres e hijos (reales y metafóricos) —la antigüedad es entonces abierta, pues es accesible por el ascenso de las generaciones sucesivas— y en la relación entre mayores y menores (reales y metafóricos) —la antigüedad es entonces cerrada, funda una superioridad sin recurrir al beneficio del primer término—. Por esta razón, la figura del menor ilustra mejor el desorden que puede surgir de la lucha de las generaciones.

Los Lugbara de Uganda o de Zaire trazan una separación neta entre los mayores y los menores o jóvenes, aunque las diferenciaciones en el interior de estos dos conjuntos sólo aparecen de manera coyuntural. Los primeros disponen de la autoridad, del saber y sus secretos, del poder de interceder ante los ancestros; poseen los medios de conocer el orden y de conservarlo. Los segundos están obligados al temor y al respeto, deben atenerse en todo a las conductas codificadas, a la conformidad; los errores repetidos designan a un hombre "malo" que "destruye" el linaje, luego, más allá, la comunidad, y que incurre por eso en una sanción mística. La guerra insidiosa entre las dos clases de edad se sitúa principalmente en el terreno de lo sagrado y de la brujería, como se hace necesariamente cuando los principios del orden social están en juego. Los mayores amenazan con invocar a los espíritus ancestrales a fin de sancionar (y de borrar) toda infracción grave. A la inversa, los menores recurren a la acusación de brujería para oponerse a lo que consideran un abuso de poder. Dos lenguajes son así utilizados: el de la religión, por la conformidad, el de la brujería, por la oposición. Los Lelé de Kasai, provincia de Zaire, conocen una misma forma de hostilidad entre generaciones masculinas, con los mismos efectos; numerosos conflictos se expresan en términos de agresión contra los hombres jóvenes. Los *seniors* disponen de los medios del control social, ellos mantienen el sistema; los *juniors* hacen de la acusación de brujería un arma defensiva, esgrimida hasta la amenaza de separarse de la comunidad a fin de escapar al ataque insidioso. Por este trastocamiento, los jóvenes califican de promotores de disturbios y desorganización a los ancianos que les atribuyen esta culpabilidad. Lo esencial se encuentra sin embargo en la traducción del enfrentamiento en una oposición religión/brujería, que es en esa circunstancia la duplicación de la relación orden/desorden. En este juego doble, el menor ejerce una función de operador principal. (8)

El esclavo y el extranjero, asociados o confundidos, componen una tercera figura a la cual puede atribuírsele el desorden. Su fundamento: la alteridad absoluta. La historia de la esclavitud es larga —abarca varios miles de años— y trágica, no está unificada, pues remite a condiciones diferentes según que el esclavo se encuentre reducido al estado de cosa, de mercancía, de simple reproductor de sus semejantes, o que se beneficie con derechos que lo sitúen en un estado intermedio entre la servidumbre y la libertad. En segundo plano se mantiene, sin embargo, un discurso sobre el ser mismo del esclavo, repetido en el curso del tiempo y en todo el espacio de las diferentes civilizaciones esclavistas: desde Aristóteles que, en la *Política* considera que "la utilidad de los animales privados y la de los esclavos es prácticamente la misma", hasta Santo Tomás, para quien no puede haber una justicia estricta entre un amo y su esclavo, y los teóricos del siglo XVIII, quienes, al clasificar a los seres humanos, plantean con respecto al esclavo la cuestión del límite entre el hombre y el animal.

Todo empieza por esa pertinencia incierta, esa localización del esclavo en una región donde la naturaleza y lo social ya no están netamente separados: él es una fuerza (natural) de reproducción y producción. Aparece como naciendo de la violencia, de la guerra, de la captura, del precio de la sangre, de la expulsión impuesta por el grupo que lo ha rechazado y condenado: esta violencia que lo constituye se le queda de alguna manera adherida, y debe sufrir su dura ley. Restituido al mundo de los hombres, es asemejado a las cosas de valor, a lo que es negociable, a las riquezas; puede convertirse en prenda (a plazo) para dar garantía a un sacerdote, o la compensación (definitiva) para cancelar una deuda. Cuando su estado no implica ningún alivio, el esclavo está totalmente desocializado; ha perdido todo lo que definía anteriormente su pertenencia a una sociedad, a los agrupamientos, a un parentesco; algunos procedimientos —especie de iniciación al revés, que elimina la socialización en lugar de efectuarla— realizan a veces este desgarramiento. El único vínculo que tiene es el de su servidumbre, es un *extranjero* en el universo social donde el infortunio lo ha arrojado. Los Kongo de Africa central, en los que la esclavitud interna y externa fue numéricamente importante y prolongada en el tiempo, dicen del esclavo que no tiene el "nacimiento": no pertenece a un clan y, por esta razón, no dispone de la libertad ni de la existencia social que procede de él. Es definido en términos de localización (se lo califica de niño de la aldea) y de apropiación (es el bien de un linaje). Esta condición no podía cambiar para su descendencia a menos que se casase con una mujer libre, pues ésta hace el aporte de la libertad con el de su sangre. Además, a todo esclavo el rescate le restituía su estado anterior: la transacción transformaba el bien en sujeto al haber recobrado su identidad y su capacidad sociales. Esta salida estaba casi siempre cerrada, constituía una pérdida para el grupo esclavista, mientras que los procedimientos que confieren un status intermedio mantenían la servidumbre y creaban agradecimientos.

El esclavo es percibido como un individuo de "ningún lugar"; es en parte un ser de la naturaleza (casi animal, casi cabeza de ganado), una cosa y una mercancía, un extraño y el elemento constitutivo de un orden económico y social, un hombre con la identidad borrada pero en principio recuperable. La vaguedad de su identificación lo vuelve temible y hace a su función incierta en la administración del orden y el desorden. Esa vaguedad se manifiesta con la ley más restrictiva y la presencia constante de la amenaza de una reducción al estado servil — a la muerte civil— de los sujetos notablemente insumisos a los mandamientos de la costumbre. El esclavo no está menos relacionado con el desorden: las faltas del amo pueden serle imputadas (se lo constituye en chivo emisario), y más aun las maniobras de brujería. Hace mucho tiempo que carga con este peso complementario: los Kongo veían en esas acusaciones la solución "más simple y menos peligrosa". La figura del esclavo fugitivo es, además, debido a su regreso a la naturaleza salvaje y a su vagabundeo, una figura hechicera; en las Antillas, las imágenes del negro cimarrón y el "*quimboiseur*" se confunden todavía en el imaginario. (9)

El trabajo de brujería, el desorden disfrazado

En los espacios imaginarios de las sociedades de la tradición, el hechicero se sitúa a menudo en oposición a otras dos figuras: la del soberano, la del engañador. Como el primero, está separado, establecido en la diferencia absoluta y hasta en su cuerpo (además interrogado durante el procedimiento de la acusación); es asimismo poseedor de poderes —a falta de poder— que le permiten mandar las fuerzas, actuar sobre el mundo. Pero su poder es destructor, se manifiesta por el mal, la enfermedad, la infelicidad, los desórdenes y la muerte; mientras que el soberano gobierna y mantiene un orden social definido y legitimado por la tradición, que conserva convirtiendo de manera positiva todo lo que podría falsearlo o degradarlo. Como el engañador, héroe mítico o dios con una función perturbadora, cuyo ejemplo clásico es Dionisos, el hechicero puede traspasar los límites, establecer la confusión y representarla, abolir las prohibiciones y mezclar todas las distinciones. Pero el engañador introduce la libertad y el movimiento de la vida a fin de engendrar un desorden fecundo. En cambio, el brujo hace surgir una libertad negativa, la utiliza para producir el caos y la destrucción. Los tiempos de las grandes incertidumbres le son propicios: en Occidente, en el período de la Edad Media final, generadora de un mundo en transición, donde los cazadores de endemoniados reconocían el trabajo del desorden y el mal; en países trastocados por la dominación colonial y la modernización, donde las prácticas hechiceras se multiplican y donde los movimientos antihechiceros nacen de un miedo difuso.

La brujería designa al desorden oculto en toda sociedad, lo manifiesta por los efectos que produce, lo utiliza y lo desarrolla; en este sentido, ella se constituye según el orden que quiere destruir, y su forma varía entonces en función de las configuraciones culturales en el interior de las cuales se efectúa su práctica. Es diversa, como las figuras de la hechicería; éstas se reparten no obstante en dos grandes categorías: la de las personas cuyo ser mismo es hechicero, nacidas para el mal; la de las personas que tienen acceso al arte nefasto, al conocimiento del trabajo "negro", por una formación oculta. Es lo innato y lo adquirido puestos al servicio de la negación del orden. El ordenamiento de los seres y las cosas se ve amenazado por medio de la agresión dirigida contra los individuos, su entorno y su ambiente inmediato. Tan diversa como las culturas, la brujería presenta sin embargo características comunes en cuanto sistema de representaciones, saberes y prácticas.

La brujería remite a una visión del mundo (que no es la imagen invertida de la del mundo ordenado y gobernado), así como a una concepción de la persona y de las fuerzas que obran en ella. Los Ezuvok de Camerún, que pertenecen al gran conjunto cultural Fang, organizan su sistema simbólico en torno del concepto central de *évu*, definido como una potencia cualitativa no diferenciada y utilizable de manera positiva o negativa. Los hombres pueden ser o no ser poseedores de este poder. Los no-poseedores de *évu* se sitúan "al lado del orden, del día, de la luz", al lado de Zemba, el ancestro fundador, fuente de la ley clánica. Los poseedores de *évu* se encuentran fuera de ese orden; entre ellos, unos se oponen a él por el uso nefasto de su poder: son los brujos, gente de la noche, agresores y agentes antisociales; los otros, que practican un arte (una magia) benéfico, tienen una función social, contribuyen a integrar el azar, el acontecimiento, lo nuevo, al cosmos mantenido por las generaciones anteriores. Este ejemplo muy claro revela una doble división del mundo entre un orden asegurado conforme a la tradición ancestral y un orden incierto, dividido a su vez en desorden brujo y orden puesto en movimiento, que se extralimita por el efecto de lo inesperado, de la marcha hacia adelante que impone el transcurso del tiempo. Un desorden destructor coexiste con un desorden capaz de reavivar la conformidad, y los dos con un orden ideal; aquí, el del universo clásico, representado como el lugar de todas las concordancias.

La persona bruja está *en* la sociedad, condición de su acción disolvente y devastadora ejercida desde el interior, y también *separada* de ella; se le vuelve extranjera por su ser mismo que la impulsa al rechazo, a la agresión indirecta, a la manipulación de las fuerzas negativas. El brujo aparece bajo el aspecto del enemigo enmascarado, próximo y, sin embargo, difícil de identificar. Es el mal —o el Maligno según la tradición cristiana— disimulado bajo la trivialidad: ésta es siempre engañosa y deja así lugar a la sospecha. Lo que lo designa se refiere a la vez a su personalidad y a los signos asociados con él. La primera, que hace a los acusados potenciales, recibe de la sociedad y de la cultura las características que le dan forma. Se trata casi siempre de una personalidad que el exceso discrimina, que tiene una acumulación anormal de mujeres o riquezas, un éxito excepcional en las empresas realizadas, la utilización exorbitante de un poder o, a la inversa, una infracción reiterada y provocadora, participación en numerosos e interminables conflictos, o incluso no-participación por una marginación social voluntaria o padecida. Las circunstancias, entre ellas las que acaban de mencionarse, tienen en común permitir la imputación de brujería sobre la base de un traspasamiento de los límites que definen el status (la condición) de cada individuo, de un ataque a los equilibrios precarios que mantienen las relaciones sociales. La brujería nace de la desmesura, de la no-conformidad, del conflicto, del rechazo a aceptar las restricciones propias del lugar que cada uno ocupa en la sociedad; por estos motivos, se mezcla el juego social, sus reglas se vuelven más confusas y sus fracasos más evidentes. Las señales guían así la sospecha de brujería, pero hace falta más para que esta sospecha se transforme en acusación verosímil. Es esto lo que da toda su importancia a los signos, a la existencia de un espacio en el que se concentran las calamidades, los desórdenes, los infortunios, las enfermedades y las muertes, y con el cual la persona bajo sospecha se encuentra ligada. Queda por convertir la acusación verosímil en acusación posible; los procedimientos de adivinación o las pruebas reveladoras (como la del veneno) utilizados con ese fin, parecen satisfacer la exigencia de neutralidad necesaria para un proceso "justo". Pero todos los sospechosos no son iguales ante la acusación: las barreras erigidas por la institución de la desigualdad son poco franqueables; los poderosos pueden estar bajo sospecha, pero rara vez son acusados, tienen sustitutos (como el esclavo). El proceso de acusación se verifica bajo el control del poder que fija la Ley y el orden y dirige la cura del desorden insidioso, efecto brujo, que no depende de los tratamientos ordinarios.

Durante la fase oculta, la acción de la brujería es un drama con dos personajes, el brujo y su víctima; a éstos se agrega un tercero, el acusador, durante la fase pública que lleva al proceso y la represión. Toda teoría de la brujería se vincula primero con una u otra de esas figuras. La tercera suscita una teorización de espíritu más sociológico; acusa a los hechos de opinión, las situaciones y los modos de interpretación, los procedimientos y los actos del poder legal que reducen a nada a los utilizadores del poder negativo. Las otras dos figuras no son separables, el brujo y su víctima están ligados en un grado tal que puede producirse una inversión de roles o una especie de connivencia. La brujería tiene existencia sólo por la relación de las dos figuras, cada una de ellas da un acceso diferente y en parte complementario al conocimiento del fenómeno. Marcelle Boutellier, que propicia una investigación a la vez actual e histórica, localizada y extensiva, ha tratado de "delinear un retrato general del brujo"; es doble, a la vez social (el individiduo maléfico está siempre aparte, excluido de alguna manera) y sobrenatural (el personaje brujo obtiene de otra parte los medios de su poder: de los elementos, de la naturaleza salvaje, de los muertos, de las fuerzas o entidades destructoras). El discurso de la víctima permite tener acceso, de alguna manera desde el interior, a la comprensión de la crisis producida por la brujería; de ese discurso parte Jeanne Favret-Saada, y de esta constatación: "Si se habla en términos de brujería, es sin duda porque no se puede decir lo mismo de otro modo". Esta elección de última instancia, porque no hay otra posible, porque el saber ordinario no da respuestas, se efectúa cuando la desgracia y las enfermedades se acumulan, se repiten, golpean a una misma persona y no pueden explicarse. Este desorden del curso de la vida individual sólo puede ser resultado de una intención malhechora servida por medios que no dependen del orden de las cosas comunes. Los acontecimientos nefastos no son tratados separadamente; por consiguiente, la cura debe ser global; el brujo y su víctima participan en una especie de guerra secreta y total donde la muerte surge por caminos oblicuos, donde todo pega golpe (las palabras, las miradas, los contactos, los artificios maléficos), donde las fuerzas en juego son repartidas con ventaja para el agresor. Es necesario comprender que la brujería existe primero por la certidumbre que tiene el embrujado de ser una víctima, por el discurso que emplea a fin de dar un poco de sentido a su mala suerte. En el límite, no es necesario que el brujo exista, basta con que se lo dé por supuesto; lo cual hace de él una persona imaginaria, una *persona ficta*, al mismo tiempo que una persona real sobre la cual se fija la sospecha. La influencia de lo imaginario es tan fuerte que el brujo desenmascarado (o designado) termina a menudo por aceptar la imagen negativa que se le ha impuesto.

La brujería coincide con lo oculto, lo secreto, no sólo porque el brujo es una figura cuya pertenencia a la realidad es sólo parcial, cuyo trabajo devastador se cumple en la sombra, sino porque ella indica lo que escapa al saber y a los poderes sociales establecidos. Muestra lo desconocido, lo incomprensible, manifiesta fuerzas no civilizadas, revela la presencia activa de un azar ciego y de un desorden irreductible. Desde el punto de vista de la colectividad, todo se juega sobre un triple registro: el del sentido —el discurso brujo lo hace surgir más allá de los sistemas interpretativos normalmente utilizados—, se impone porque es capaz de explicar lo inexplicable; el de la culpabilidad: el discurso de la brujería abre a la sociedad tradicional la posibilidad de imputar la responsabilidad de sus fallas de funcionamiento, sus desfallecimientos, y su dominio insuficiente del acontecimiento, a actores humanos nefastos; el del orden: una vez resuelta, la crisis provocada por la brujería ha contribuido a un restablecimiento del equilibrio por la puesta en marcha de lo simbólico y lo imaginario.

Las comunidades definidas por una tradición fuerte localizan su mal designando al brujo; es uno de los procedimientos que emplean para transformar lo negativo en positivo, las fuerzas generadoras de desorden en fuerzas de cohesión social. El efecto es doble. El temor, a veces el miedo, que inspira el riesgo de ser sospechado de brujería, mantiene una autocensura que reduce las tentaciones de cometer transgresiones, corrige las conductas, rectifica a tiempo las desviaciones causantes de desorganización. La dramatización del sacrificio, en el momento de la búsqueda y el castigo del brujo, crea una intensa emoción colectiva y hace del agresor identificado un chivo emisario. Al designarlo públicamente, después al eliminar *al* promotor de la crisis —el cual es considerado un extraño según los valores, las normas, los códigos sociales admitidos, y un agente del mal—, la comunidad se reaviva, la autoridad se refuerza. La culpabilidad imputada al brujo hace inocentes a *todos* los demás, en primer lugar a los que ejercen el poder; su eliminación rehabilita provisoriamente a una sociedad que se cree purificada. El culpable es desocializado, expulsado o cosificado (cuando es reducido a la esclavitud), o incluso condenado a la eliminación física; entonces el cuerpo nefasto es puesto ritualmente aparte, librado al olvido, a veces después de haber sido degradado y reducido al estado de desecho social contaminante.

Las sociedades de la modernidad no han eliminado esos recursos, pero les han cambiado las formas. Los irreductibles, por condición o por elección y convicción, son considerados agentes nefastos o enemigos del interior, como lo eran los brujos del pasado o de otras partes. Si sobreviene una crisis grave, convertible en una especie de crisis de brujería, son públicamente designados, sacrificados para que la sociedad reencuentre una cohesión y el poder, un crédito. El racismo aporta una ideología, un simbolismo, una carga emocional a esta exclusión sacrificial. Sólo las sociedades totalitarias han hecho de ésta uno de los componentes de su modo de gobierno, el elemento motor de un sistema que impone la sumisión general y total. Su orden está sacralizado al extremo; sus fallas y sus fracasos son presentados como la obra de criminales del adentro y cómplices del afuera, la inquisición política reemplaza a la religiosa de otros tiempos. La ideología totalitaria reencuentra las metáforas por las cuales algunos teóricos de la Edad Media justificaban el absolutismo: el cuerpo disidente debe ser separado o destruido para que el cuerpo colectivo sea preservado de la contaminación. (10)

Los períodos de transición, porque son los de las grandes conmociones e incertidumbres, son los más propicios al florecimiento de las interpretaciones simplificadoras. Los hombres admiten mal que la historia les impone sus ardides, se les va de las manos y los compromete con un futuro cuyo sentido permanece oculto para ellos. Cada sociedad, según su cultura propia y el espíritu de su tiempo, puede hacer surgir una respuesta escueta que termina por otorgar un crédito, una credibilidad, y por imponerse, pues engendra las apariencias de una explicación y de un remedio; es aceptada de alguna manera por defecto. Cuando se dio un viraje en Europa con la terminación progresiva de la Edad Media, con la lenta desaparición de una concepción totalmente teológica del mundo, con la transformación de la sociedad, las mentalidades y la cultura, desórdenes y males parecen sobrevenir en todas partes. El lenguaje del poder eclesial, en su formulación más represiva, nombra el mal: "la herejía de la brujería y la magia diabólica"; designa así a sus agentes. Los tratados de los inquisidores dan una descripción catastrófica de esa época: la naturaleza es presa de las calamidades, sus beneficios se convierten en maleficios bajo la acción de las intenciones perversas; las relaciones entre las personas, basadas en la solidaridad jerarquizada de las funciones, se abren a las influencias nefastas modificándose; la gran familia guardiana de la costumbre es pervertida: la mujer ya no se mantiene en su lugar, los hombres se abandonan a la fornicación, aparece niños-monstruos, las fiestas se degradan convirtiéndose en orgías, y la muerte misma se extiende de manera desordenada, como una violencia injusta y loca. Todo contribuye a poner de manifiesto la obra nefasta; ese desorden del mundo es maléfico, diabólico. Hacen falta los brujos (las brujas, sobre todo) para que el mal sea localizado y se le impida extenderse; es necesario que esos diabólicos sean ejecutados y destruidos por el fuego para que el mal desaparezca con ellos, para que haya un sacrificio de reparación con respecto a Dios y de purificación con respecto a la colectividad. La restauración del mundo entrópico nacido del trabajo de los brujos revela una elección: la de una sociedad cerrada y estable, y no de una sociedad abierta al movimiento, a lo inesperado, capaz de responder verdaderamente al desafío del desorden. En este sentido, el ejemplo medieval tiene descendencia: otros virajes históricos, incluido el actual, han hecho en el fondo surgir a los simplificadores, dadores de sentido y de confianza por el efecto persuasivo y la dramatización, y proveedores de culpables. (11)

Notas

(1) Véase un ejemplo del sistema de las edades y los grados de la iniciación en el conjunto de estudios presentado y dirigido por Paulme, D.,: *Classes et associations d'âge en Afrique de l'Ouest*, París, Plon, 1971.

(2) Simmel, G.: "The Sociology of Secrecy and of Secret Societies", en *Amer. Journ. of Sociology*, 11 de enero de 1906. Y, más extensamente, la obra dirigida por Tiryakian, A.: *On the Margin of the Visible, Sociology, the Esoteric and the Occult*, Nueva York, John Wiley e Hijos, 1974.

(3) Véase el capítulo I, apartado titulado: "El rito trabaja para el orden".

(4) Sobre esta topología imaginaria, simbólica, mítica, la literatura es abundante; y sobre todo la de los folkloristas. Véanse, entre muchos otros títulos: Dontenville, H. : *Histoire et géographie mythiques de la France*, París, Manisonneuve, 1973; Crampon M.: *Le Culte de l'arbre et de la forêt*, París, Picard, 1936; Corvol, A.: *L'Homme aux bois, Histoire des relations de l'homme et de la forêt, XVII-XX siècle*, París, Fayard, 1987.

(5) Drulhe, M.: "L'espace imaginaire dans le conte. Analyse d'un corpus de contes merveilleux occitans", en *Ethnologie française*, IX, 4, 1979, págs. 351-364.

(6) Extraídos de una literatura africanista, ahora abundante, algunos ejemplos: Paulme, D. y Seydou, C.: "Les contes des alliés animaux dans l'Ouest africain", en *Cah. études afric.*, XII, 45, 1972, págs. 77-108; Beidelman, T.-O: "Hyena and rabbit: a kaguru representation of matrilineal relations", en Africa, XXI, 1, 1961, págs. 61-74; Görög, V. : *L'Arbre justicier. Le Thème de l'arbre dans les contes africains*, Biblioteca de la S.E.L.A.F., II, París, 1970, págs. 23-62.

(7) Para toda la sección relativa a la ambivalencia de la "figura" femenina: Balandier, G.: *Anthropo-logiques*, París (1974), Livre de Poche, 1985, "Hommes et femmes, ou la moitié dangereuse", y *Le Détour*, París, Fayard, 1985, "Le sexuel el le social"; Paulme, D.: *La Mère devorante. Essai sur la morphologie des contes africains*, París, Gallimard, 1976; Muller, J.-C.: "Mythes et structure sociale chez les Rukuba", en *Archives suisses d'anthrop. gén.* 38, 2, 1974, págs. 135-142; Ruellan, S.: *La Fille sans mains. Analyse de dix-neuf versions africaines du conte*, París, S.E.L.A.F., 1973; Cartry, M. (dir.): *Sous le masque de l'animal. Essais sur le sacrifice en Afrique noir*, París, P.U.F., 1987, contribución de Journet, O.: "Le sang des femmes et le sacrifice", págs. 241-265; y Carlier-Detienne, J.: "Les Amazones font la guerre et l'amour", en *L'Ethnographie*, CXIII, 81-82, págs. 11-34.

(8) Remitirse principalmente a: Balandier, G.: *Anthropo-logiques op. cit.*, cap. II, "Pères et fils, aînés et cadets".Y, en cuanto a estudios de casos complementarios: Douglas, M:.*The Lele of the Kasaï*, Londres, Oxford University Press, 1963; Hochegger, H.: *Le soleil ne se lèvera plus. Le conflit social dans les mythes buma*, C.E.E.B.A., Bandundu, 1975.

(9)   Sobre la esclavitud en general, una última y excelente obra: Mellassoux, C.: *Anthropologie de l'esclavage*, París, P.U.F., 1987. Sobre la esclavitud en el mundo kongo, véase Balandier, G.: *Sociologie actuelle de l'Afrique noir, París*, P.U.F., 4ª ed., 1982.

(10) Principales obras relativas a la brujería: Evans -Pritchard, E. E. : *Sorcellerie, oracles et magie chez les Azandé*, trad. fsa., París, Gallimard, 1977; Boutellier, M.: *Sorciers et jeteurs de sorts*, París, Plon, 1958; Favret-Saada, J.: Les Mots, la mort, les sorts, París, Gallimard, 1977. Y Mallard-Guimera, L. : "Ni dos, ni ventre", en *L'Homme*, XV, 2, 1975, págs. 35-65; Métais, P.: "Contribution à un étude de la sorcellerie néo-calédonnienne actuelle", en *Année sociologique*, 18, 1967 (págs. 111-120), y 19, 1968 (págs. 17-100); Terrail, J. P.: "La pratique sorcière", en *Arch de sc. soc. des religions*, 48, 1, 1979, págs. 21-42.

(11) Véase la presentación de la guía de los tribunales de inquisición (el *Marteau des Sorcières* en Balandier, G.: *Le Pouvoir sur scènes*, París, Balland, 1980, págs. 99-105.

5

El desorden se traduce en orden

El orden y el desorden son como el anverso y el reverso de una moneda: inseparables. Dos aspectos ligados con lo real, en el cual uno, según el sentido común, aparece como la figura inversa del otro. En una sociedad de la tradición que se define ella misma en función del equilibrio, la conformidad, la estabilidad relativa, que se ve como un mundo al derecho, el desorden llega a ser una dinámica negativa que engendra un mundo al revés. No se ignora, sin embargo, que la inversión del orden no es su derrumbe; puede servirle de refuerzo o ser constitutivo de él bajo una figura nueva. Esta hace entonces orden a partir del desorden, al igual que el sacrificio hace vida con la muerte, la ley con la violencia domesticada por la operación simbólica. Todas las sociedades dejan un lugar al desorden, al temerlo; a falta de la capacidad para eliminarlo —lo cual haría que terminasen por matar el movimiento en el seno mismo de la sociedad y degradarse hasta llegar al estado de una forma muerta—, es necesario de alguna manera transigir. Puesto que es irreductible, y aun más, necesario, la única salida posible es transformarlo en instrumento de trabajo con efectos positivos, utilizarlo para su propia y parcial neutralización, o convertirlo en factor de orden.

Desarticular el desorden es en primer lugar abordarlo por el juego, someterlo a la prueba de la burla y la risa, introducirlo en una ficción narrada o dramatizada que produzca ese efecto. Las palabras y lo imaginario permiten evocar las conductas generadoras de crisis que el orden social rechaza ordinariamente, sustituir la transgresión real por la transgresión ficticia, portadora del más alto riesgo en un mundo regido por la tradición, poner la astucia al servicio de una realidad imposible de hecho, pero en la cual la invocación tiene una función catártica. Lo que Pierre Clastres afirma con respecto a la risa de los indios ("hacen a nivel del mito lo que les está prohibido a nivel de lo real") tiene una gran validez. Las literaturas populares de todos los lugares lo confirman: en ellas abundan los relatos en los que se presentan aspectos similares, relacionando a menudo la transgresión semántica (libertad tomada con respecto a la disciplina del lenguaje) con las de las prohibiciones imperativas (libertad tomada con respecto a los mandamientos del orden moral, social). En los cuentos tradicionales franceses y, más ampliamente, europeos, el héroe a quien su fuerza confiere una superpotencia, y en el cual se inspira Rabelais para dar vida a Gargantúa, da una representación del exceso, de los desbordes que sobrepasan las normas. Bajo diferentes nombres, como el de Juan el Fuerte, cumple hazañas físicas que degeneran en catástrofes, provoca destrucciones y desórdenes múltiples, se atreve incluso a atacar al diablo. Lon intentos realizados para dejarlo fuera de la sociedad no tienen éxito; representa un desorden elemental, una violencia primera rebelde a toda domesticación, en la cual las relaciones sociales no se liberan jamás, pero donde los hombres se liberan ilusoriamente mediante la burla.

Este tema del exceso, de la desmesura, se encuentra en las tradiciones orales africanas. En los Wolof de Senegal, traducido en el lenguaje de la sexualidad y la escatología propicia a la risa, este tema expone menos la lucha del bien y el mal que el libre curso que da a las conductas en las cuales la sociedad real no podría soportar los riesgos. En el antiguo Burundi, un héroe legendario, que no acepta límite alguno, es el que hace nacer las contradicciones y los conflictos, el que engendra la desintegración del mundo social: Samandari. Este héroe recurre a todos los medios: bufonería, astucia, oposición, agresión y rebelión; no respeta ninguno de los mandatos más estrictos de la tradición; simboliza una anticultura, lo cual lo hace popular entre las personas ordinarias sometidas a las imposiciones de una sociedad aristocrática. Samandari sabe representar las situaciones y usar las palabras, al punto de ridiculizar y envilecer el poder de la realeza; traduce las fórmulas más convencionales o más sagradas en un lenguaje devastador y provocador de una risa de revancha. El héroe triunfa, pero instaurando una opresión nueva por su cuenta. Al finalizar el ciclo, el orden reaparece con su arbitrariedad y su respaldo desigual. La literatura oral maghrebina pone en acción un personaje de mínima audacia, Djiha, en el cual lo irrespetuoso y la agitación obran con un riesgo calculado. Es un astuto que simula ser ingenuo, un inocente que habla a tontas y a locas, pero cuyo humor hace estallar los códigos tradicionales y desmistifica la gloria de los poderosos y los ricos. Libera imaginariamente, aporta compensaciones ilusionando sobre una libertad capaz de introducir el juego en el orden establecido. De un continente a otro, de una región cultural a otra, la narración popular es vehículo de las mismas enseñanzas: realiza una transgresión imposible, porque es generadora de crisis temidas, por intermedio de personajes imaginarios; pero la salida es a menudo la de un orden mantenido, reavivado o reformado, o aceptado por motivo del absurdo que revelan al fin y al cabo los desórdenes desestructuradores de lo social. (1)

La administración del desorden no rige sólo las representaciones colectivas y las simulaciones imaginarias, sino igualmente las prácticas que no se reducen a la acción represiva. Los medios de obtener la conformidad son conocidos. Comprenden la Ley, concebida en su acepción más amplia, así como también los dispositivos correctores de la desviación. Estos son —aunque sus modos de actuar y sus efectos sean menos aparentes— los sistemas cognitivos, simbólicos y rituales que producen la adhesión del individuo y el sometimiento a verdaderos montajes que llegan a ser inconscientes. Es principalmente por ellos que se realiza una analogía con el orden social y el orden de la naturaleza, haciendo creer así que existe una naturaleza social a la cual no se la puede mandar sino obedeciéndola. Empero, conviene recordar una vez más que el imperio del orden es siempre inacabado; el paso del tiempo y el movimiento de las fuerzas sociales trazan sin fin los caminos del desorden. Este es percibido como una energía todavía salvaje que conviene expulsar realmente (poniendo su carga en un chivo emisario) e imaginariamente, que hace falta domesticar o convertir haciéndolo trabajar con fines positivos.

Antes de identificar las lógicas que actúan en estas soluciones, un ejemplo permite manifestarlas en sus diversos efectos. Los Balante de Guinea-Bissau, cuya sociedad es de tipo gerontocrático, revelan en tres circunstancias principales su manera de negociar con el desorden. Durante el período de iniciación de los hombres jóvenes, el orden social es totalmente revertido durante un breve período; los futuros iniciados disponen entonces de un poder que les permite no perdonar a nada ni a nadie, dar libre curso a las conductas agresivas, escandalosas, obscenas, exaltar la fuerza de la juventud, exigir regalos y afirmar una breve inmunidad; esta subversión afecta a toda la colectividad, principalmente al suspender las prohibiciones que socializan la sexualidad; el incesto, la violación, el adulterio, ya no son, en esta circunstancia, obstáculos opuestos a las pulsiones. De este desorden general debe salir una generación nueva sometida a un orden reavivado cuya guardiana comienza a ser. Junto a la iniciación masculina, la fiesta: cada año, a escala nacional, una dramatización festiva reúne a todos los actores sociales y los hace participar en una oposición simbólica del orden y los poderes. Es una gran representación de la burla, en la medida en que los menores imitan a los mayores mostrándolos ridículos y libidinosos y poseyendo a todas las mujeres de los parientes, en la medida en que los mayores, rebajados, se comportan de manera servil, tienen objetivos incoherentes, se entregan a la obscenidad y simulan tener miedo como si fuesen mujeres. Pero, durante el mismo tiempo, los actores que pertenecen a los estratos de edad intermedios manifiestan sus pretensiones en materia de poder y autoridad interna. Recuerdan los fundamentos del orden, realizan un contrapunto que acompaña al desorden burlesco que resulta de la inversión de los roles. Manifiestan de éste la falsedad. Por último, la brujería es la representación del desorden por excelencia, el factor de las enfermedades, las calamidades, los problemas en los cuales la cólera de los ancestros o la venganza de los espíritus no está en discusión. La brujería es vista como un combate despiadado e invisible, en el que participan fuerzas, instrumentos humanos y víctimas en potencia. El brujo, a menudo nefasto sin saberlo, pero sospechoso, padece la prueba del veneno; si da negativo, lo proclama inocente y lo restituye al universo de las normas; si da positivo, lo mata y su cuerpo es destruido por el fuego o, si no lo mata, lo condena a estar socialmente anulado por el destierro. El mal se hace desaparecer simbólicamente, el miedo a ser acusado mantiene la conformidad, los fracasos de la gestión y la incompetencia del poder son efectos de la brujería y pierden su carácter político. Tres modos de administración del desorden: los dos primeros obedecen a una periodicidad; el último, excepcional, sólo interviene en el momento de las crisis graves. Uno provoca su irrupción para obligarlo a fecundar el orden; el otro lo desacredita y lo transforma en valedor del orden; el tercero, por último, lo convierte, por la acción del sacrificio, en generador de refuerzo. En los tres casos, funciona una misma lógica: la de la inversión y la conversión de los contrarios. (2)

El mundo al revés

El tema de la inversión se presenta bajo una doble forma, erudita y popular. Aparece en un largo período de la historia del pensamiento europeo; tiene un lugar entre los temas aristotélicos, figura en los tratados de retórica de la Edad Media y, más tarde, en las enseñanzas de la argumentación; se encuentra en la ciencia, donde designa las propiedades, los procesos, las transformaciones de relaciones y estructuras. Los pensamientos exteriores recurren a él lo mismo, pues este tema y las categorías que rige, tienen, con algunas variaciones, un carácter universal. Intervienen principalmente en la definición de las posiciones sociales y lòs roles, en un ordenamiento que lo divide en superiores e inferiores, valorizados y desvalorizados, positivos y negativos. En el sistema de las tradiciones colectivas legitimadas por la tradición, el menor, el dominado, el sujeto, ocupan la posición inversa de la que tienen el dominante y el amo. En especial, la división desigual instaurada según el criterio del sexo a menudo es justificada recurriendo a la inversión. En algunas culturas, el recurso a ese procedimiento permite designar todo lo que es malo, todo lo que contribuye a debilitar, modificar o destruir los soportes del orden. Igualmente, recurre a la inversión el simbolismo de los movimientos mesiánicos y apocalípticos para expresar la ruptura, el derrumbe. EL mundo presente está al revés, gobernado por la injusticia y el mal, preñado de catástrofes futuras, debe hacérselo desaparecer para que le suceda un mundo nuevo, al derecho.

Estas figuras, por las cuales lo sagrado se vuelve evidentemente subversivo, se encuentran próximas a las expresiones populares de la inversión: aquellas de las que hacen un gran empleo las literaturas orales, las artes, los divertimientos de desbordes colectivos, las prácticas ritualizadas que provocan un cambio total de los roles. En los cuentos de mentiras, presentes en numerosas tradiciones, se emplean tres procedimientos principales: la mezcla de categorías, la asociación de los contrarios, la inversión de los términos de una relación. De ello resulta la evocación de un mundo al revés, de un universo del cual se ha adueñado el desorden. Los elementos se encuentran confundidos en él (el mar y la tierra, el mar y el cielo, la tierra y el cielo), las cosas y los seres animados están desterrados y colocados en situaciones imposibles, la naturaleza no produce lo que normalmente se espera de ella, los animales tienen los empleos de los hombres, como sucede en las fábulas, y éstos se comportan de una manera aberrante o excesiva. El lenguaje mismo se desordena a veces al punto de ser reducido a un galimatías. Estas ficciones, donde todo lo que ordena lo real se encuentra dado vuelta, mezclado, invertido, preparan el descubrimiento de países imaginarios (como el de Cocaña), prefiguran los viajes fantásticos y las exploraciones realizadas en el país de las mentiras, con los cuales se asocian espontáneamente los nombres de Rabelais y Swift. Al desencanto que nace de la rudeza de ciertas realidades se opone el encantamiento de los embustes; pero el efecto no es sólo el de lo maravilloso: la mentira encubre una crítica, muestra el desorden oculto bajo el orden aparente de las cosas, haciendo entender que la sustitución de un mundo por otro depende más de lo imaginario que de las acciones humanas de subversión. Al parecer, lo único que queda a disposición de los hombres reales es la mentira social y el ardid. El ciclo africano de los cuentos del niño terrible hace aparecer un héroe absurdo, ajeno a toda norma social, transgresor, autor de actos abominables y gratuitos, regido por la lógica de un mundo al revés. Este corpus narrativo, más complejo que el precedente, impone dos lecturas, exotérica y esotérica, sociológica y simbólica. Los Dogon conocen además una doble versión del relato: una se hace eco del conjunto de su mitología y se presenta como un camino iniciático; la otra relata una aventura humana provocadora de maleficios, de destrucciones cuya finalización, el fin último, es la "restauración del orden de las cosas". Geneviève Calame-Griaule, cuando analiza ese conjunto de relatos, revela el movimiento resultante de las relaciones establecidas entre estos dos aspectos. El niño terrible, bajo su forma más popular, es un personaje antisocial; invierte, da vuelta los valores, las normas, los códigos reconocidos "por el grupo como necesarios para su equilibrio y su supervivencia"; se mide incluso con el poder, lo vence para desdeñarlo mejor. Sin embargo, todas sus acciones están marcadas por la contradicción, hasta el punto de ponerlo en peligro de muerte cuando las realiza. Todos sus actos ponen su vida en juego, lo cual impone otra lectura: si él encarna el tipo de héroe desmesurado y destructor del orden social, el carácter deliberado de sus actos arriesgados sugiere "que su comportamiento debe ser decodificado a la luz de otro conocimiento, precisamente del cual está investido: el conocimiento iniciático". O, con mayor precisión, "la naturaleza misma y la fuerza terrible de los actos desviadores" del héroe hacen de él "el iniciado supremo que puede permitirse todo porque conoce el rostro oculto de las cosas" y que "a ese nivel, todo se invierte". Cuando el relato acentúa este aspecto, el desorden positivo y fecundo se manifiesta en el interior del orden, y este descubrimiento introduce al grado superior del conocimiento. El saber último da acceso a la revelación del desorden y a la capacidad de gobernarlo, dicho de otro modo, al verdadero poder. Cuando, más raramente, la narración quita importancia a este aspecto, el personaje es sin embargo dotado de poderes excepcionales, excesivos e incomprensibles, con efectos negativos y·positivos; el desorden se muestra en la ambivalencia que es la suya según la consideración ordinaria de los hombres. Fascina e inquieta a la vez. Los Bambara de Malí obtienen la lección, tal vez, al afirmar: "Si sólo hubiese sabios, no pasaría nada". (3)

En Europa, la imaginería popular concede un lugar significativo a la representación de los mundos al revés hasta el comienzo del siglo XIX. Esta iconografía contiene un número restringido de temas y emplea algunos de los procedimientos que acaban de examinarse. El motivo más frecuente representa situaciones en las cuales las relaciones entre los hombres y los animales se invierten; estos últimos "triunfan sobre sus amos". Varias series están constituidas por láminas en las que se ve la permutación de los roles sociales entre los hombres y las mujeres, los niños y los adultos, los superiores y los inferiores; pero, en este último caso, con una reserva voluntaria que revela la preocupación de no atentar contra una autoridad sólidamente establecida. Por último, un conjunto de series hacen aparecer un cosmos dado vuelta, una naturaleza donde las cosas y los seres vivos están desterrados y mantienen entre ellos relaciones absurdas. Los imagineros, inventores de esos universos trastornados, buscan en primer lugar el efecto de la diversión, representando lo que se produciría si el orden del mundo y de los hombres no fuese lo que es: a saber, la irrupción del sinsentido o de lo insensato. Con estrechos límites que rodean el campo de lo imaginario y mantienen a los autores muy por debajo de sus posibilidades: el orden social real impone sus restricciones a la invención de los desórdenes. Jacques Cochin, en el estudio de un corpus de tablas antiguas dedicadas a las imágenes de la inversión, lo comprueba: las representaciones son "sometidas a ciertas transformaciones que tienen por efecto eliminar las implicaciones problemáticas o subversivas que pudiesen contener"; más aun el modo de transcripción relaciona "el conjunto de la vida social... con las relaciones 'naturales'". La naturaleza social no es más "susceptible de subversión" que la otra, la iconografía de los mundos al revés llega al resultado paradójico de hacer descubrir irregularidades y un "universo inmovilizado". En cierta manera, el absurdo hace desaparecer el desorden, porque lo recluye en el interior de los territorios de fantasmas, las fantasías, los sueños, allí donde lo imposible puede hacer caso omiso de la imposibilidad de decirse y representarse. A partir del momento en que la gran transformación de las sociedades mezcla los criterios de lo imposible, es notable además cómo la representación de los mundos al revés cede progresivamente el lugar a otras figuraciones. (4)

Con la fiesta, la inversión del orden de las cosas se efectúa en la efervescencia colectiva. Es el desbarajuste gracias al cual aparece, como en un paréntesis en medio de la cotidianeidad, un mundo completamente diferente. En la Edad Media europea, al ser la iglesia el lugar privilegiado donde todo se valida y se expresa, es allí donde se localiza la dramatización festiva. La fiesta de los locos, celebrada en las ciudades con catedral, que culmina en la elección de un obispo, papa o rey de los locos, subvierte totalmente el universo de lo sagrado. En esa circunstancia, todo se invierte. El alto clero es despojado de sus funciones a beneficio del clero de pacotilla que ocupa la sillería del coro de la catedral. El oficio se desarrolla de manera burlesca, es intercalado con episodios sacrílegos u orgiásticos; las máscaras con caras grotescas, disfrazadas de mujeres, bufones o animales, cantan, danzan y se entregan a pantomimas obscenas en el coro; no se perdona nada: el altar se convierte en una mesa donde se apilan "abundantes alimentos", el humo de residuos reemplaza al del incienso, la gente corre y salta por todos lados. El lugar santo parece abandonado a la agresión de la fiesta popular, a una locura que da libre curso a la transgresión, a la obscenidad, a la orgía: a los excesos extremos por los cuales todos los signos se invierten. Pero esta inversión, aunque no excluye la violencia, no degenera en subversión. Se realiza en el interior del sistema simbólico y ritual que define el orden social medieval, dándolo vuelta; hace del mundo al revés un mundo loco, manifestando la necesidad de otorgar un espacio y un tiempo de juego al desorden. La autoridad eclesial tiene además un juicio ambiguo: por una parte, sus informes condenan esas "abominaciones y acciones vergonzosas"; por la otra, algunos de los doctores admiten que el vino de la sabiduría no puede trabajar sin descanso en el servicio divino y que es necesario concederle por lo menos una explosión liberadora.

Otro desborde, la fiesta del asno, establece aun más claramente la exageración y la burla en el interior del marco eclesial. Su origen es la conmemoración de la huida de María a Egipto; luego, por un deslizamiento simbólico, el asno llega a ocupar la posición central y se encuentra asociado con Cristo mismo. Se lo conduce en procesión solemne, escoltado por los canónigos y los fieles vestidos con trajes de fiesta, hasta el seno de la iglesia donde se convierte en el personaje principal del oficio. Todas las secuencias de la misa concluyen con los rebuznos de los miembros de las congregaciones y la asistencia; los cantos celebran al asno en latín y en francés; el sacerdote reemplaza el *Ite missa est* por tres rebuznos y la asistencia da gracias a Dios de la misma manera. Cuanto más se exagera el oficio paródico, mayor es el entusiasmo popular. El desorden se inscribe en el orden litúrgico, el mundo al revés aparece por la sustitución de la figura divina por la animal; lo cual ha incitado a Nietzsche a considerar que la fiesta del asno es un oficio escandaloso y blasfematorio, mientras que la transgresión ceremonial puede ser otra forma (extrema y turbulenta) de la relación con lo sagrado y la Ley. La inversión y la efervescencia colectiva están codificadas, ritualizadas, y a la vez son festivas; se sitúan en el calendario litúrgico y se someten a una periodicidad; liberan en la exageración del juego, no socavan las instituciones. Es significativo además que, a partir del siglo XVI, cuando se producen múltiples cambios en Occidente hasta en los sistemas de poder, tiene lugar un desplazamiento de lo religioso a lo político: las fiestas del príncipe ilustran el poder, y las "locuras" se convierten también en asunto de la corte.

En el Carnaval se encuentran varios de los componentes que acaban de presentarse, pero asociados con otros, que varían según las provincias y las regiones. El tiempo carnavalesco es aquel durante el cual una colectividad entera se muestra en una especie de exhibición lúdica, se libera por la imitación y los juegos de roles, se abre a las críticas y a los ataques por medio de excesos tolerables, se entrega paródicamente a las turbulencias a fin de alimentar su orden. Todo se dice bajo el disfraz, todo se valida por la unión de los contrarios, lo sagrado y el bufón. La inversión sigue siendo el principal operador, permite quebrar las obligaciones temporales, metamorfosear la escasez en abundancia, el consumo en consumación, romper las censuras y las conveniencias al invertir las jerarquías a favor de la máscara, hacer lugar a la oposición disolviéndola en el entretenimiento colectivo y la burla. Pero, en el Carnaval antiguo, el orden no es rechazado; rige la fase de las manifestaciones durante la cual se muestra, principalmente en el momento del desfile por el cual la sociedad urbana se expone espectacularmente. En *La République*, Jean Bodin evoca, al final del siglo XVI, esta sociología de las ciudades expuestas a la mirada de los curiosos, el tiempo de una procesión. Un orden a la vez verdadero y paródico: los "reinados" o reinos se forman bajo la autoridad de un "rey" que dispone de oficiales, una guardia, un entorno; estas imitaciones de la realeza expresan los componentes sociales de la aldea —el orden de los órdenes y de los cuerpos constituidos— y contribuyen a reglamentar la participación en los cortejos, los ritos, las fiestas y banquetes del período carnavalesco. Los participantes se apropian del orden por mimetismo, representan el desorden para conjurarlo, se enfrentan en el juego; pero sucede que la fiesta degenera, que la inversión se desnaturaliza y acarrea una confrontación del orden y el desorden verdaderos, una sublevación seguida de una represión. El Carnaval recurre al simbolismo y al rito del chivo emisario con el maniquí carnavalesco; pero éste es una falsificación (una traducción burlona) del *pharmakos* de la antigua Grecia, que lleva y evacua la carga de las enfermedades que la Ciudad no puede reducir y menos aun eliminar. El maniquí está condenado con motivo de un proceso paródico, es acusado de una manera extravagante, no es un verdadero culpable, puede empero servir para designar, por el juego de la alusión o el parecido, los poderes o los enemigos considerados responsables de las injusticias y las miserias. El orden simulado —la parodia del procedimiento y el rito judiciales— se transforma entonces en una crítica indirecta del orden verdadero.

El Carnaval brasileño, aparecido en el siglo pasado en las formas que le conocemos, es el que mejor revela en qué medida esta efervescencia nace de un orden, se inscribe en una configuración simbólica en la que expresa, junto con otras grandes manifestaciones nacionales, el ordenamiento general de la sociedad. Debe considerárselo en su relación con la Semana Santa —por su intensidad dramática, sus imposiciones rituales que culminan en la alegría de la Resurrección, en la puesta en movimiento espiritual que ésta provoca en un pueblo con una religión viva— y en su relación con la Semana de la Patria durante la cual la unidad, la cohesión, la fuerza colectiva son exaltadas por el ceremonial y las demostraciones militares. En los dos casos, el orden se proclama según su doble referencia, divina e histórica. En el caso del Carnaval, se proclama de alguna manera al revés, haciendo de la inversión un juego que contribuye a afirmarlo.

El antropólogo Roberto Da Matta comprueba que el Carnaval, también él, "habla" de una misma estructura social. Pero lo hace transformándola por la inversión, transfigurándola por lo imaginario. La fiesta carnavalesca reemplaza el día por la noche, el recinto privado por la calle abierta a las miradas y propicia al azar, la mediocre condición real por el rol desempeñado por identificación con personajes prestigiosos, la indigencia cotidiana por el lujo artificial. Conmociona los ordenamientos sociales a merced de los encuentros y la conjunción insólita de los personajes imitados; crea una comunidad lúdica efímera donde todo se hace posible, donde las jerarquías y las convenciones de la vida ordinaria se disuelven; ofrece uno de los componentes de la cultura brasileña, el que une lo imaginario alimentado del pasado con la música, la danza y las ritualizaciones. El Carnaval brasileño, en su comienzo, hablaba de un orden establecido en el tiempo de la dominación y de las grandes plantaciones; lo borraba durante un breve lapso por el juego y la farsa, la improvisación desenfrenada, el exceso llevado hasta la licencia. Hizo del cuerpo y la sexualidad, entonces liberados de las presiones, los instrumentos de una efímera liberación, pero todos los participantes han sabido siempre que esas rupturas y trastocamientos debían ser seguidos, una vez terminada la fiesta, por el retorno a las normas, a los códigos, a un orden que había sido trastornado pero no quebrado. (5)

El Carnaval se define por una cultura (llamada popular) y una historia; es su resultado y contribuye a producirlas, como en la Europa de los siglos XIV y XV donde interviene en la formación del medio cultural urbano. Por consiguiente, es posible referirlo a una historia, a los acontecimientos y a un movimiento de amplia duración, captar en él continuidades (relación con el calendario de las estaciones y la liturgia, importancia que cobra la juventud en ese juego desenfrenado, desafío y sublevación enmascarada de los desfavorecidos, etcétera) y discontinuidades, hasta aquellas que reducen la manifestación al estado de mercancía lúdica. Empero, la explicación del Carnaval no es en primer lugar de carácter histórico. Tan pronto el acento recae sobre su función social: libera las tensiones, relaciona los procesos de oposición y de integración, expresa lo social y se presenta como una especie de lenguaje. Tan pronto el acento es de carácter psicológico o psicoanalítico: el Carnaval libera las pulsiones que la sociedad controla fuertemente en los tiempos ordinarios, de lo cual deriva el lugar que en él ocupa el cuerpo, el sexo, y a menudo la violencia; tiene un efecto catártico; establece una relación diferente con el otro y brinda también la posibilidad de jugar con un otro —el personaje encarnado *persona*— introducido en el interior de sí. En su célebre estudio de Dionisos, Henri Jeanmaire ha abierto otra vía al comprobar: "Simbolización de un sueño de desorden siempre recomenzado, el Carnaval expresa [un] deseo profundo de libertad". Sueño siempre recomenzado porque cada sociedad, según su modalidad, define los límites que ella impone a lo que no es la conformidad, al espacio que concede a la libertad modificadora y al cambio, y porque ella no termina jamás de fijar límites, de reavivar las prohibiciones, de producir códigos. El debate orden/desorden es constante en toda sociedad; es inseparable de su existencia misma, como de la de todo ser: lugar de fuerzas, de procesos, de cambios continuamente en marcha. El orden social se alimenta sin cesar de la energía nueva que el desorden aporta, aunque fuese con los fracasos cuando el equilibrio no queda restablecido o no se establece en configuraciones diferentes. Los dispositivos que realizan la domesticación de esta energía, y cuya finalidad es, no la dominan en todas las circunstancias. La máquina carnavalesca es uno de ellos; le sucede producir lo contrario del efecto normalmente dado por descontado: el efímero Carnaval de los granujas, en Estrasburgo, celebrado desde 1972 hasta 1978, año de su supresión, entregó la ciudad del vandalismo, y principalmente su centro —burgués y de cultura elitista—a los asaltos populares de los sublevados venidos de los suburbios. (6)

La práctica de la cencerrada muestra claramente —y también más sintéticamente— la manipulación del desorden a beneficio del orden y su moral. Lo capta y lo utiliza bajo la forma menos "trabajada": la violencia elemental dirigida contra las personas, la hostilidad poco ritualizada, el trastorno agresivo unido al jaleo, a lo que es calificado de *rough music* en la cencerrada inglesa; esa práctica no contiene sino una pequeña carga simbólica y representa poco sentido, limitándose a menudo a alimentar el miedo a la violencia social (en estado casi bruto) y a manifestar la reprobación colectiva en contra de personas excluidas por no respeto de las normas o de los prejuicios. La cencerrada interviene en el recinto de la vida privada, rompe su cerco, principalmente cuando ataca a parejas recién casadas o casadas por segunda vez, o a una sexualidad que transgrede los comportamientos permitidos. "Combate el desorden social con un acto de desorden social", a veces al punto de sobrepasar su propio exceso y acarrear procesos penales. Esta confrontación dramatizada tiene evidentemente como fondo un orden y las técnicas que contribuyen a su mantenimiento; en este sentido, es un "envite entre clases sociales". Durante los períodos revolucionarios, el desorden ritualizado y conservador se invierte, causa estragos en las convenciones y las jerarquías del antiguo régimen todavía presentes y se convierte en un instrumento de revancha social. La sacralización por el desorden funciona para reforzar un orden y una moral en vías de desapareceer; en 1973 la fiesta del "Triunfo del Pobre" fue instituida en el departamento de Aveyron con el objetivo de humillar al rico (obligado a financiarla) y de magnificar a los pobres: las perturbaciones y las novatadas rebajan y ridiculizan a los "grandes", pues "es tiempo de que la pobreza sea vengada". (7)

En las sociedades exteriores, antropologizadas, el procedimiento de la inversión se traduce a menudo por un trastocamiento de los roles sociales, a veces por su alteración, efectuada de manera ritual o festiva. La inversión de las relaciones entre *seniors* y *juniors* ha sido descrita con respecto a los Balante de Guinea; se encuentra en numerosas sociedades de la tradición, por ejemplo, en los Iqar'iyen marroquíes: cuando se realizan los matrimonios, los solteros se burlan de sus mayores, desprecian los valores fundantes del grupo y transgreden las prohibiciones más categóricas; una violación metafórica del orden da toda su fuerza a la confirmación real de ese orden por la unión solemne de un hombre y una mujer, por la socialización de su sexualidad y su capacidad reproductiva. La inversión más notable es la de los roles femeninos y masculinos; se caracteriza por ridiculizar o borrar la sociedad masculina mientras dura su realización. Las mujeres ocupan el escenario social, todas se conducen a contrapelo de las reglas que rigen su comportamiento ordinario, algunas de ellas desempeñan los roles de los hombres adueñándose de los signos y los símbolos de la masculinidad, de la virilidad. En estas circunstancias, las mujeres muestran a la vez su aspecto positivo —nadie ignora que ellas tienen la carga de la reproducción y de la producción de alimentos— y su aspecto negativo— quiebran los usos prescritos e invierten mediante la dramatización un orden que las hace inferiores y subordinadas, ritualmente peligrosas, asociadas con la impureza, el mal y a menudo la brujería. Los Mandenka de Senegal presentan la singularidad de acentuar esta función de la inversión y de ligarla con un principio de incertidumbre sexual que impone su marca a su sociedad y su cultura, no obstante con predominio viril. La mujer puede entrar en un rol masculino con componente sexual; la hermana del esposo se comporta como hombre con la mujer con quien él acaba de casarse, la trata como si fuese su propia esposa y hace de ella la compañera de su juego amoroso. Las mujeres se invierten cuando sus hijos son circuncidados, el octavo día del período iniciático; ellas se identifican con los muchachos, y mediante ellos, con los hombres, mientras que son estrictamente excluidas de este procedimiento de masculinización y de los lugares donde éste se realiza. Sobre todo las mujeres invierten la relación de subordinación con motivo de dos manifestaciones festivas en las que ellas tienen la iniciativa. Al comienzo de la estación de las lluvias, cuando son honradas las divinidades de la tierra y la fecundidad, las mujeres se niegan a toda obediencia y agreden verbalmente a los hombres; el trastocamiento de las conductas es la modalidad a la que ellas recurren para afirmar su supremacía para reproducir (ser fecundas) y producir (fertilizar la naturaleza con su trabajo). En diciembre, durante la fiesta de las ñames salvajes, practican una danza de provocación de los hombres, eligen libremente a sus compañeros, se entregan a una orgía de palabras y gestos y repiten en coro cantos obscenos que exaltan los "abultados senos" en detrimento de las "enormes vergas". Lo femenino prevalece sobre lo masculino, mientras que todo poder efectivo debe primero imponerse a las mujeres, basarse en su sumisión. Estas, por la inversión y el desorden ceremoniales, salen del confinamiento de los espacios privados, dan una visibilidad a su presencia social, igualan o suplantan a los hombres y, por último, confirman su contribución al orden mandenka. Ellas sobrepasan los límites para mostrar mejor su lugar y su rol en el interior de éstos. (8)

Los que sobrepasan los límites

Un recorrido por el Egipto y la Grecia antiguos nos lleva al encuentro de lejanas figuras del desorden, de sus efectos devastadores y de los actos que, a la inversa, lo vuelven fecundo. La mitología egipcia se basa en un sistema dualista simbolizado por la pareja Osiris/Horos-Seth, acoplamiento de oposiciones necesariamente solidarias. Seth se sitúa en los confines (en las orillas y en el exterior) donde representa al "enemigo", es "el espíritu del desorden", y bajo la forma de Seth-Typhon, el "dios de la confusión". He ahí una primera definición: la de un ser al margen, en relación de agresión desorganizadora, en relación de mezcla con todo lo que diferencia, clasifica y ordena. Seth depende de la incertidumbre y lo extraordinario: de nacimiento semidivino, su condición de dios lo hace a la vez extraño, periférico, al mismo tiempo que típicamente egipcio. Todas sus acciones lo constituyen en transgresor: roba, mata, se entrega a la homosexualidad y a las prácticas sexuales sin moderación. Aparece como un ser divino inacabado, incompleto, exterior o poco integrado al orden general del Cosmos. Por su naturaleza misma se sitúa en correspondencia con la sequía, la infecundidad, la decadencia; se opone así a Osiris, que simboliza por el contrario la humedad, la fecundidad, la vida. Un dios "seco" y mortificador se encuentra asociado con su contrario, un dios fecundo y civilizador, como lo son en Egipto el desierto y la tierra que las aguas fertilizan. Seth, violador y devastador, se presenta de manera más secreta bajo otro aspecto, el de creador: posee ciertos rasgos de demiurgo, tiene por una parte un carácter "cósmico-titánico", contribuye al "rechazo del caos". La narración mítica llega a ser, según sus propias convenciones, por relato y gestos, una presentación del desorden y del orden que puede nacer de él. Seth da al desorden una figura casi extranjera: su acción se cumple en la periferia y no en el centro, lugar del orden; hace de él una figura desestabilizadora, a causa de la confusión introducida en las distinciones, los ordenamientos, la organización de los seres y las cosas y de la transgresión de los códigos; pero muestra, a la vez, lo esencial al ser un personaje que encarna el movimiento y escapa a los cuadros estables del Cosmos, así como también al orden social. Lo que destruye es *también* lo que construye; Seth, porque sufre de incompletud, completa a su manera la Creación, procura su realización buscando la suya propia; revela un desorden generador de nuevas formas de orden. Al mostrar esta lucha del pensamiento y la acción contra la cerrazón de los sistemas sobre ellos mismos, nos manifiesta un adelanto muy antiguo de la filosofía mítica. (9)

En el mundo griego, aquélla acompaña a la filosofía doctrinal. El concepto de la *ubris*, que opone la desmesura insensata al orden regido por la razón, se vincula con Dionisos, sus avatares y sus acciones y, de manera más general, con los "misterios". Esta figura divina es móvil, difícilmente asible, y enmascara los múltiples rostros que se ocultan uno al otro. La incertidumbre y el no-lugar caracterizan en principio a este dios: ha nacido de una madre mortal, tiene un doble nacimiento, humano y divino, se pliega al juego del extranjero (a ser el "dios que viene"), no tiene un dominio de límites precisos, ni emplazamiento fijo, y sus fieles lo honran allí donde su grupo se detiene, elige el vagabundeo; pero sin embargo es un dios del interior, tiene su lugar junto a los titulares de los templos y en las fiestas antiguas de la Ciudad, sobre todo en las de las fratrías, la del vino nuevo y los muertos. De su potencia, de su *dynamis*, obtiene la capacidad de multiplicar sus formas y cruzar las fronteras, como la que separa el mundo de los vivos del mundo de los muertos. Hace desaparecer los cortes y mezcla los ordenamientos, extiende puentes y hace comunicar lo que el orden debe necesariamente separar para mantenerse.

Dionisos destruye las barreras levantadas entre lo divino, lo salvaje y lo social. Sus fieles tratan de escapar a la condición humana por una verdadera regresión, una huida a la bestialidad; se vuelven salvajes, se comportan como grandes carniceros; practican el vagabundaje en el espacio no domesticado y se alimentan con carnes crudas. Su dios ama comer lo crudo, frenéticamente, dando a esta violencia —que contradice el sacrificio civilizador— un cariz dramático: es el final de una cacería loca que culmina en el despedazamiento de la bestia a mano limpia y el engullimiento de la carne todavía caliente. El orden de los hombres, de la Ciudad, es transgredido, subvertido por esa devoración; pero la extrema salvajada que Dionisos acarrea con él "lleva a la vez a borrar toda distancia entre lo divino y lo humano". "La edad de oro roza sin cesar el estado bestial, y Dionisos pasa sin transición de un mundo paradisíaco a las locuras de la caza salvaje". (10) Si se niega un orden, el actual, es a beneficio de aquél, mítico, que regía en el comienzo, donde nada separaba ni limitaba, y de donde estaba excluida toda escasez.

Después de la violencia ritual, la sexualidad, amenazante cuando nada la refrena y dispone de una libertad devoradora. Dionisos es el "hombre-mujer", según la calificación de Esquilo. En él los dos sexos no pueden separarse y todas sus manifiestaciones acusan el elemento femenino; su compañía además es la de las mujeres arrancadas de su universo doméstico. Tiene vocación por el incesto, confiriéndole a la unión por mezcla de generaciones, ritualmente celebrada en los cultos de los misterios, un efecto benéfico. Es "el amante de la reina", en Atenas, en el momento culminante de la fiesta de las flores y, por este acto, es a la Ciudad, en la persona de todas las mujeres, a quien desposa. El dios temible impone una vez al año a esta ciudad, donde todas las normas son masculinas, una unión que la vuelve mujer; durante tres días, él es el amo; "es más fuerte que el orden olímpico y obtiene esta victoria al frente de un ejército infernal que ataca desde abajo". (11) La transgresión sexual ritualizada, reiterando la unión siempre nefasta de los dioses y los mortales, representa el más grave de todos los peligros: el que atenta contra la colectividad en sus cimientos domésticos, fisurándolos y abriendo paso a las potencias destructoras. Dionisos es asociado con el falo, con un poder de engendramiento que le permite renacer eternamente de sí mismo. Con ocasión de sus fiestas, se realizan faloforías, como en Delos, donde debe transportarse un falo gigantesco hecho de madera; mucho más que un símbolo masculino, es éste la afirmación de un querer vivir capaz de terminar con todos los obstáculos y triunfar contra la muerte; lo cual Nietzsche consideraba que era la realidad fundamental del instinto helénico. Este impulso vital se revela como generador de una mezcla en las organizaciones sociales y de rupturas, como creador de vínculos o comunicaciones prohibidas, propagador de movimiento y de un desorden que lleva en sí la fecundidad absoluta.

Dionisos hace recorrer el camino al revés: las mujeres que él arrastra rompen el matrimonio, ese paso que las ha llevado "del estado salvaje a la civilización". Abandonan el espacio civilizado, el hogar, y se incorporan a los "lugares salvajes" para entregarse allí a la libre mescolanza, renuncian a la tutela de Hera, la diosa matrimonial, rechazan su condición de esposas. Estas bacantes tienen una muy mala reputación, son asemejadas a las cortesanas que "quieren satisfacer en el desierto el buen placer de los machos"; se las considera como libertinas que esconden su desenfreno bajo las máscara de "fingidos misterios", celebraciones donde la orgía ("en la montaña") y la posesión mística se confunden. Dionisos es el amo todopoderoso de los espíritus, él se adueña de los fieles y les impone la *manía*, esa demencia a la cual ninguna fuerza podría resistir; por él, una religión de polarización orgiástica se enfrenta con las religiones fundadoras del orden. El ritual dionisíaco se basa en la creencia de que todas las manifestaciones de la vida se reducen a un principio cuyo dios es la personificación; cuando éste surge en cada uno de los adeptos, en el momento del trance, se produce una verdadera apropiación del surgimiento vital, de esta exuberancia esencial. El movimiento de la vida es acaparado en su fuente, antes de toda domesticación, de toda sumisión a un orden. La interpretación de espíritu psicoanalítico hace del culto dionisíaco un medio para reducir la frontera entre el sí mismo y el otro, para vencer la alteridad, para llegar a una comunión en la participación colectiva con la corriente vital. Aquellos a quienes el dios llena con su presencia constituyen además un grupo infernal, el *thiase*, en el que se mezclan mujeres y hombres, esclavos y ciudadanos: una comunidad sin límites y sin cortes exclusivos. En la misma perspectiva, el dionisismo aparece como ofreciendo a los fieles la posibilidad de "vivir plenamente la ambivalencia del deseo", de vaciar a la muerte de su sentido temible, de levantar la pantalla de la locura provocada y ritual frente a la amenaza de la locura experimentada.

Siguiendo a Dionisos se posible realizar el inventario de las transgresiones a las cuales el pensamiento griego ha abierto el mundo que organizaba, trazar el mapa de los lugares de desorden en los cuales debía dar paso en el seno de un cosmos ordenado según su razón. El dios excesivo, móvil y amo de todos los deslumbramientos, generador también de todas las inquietudes, mezcla las formas por las cuales se define el orden social, trastoca los valores fundantes, nutre la exigencia de superación individual y de salvación tanto como la protesta de donde nacen las fuerzas de ruptura y subversión de la Ciudad. Por estos motivos, y porque parece contradecir la racionalidad que rige el mundo griego, Dionisos aparece como el extranjero, "el otro instalado en la *polis*". En ésta, él tiene y no tiene su lugar. Eurípides ha dado un ejemplo de esta contradicción en *Las Bacantes*: el regreso de Dionisos a Tebas engendra allí el desorden y la lleva a un estallido; pero el dios muestra al mismo tiempo que una ciudad completamente gobernable, mantenida totalmente en orden, en realidad ya está muerta. Es necesario que el movimiento, portador de vida y de renovación, pero también de cuestionamiento y pruebas incesantes, encuentre su camino. El orden y el movimiento deben estar juntos, los equilibrios y los procesos lejos del equilibrio deben coexistir, como la razón y lo que la contradice hasta la apariencia de la locura. Se ha dicho de Dionisos que une dos sistemas de representaciones del mundo, dos lógicas (comenzando por la masculina y la femenina), dos aspectos inseparables: el orden de la racionalidad y el desorden que la desborda y la reaviva. Se ha dicho que Dionisos "es el lugar de todas las contradicciones principales que la razón humana es impotente para asumir; porque provoca la irrupción de lo irracional y de lo sagrado en el centro de la Ciudad, "es el paroxismo mismo de la tensión trágica". Si el dios es el "conjunto de la subversión en el helenismo", es también la presencia imborrable. Es el conquistador que tiene derecho al triunfo, su culto ocupa un importante lugar en el calendario religioso, pero bajo la forma de un sistema ritual *abierto* a los posibles que la religión ordenada ignora o censura. (12)

De Egipto a Grecia y el mundo helenístico, después a Africa, el Perturbador divino o el héroe que traspasa los límites multiplica sus manifestaciones y sus avatares. La más conocida de estas figuras surgidas del mundo negro es Legba o Eshú, aparecida en el universo religioso del Bénin y que realiza su migración en el momento de la deportación negra a las Antillas y las Américas. En el antiguo Dahomey, Legba se sitúa en la genealogía de los dioses salidos de una divinidad bisexuada, en posición de último nacido. Con motivo de esta aparición tardía, no recibe la carga de ningún sector del universo, sino sólo la capacidad de dominar todas las palabras y de jugar con todas las significaciones. Se convierte así en el intérprete, el mediador, que permite a las divinidades multiplicadas comunicarse entre ellas y tener un enviado ante los hombres. Porque es el dueño de la comunicación, tiene igualmente el don de ubicuidad y puede estar en todas partes en acción. Se lo asocia con los lugares de encuentro y de pasaje: encrucijadas, espacios públicos, umbrales. Tiene su lugar en todos los grupos de culto y en todas las casas, y ante cada hombre a quien da una parte de libertad. La ubicuidad de Legba no se inscribe sólo en el espacio, sino también en el tiempo: está esencialmente unido con la adivinación, con la comunicación con el futuro, con la palabra y la escritura de Fa, amo del destino; al punto de que los mismos mitos se refieren a uno y otro. Al tener la capacidad de intervenir en todas partes y de hacer comunicar, este dios de la presencia múltiple, el movimiento y las transgresiones, tiene el poder de obrar con astucia frente a las imposiciones que fijan el orden del mundo y la sociedad.

También Legba es inseparable de la sexualidad y de los símbolos fálicos. De cierta manera, él mismo es un falo. Por estos símbolos expresa su omnipoder, según el comentario mismo de sus sacerdotes, y lleva al grado extremo sus transgresiones. Quiebra las prohibiciones más inviolables: comete incesto con una hermana y con la hija de ésta, tiene relaciones sexuales con su suegra, copula con los cadáveres de tres de las mujeres que ha matado, deflora a la hija de un jefe después de haber reducido al marido y a los hombres del entorno a la impotencia. Se dice dotado de un apetito sexual inagotable —en castigo de su primera relación incestuosa—, se adueña de todas las mujeres que tiene a su alcance. (13)

Si Legba es el destructor (uno de los nombres que lo califican), lo es en primer término por destruir las convenciones por las cuales se socializa la sexualidad y da su base fundamental a lo social. Hace reaparecer la sexualidad salvaje; como el dios griego, pone a lo salvaje y lo divino en una relación de proximidad.

La comparación se impone en otro plano: el dios de Dahomey también está vinculado con la locura; es el loco entre los dioses cuya obra de organización del mundo y los hombres él enreda, y entre estos últimos, sembrando perturbaciones, discordia, lo inesperado, la ofensa sacrílega. Los múltiples nombres de Legba muestran que se trata de una figura capaz de transformaciones continuas, y tan inasible como el viento y el fuego que esa figura representa. Legba es el inclasificable, arrasa los ordenamientos, las restauraciones del orden. El espacio, las reglas, las categorías no le imponen límites. Por él, el pensamiento se desordena; se convierte en un juego por el cual las significaciones entran en cortocircuito y se transforman; reemplaza a los significados que se dan comúnmente a las palabras por sentidos totalmente nuevos; porque desdeña la lógica social, se convierte en un contrapensamiento, un "paso prohibido", un abuso de la inteligencia ayudado por la astucia y la falta de respeto. Legba, el gran comunicador, juega con el lenguaje para engendrar el movimiento en las clasificaciones sociales y las lógicas que las sostienen; se le puede aplicar en este sentido una fórmula de Roger Bastide, relativa a los procedimientos lingüísticos antisociales o asociales: "introducir el desorden en el orden para impedir que éste se cierre". (14)

Legba atraviesa con sus turbulencias los territorios de los poderes. Es el único que puede oponerse al dios supremo y a los grupos de dioses —un relato lo hace jefe de éstos—, oponerse al soberano, a la familia real, a los dignatarios. Frente a todos, tiene la capacidad y el derecho de tomar el aspecto de la cólera. El análisis de la narración mítica y la exégesis de los comentadores permiten determinar las formas de esta oposición: la ironía, que desprecia al poder político y su sistema de autoridad; la rebelión, que los pone en situación de vulnerabilidad y los muestra frágiles, a pesar de las apariencias contrarias; el movimiento, que hace lugar a la corriente de la vida y entrega el orden a las perturbaciones del cambio. Legba traza los límites del poder, sus actos aportan por lo imaginario la prueba de que éste no está totalmente confiscado, aun cuando el Estado de Dahomey antiguo es muy centralizado y su soberano es considerado despótico. El dios está presente en cada hombre como una oportunidad de libertad, le otorga la posibilidad de no estar totalmente sometido a su condición, de conservar una parte de iniciativa, de aflojar la opresión de las imposiciones políticas, sociales y culturales. Da a cada uno los medios para obtener lo mejor o lo peor del destino que le es propio, y el mismo rey —aunque su "propio Legba" sea considerado el más poderoso— no escapa a esta acción.

La oposición en la que el dios se sitúa es bien definida. Por un lado, lo que revela la potencia organizadora, la fuerza generadora de existencia y orden, presente en toda divinidad, en todo ser animado, en toda cosa; una potencia (llamada *ace*) que no puede ser captada ni apropiada sino sólo dirigida de manera conveniente por el estricto respeto de las reglas, las prohibiciones, los ritos, y por el buen uso de las palabras. Por otro lado, lo que depende de Legba, el semiloco, el violador, el "ser bueno-malo", el destructor. Aquel por quien todo se comunica sin respeto por los cortes, las separaciones constitutivas del orden, y por quien todo se pone en movimiento sin preocuparse por las rupturas del equilibrio y las mezclas de sentido resultantes. Legba opone su indisciplina divina a la disciplina del orden social y universal. Muestra que éste lleva necesariamente en él lo aleatorio y el desorden; manifiesta lo que se oculta detrás de las apariencias tranquilizadoras de la estabilidad y la repetición. Da una enseñanza fundamental: si él no cumple la parte del movimiento, si no reconoce y no rige el desorden que no puede dejar de engendrar, el orden por sí solo reduciría a la sociedad al estado de un astro frío. (15)

En todos los universos culturales, el imaginario colectivo ha dado forma y vida a personajes capaces de transformarse tanto en dioses o héroes como en bufones, y de actuar a la inversa de las normas y los códigos. Un nombre los designa: *Trickster* para los mitólogos anglosajones, palabra evocadora del *trick* (los trucos) y la *"triche"* (trampa); *Décepteur* (decepcionador) para los mitólogos y antropólogos de lengua francesa, que viene como un avatar exótico del *Deceptor* de Descartes. Si es exacto que cada una de estas figuras y lo que ellas expresan no se comprende plenamente sino en el interior del sistema de ideas, símbolos y creencias que le es propio, no es menos cierto que tienen en común características esenciales. Todos estos personajes se encuentran al margen, o separados por una impureza original, desde su nacimiento; ellos son "otros", de identidad incierta o variable, su ser móvil los excluye de toda conformidad; pueden aparecer como semilocos inquietantes y cómicos. Por ellos, además, los límites se borran, las categorías y las clasificaciones se enredan, los valores y las obligaciones pierden fuerza. Perturban, transgreden, subvierten; desafían a los poderes y a las potencias superiores con las cuales su estado intermedio (entre los dioses y los hombres) los pone en comunicación. A una lógica del orden, oponen una lógica de lo contradictorio y la incertidumbre.

El ciclo de Wakdjunkaga, transmitido por los indios winnebago y del cual Jung y Kerenyi presentan un comentario, narra los incidentes, los acontecimientos y los escándalos en los cuales este héroe es el agente o el provocador. Algunos ritos centrales son sometidos a una deformación paródica y burlona: la competencia ceremonial entre clanes, que tiene por recompensa la jefatura, los procedimientos y obligaciones que acompañan el paso a la madurez viril, las prácticas que atraen la bendición de los espíritus, y las que requieren la buena conducción de las operaciones guerreras. En estas circunstancias, el perturbador provoca desórdenes y transgresiones; y se ríe —risa sacrílega— con una total impunidad. Por efecto de estos actos, el jefe no se comporta de manera conforme: rompe las prohibiciones, principalmente las de carácter sexual, saquea los lugares de culto, erige su pene en lugar de su emblema de autoridad en el momento de la fiesta anual en la cual está encargado de recordar los ideales de la colectividad. Mitos o ciclos lengendarios homólogos han conocido una amplia difusión entre los amerindios septentrionales. Se refieren a todos los hechos y gestas de identificación imprecisa, divino por varios aspectos, siempre errante, ignorante de la frontera entre el bien y el mal, poderosamente sexuado y obsceno, metido en aventuras donde enfrenta siempre a las costumbres y las reglas. Sus excesos, a veces llevados al punto de que la mala suerte se vuelve contra él, validan el orden mostrándolo inaceptable cuando se lo trastoca totalmente; además, el personaje aparece en ciertas circunstancias como el creador de nuevas formas de la institución que na

cen de sus propias transgresiones. Lo que expresa, sobre todo, es el carácter contradictorio de lo social —inestable mezcla de orden y desorden, de conformidad y no-conformidad— del cual resulta su propia naturaleza, su inestabilidad esencial.

En Africa occidental, el decepcionador se encuentra en los mitos, y
sobre todo en los cuentos, bajo aspecto animal. Dejando a un lado el
corpus sagrado de los Dogon que hace del Zorro mítico (el "Zorro páli-
do") una figura del desorden necesaria para el movimiento del mundo,
uno de los conjuntos narrativos más cargados de enseñanzas es el de los
Akan, y principalmente el de los Ashanti de Ghana. Numerosos cuentos
tienen como figura central a Anansé, la araña que transgrede las reglas
del dios creador: son transmitidos, enriquecidos y multiplicados a causa del gran valor que se les otorga y porque cumplen una función considerada vital: la de cuestionar y afirmar, discutir y fortificar la "creencia
sobre los conceptos sociales más importantes". He ahí una especie de
pedagogía del conocimiento de lo social, generadora de desilusiones y
apreciaciones críticas, y no obstante ambigua, puesto que contribuye finalmente a confirmar y reforzar la regla. El personaje de Anansé arrasa
los fundamentos mismos de la sociedad akan, es el ser negativo que
aporta la contradicción y la incertidumbre, el desorden y, al final, la
muerte. No acepta lazo alguno, ni el parentesco ni la amistad; da mues-
tras de un individualismo absoluto, decididamente antisocial. Es rebelde en cada una de sus relaciones con Nyamé —el Creador "que ha dado
su orden al universo y nombrado a todas las cosas"—, con los espíritus
y con la muerte. Pero la sublevación de Anansé encuentra obstáculos y
sus empresas sufren numerosos fracasos. El personaje no es un agente
del desorden con el éxito asegurado; es ambivalente, como la enseñanza que transmite. Si bien permite una liberación en lo imaginario, disol-
viendo las presiones sociales, provoca sobre todo la desaprobación; si
bien demuestra la posibilidad de violar la Ley, revela también que ésta
tiene la última palabra. Anansé es la excepción que confirma las reglas,
que legitima, por inversión de sus propias inversiones y subversiones,
el orden akan. Una vez más, el desorden se traduce en orden. (16)

El poder por el desorden

Las producciones de lo imaginario no están evidentemente destinadas a la transmisión sólo por la palabra; ellas se inscriben en sistemas de
prácticas más o menos dramatizadas, llegan a la materialidad por intermedio de la creación artística, principalmente por la de las máscaras.
Conviene empero precisar que los juegos de la palabra, por los cuales

ésta se desvía, se invierte y se vuelve "mala", pueden contribuir al aprendizaje y a la calma de las relaciones sociales. Así, el insulto vaciado de su carga agresiva, por el contexto mismo de su emisión, se vuelve un instrumento pedagógico: las mujeres mossi (en Burkina) insultan a sus niños en formas precisas, recurriendo sobre todo a la metáfora y a la sinécdoque, a fin de afirmar su propia autoridad y hacer interiorizar la jerarquía de los roles y las relaciones de desigualdad constitutivas del universo familiar. Desde el instante en que circulan en un marco ceremonial (o festivo) propicio a todos los trastocamientos, las palabras que violentan, normalmente generadoras de conflictos y enfrentamientos graves, adquieren una capacidad purificadora; llevan rencores secretos, las violencias y los desórdenes ocultos. La fiesta *abisa* de los Nzéma de Costa de Marfil y de Ghana ha realizado hace mucho tiempo una limpieza semejante, un reavivamiento semejante en el momento en que se acaba el año. Esa fiesta se caracteriza por los disfraces —como si la palabra libre debiera estar "enmascarada"—, por el intercambio de insultos y la expresión sin represión de todos los resentimientos. Es necesario "vaciar su corazón" para no correr el riesgo de morir en el año. Es la ocasion de dirigir públicamente reprimendas al jefe, expulsar un sortilegio simbólico, rechazado hacia el mar con la carga de las enfermedades acumuladas a lo largo de los meses pasados, pero también de reforzar la armonía con los ancestros haciéndoles la ofrenda de las primicias. He ahí una especie de Carnaval que permite evacuar los problemas de la comunidad, devolver el estado positivo a las relaciones de persona a persona y de grupo a grupo y que culmina en lo sagrado renovando la relación con los fundadores del orden nzéma y con las potencias que rigen la naturaleza. En otras circunstancias, una guerra de palabras parecida, un mismo desorden de la palabra sirven de sustitutos (o simulacros) tranquilizadores de los enfrentamientos y los desórdenes reales; contribuyen a contenerlos al aflojarlos ficticiamente. (17)

Hacer la parte del desorden no es sólo padecerlo o tratar de dirigirlo a un costo mínimo, es también abrirle los espacios donde será simbólicamente atrapado, luego domesticado. El campo ritual permite esta operación por la oposición de lo sagrado, del poder, del orden, de la cultura y de lo serio a la transgresión, al desorden loco, a la salvajada, a lo cómico grosero y obsceno; la risa nace de esta confrontación, de los choques y cortocircuitos que ella provoca, pero también de la angustia generada por el sacrilegio. Los indios norteamericanos han hecho de este procedimiento una institución, el instrumento de una estrategia colectiva en la cual el poder obtiene principalmente el beneficio. En el centro de lo que es un drama sagrado donde el orden y el desorden se encuentran en juego, una figura bien conocida de los antropólogos: el

Clown o Bufón ceremonial. Esta figura da encarnadura y presencia al personaje del Decepcionador, cumple lo que éste evoca a favor del relato; hace ver, espectacularmente. Como el accidente, el acontecimiento, la improvisación, el desorden, surge en el momento de las reuniones tribales más solemnes. En los interludios del drama ritual, pone de manifiesto lo censurado, lo rechazado, lo reprimido: la violencia, la locura, la sexualidad pública y la obscenidad, la regresión salvaje, la burla en la cual la muerte misma lleva la marca. El *Clown* ceremonial no respeta a nada ni a nadie, su licencia es total, y su ataque golpea tanto más fuerte cuando pone la mira en un objeto más reverenciado; es amo del mal como lo es o podría serlo del bien. Hace aparecer fugazmente, bajo el efecto de la chispa de la transgresión, un efecto *diferente* donde las significaciones circulan en todos los sentidos, donde ya nada se ordena, donde las palabras ya no dicen lo que se supone que expresan y donde las normas se vuelven anormales. La sociedad, representada por la audiencia ceremonial, lo "castiga" por ser el artesano de ese barullo escandaloso; lo condena por la risa (de dientes para afuera), lo agrede paródicamente (por intermedio de los niños), hace de él una especie de personaje expiatorio, acreditándole un poder mágico que lo hace temible.

El trabajo del *Clown* ceremonial se cumple en cuatro terrenos principales. Y primero en el de lo sagrado: la comunicación establecida con algunos de los dioses es trivializada, incluso trivializada imitando la de la vida cotidiana, el orden ceremonial es puesto al revés y las actitudes rituales se convierten en motivo de burla. A continuación, el terreno de la desculturación o el ensalvajamiento: los andrajos, el lodo, la suciedad, las materias impuras visten el personaje; la repulsión extrema, como en los Zuñi, es provocada por el consumo de la orina y los excrementos, los desechos, los animalitos vivos descuartizados; la regresión se manifiesta en un juego en el que predomina lo salvaje y la bestialidad. El terreno de la sexualidad es en el que el escándalo de la transgresión alcanza su mayor intensidad, al extremo de hacer que se califique a estas culturas del desorden ceremonial de "fálicas". Los *Clowns* sagrados llevan simulacros de penes, exhiben imitaciones de vulvas abiertas, practican gesticulaciones equívocas con los travestidos, se entregan a copulaciones simuladas hasta en los altares; desocializan paródicamente la sexualidad e instan a la licencia sexual durante las ceremonias, hacen de la deconstrucción del código sexual el signo mismo de la subversión total del orden. El último terreno en el que se realiza su provocación es el del infortunio: los enfermos de nacimiento y de la vida se degradan en objetos de despiadadas burlas, sus enfermedades o desgracias, caricaturizadas, exageradas hasta lo grotesco, tienen lugar en la pantomima ceremonial. Estos registros según los cuales el *Clown* ritual compone su rol y su texto no son separables. Ponen a cada hombre, en el momento del espectáculo sagrado, en presencia de los sistemas de fuerzas y de significaciones que ordenan (y pueden desordenar) su condición: lo sagrado que lo somete, el sexo que alimenta sus pulsiones, la fortuna que le concede una oportunidad desigual y cambiante y, más globalmente, la cultura que le aporta el sentido con el Símbolo y la Ley. El *Clown* constituye la figura de la ambivalencia, los sentimientos que inspira son además reveladores de ella: la reverencia y el afecto se unen al odio, incluso al miedo que incita a apaciguarlo con los dones. El *Clown* entra en el gran juego de los poderes: tiene autoridad en los debates sobre los asuntos de la comunidad, es a veces, como en el caso de los Zuñi, un elemento de la jerarquía gobernante. Sobre todo, es el revelador de una realidad en la que prevalecen el movimiento, lo imprevisto y la turbulencia. De éstos, es en cierto modo, el amo; él lleva su carga, que no se limita a un recuerdo periódico del "carácter asocial de la transgresión"; es un convertidor del desorden por medio de la teatralización ritual. (18)

Puesto que están al servicio de los dispositivos que tienen por finalidad conservar, abordar el cambio en el sentido de una continuidad sostenida, preservar y reforzar las apariencias de la unidad social, la simbolización y la ritualización propiamente políticas muestran aun más claramente esta conversión del desorden en orden. En este caso, hay aquí algo más para observar que el efecto de un proceso de inversión social, inversión que se volvería de algún modo contra ella misma y consolidaría lo que parecía deber arruinar. En segundo plano aparece la consideración del tiempo, de lo que lo hace irreversible, del movimiento que lo constituye en factor de pérdida de fuerzas, de desgaste, y en sentido contrario, de renovación posible. El ceremonial político de los Anyi de Costa de Marfil dan la prueba de esto, puede decirse, en la persona del soberano que gobierna sus reinos minúsculos. El rey es el sustento de la fuerza del poder, pero sólo a condición de quedar corporalmente íntegro e indemne de toda deshonra. Esta fuerza es el principio más activo, al punto de afectar al soberano hasta acortarle la vida; ésta puede degradarse o escapársele, y todo lo que está a su cargo se encuentra entonces en el estado entrópico. Es necesario renovarla, y es el objeto de rituales anuales y cíclicos (cada siete años) calificados de fiestas del ñame. Estas manifestaciones asocian la renovación de la fuerza del poder con el renacimiento de la naturaleza. Estas verificaciones periódicas permiten reafirmar o disminuir la plena capacidad real; si el soberano aparece en decadencia, "el mundo se hunde con él", y si se vuelve nefasto, un mensaje le informa entonces que debe ser "borrado".

El tiempo vence al soberano, pero no a la realeza, que se revitaliza durante el nuevo reinado.

En los Swazi de Africa sudoriental, una gran ceremonia nacional y anual da al soberano la ocasión de ponerse simbólicamente a prueba y mostrar su vigor. Es un drama político —y cósmico— en el cual tiene el rol del personaje central, está sumiso a una agresión perfectamente codificada que le permite definirse periódicamente y reforzarse efectivamente. La dramatización comprende dos fases. La primera es la de los desórdenes, los enfrentamientos, las pruebas y el odio representados; el rey sale vencedor y su fuerza se regenera. La segunda une lo político a lo cósmico, el orden de los hombres al orden del mundo. Relaciona al rey con las fuerzas y los ciclos naturales, con las prácticas provocadoras de vida y fertilidad, con el consumo ceremonial de los primeros frutos. Se expone entonces el orden social, el soberano determina todos los momentos del rito, exige que cada participante se someta a un orden de prelación que expresa solemnemente los diversos status, las categorías y las jerarquías que aquéllos rigen. Bajo este aspecto el rey puede ser visto como la figura inversa de la del Bufón ritual; todo, por él, se manifiesta según la categoría del orden: lo sagrado y sus mandamientos, lo social y su ley, el mundo natural y sus regularidades. El ejerce un sacerdocio general del orden, debe hacer de modo que éste domine al desorden.

En las sociedades estatales de la tradición, el cuerpo del soberano es el lugar central donde el orden y el desorden se encuentran y se enfrentan. La fuerza (la potencia) de la cual está investido es ambivalente. Apuesta de orden y desorden, de fecundidad y esterilidad de vida y muerte, engendra una u otra cosa según que sea o no tratada de manera conforme. La iniciación, previa al momento de la investidura, requiere a menudo el paso por la regresión, la transgresión y la violencia bruta, lo que realiza el desgarramiento de la condición humana ordinaria y hace del rey una persona singular, un ser único y aparte. Lo que se demuestra, sobre todo en este caso, es la capacidad de ordenar el orden más allá del desorden, de poner la energía salvaje, prístina, cuyo vehículo es, al servicio de la institución, domesticándola. El tiempo de los interregnos revela que está bien así: el vacío de poder se convierte en un período de regresión durante el cual la energía social regresa simbólicamente (y, por una parte, realmente) al estado bruto. Ya nada está regulado, todo parece llevar al caos. En los antiguos reinos de Bénin, en Africa occidental, una fórmula convencional lo dice: "es de noche" en el país. Es el tiempo de las tinieblas. Los primeros observadores extranjeros comprueban la falta de reglamentación de las costumbres, la multiplicación de los robos y los actos de bandolerismo de todo tipo, en completa impunidad provisoria, "como si la justicia muriera con el rey". Esta reaparece, tanto más imperiosa que cuando había desaparecido y, con ella, la definición de las normas y los límites, cuando se establece el nuevo soberano; el reino se abre en despliegues simbólicos y actos sacrificiales que muestran que las fuerzas de la desorganización, hasta ahora liberadas, en adelante son dominadas. Las ritualizaciones, mediante las cuales se representa el drama del vacío de poder, se llevan a cabo según los principios de la inversión y la hipérbole, del exceso y la falta de respeto de los límites sociales. Reemplazan a las prohibiciones y las censuras por la licencia desenfrenada u orgíaca; el derecho por la violencia; el decoro y los códigos de las conveniencias por la parodia y la irreverencia; el poder conservador de un orden, por la libertad loca y la agitación desorientada. Esas ritualizaciones imponen finalmente una certidumbre: la continuidad más que el caos. Mantienen el deseo de orden. (19)

Notas

(1) Textos principalmente utilizados: Clastres, P.: "De quoi rient les Indiens?", en *Les Temps Modernes*, 253, 1967, págs. 2179-2198; Delarue, P., Teneze, M. L. : *Le conte populaire français*, tomo II, París, Maisonneuve y Larose, 1964; Copans, J., Cuty, P.: *Contes wolof du Baol*, París 10/8, 1976; Colardelle-Diarroussouba, L.: *Le lièvre et L'Araignée dans les contes de l'Ouest africain*, París, 10/8, 1975 ; Rodegem, F. : "Ainsi parlait samandari", en *Anthropos*, 69, 5/6, 1974, págs. 753-835; Scelles-Millies: *Contes Arabes du Maghreb*, París, Maisonneuve y Larose, 1970; Juillerat, B.: "Humeur et transgression dans la litérature orale d'une société de Nouvelle Guinée", en *Cah. de lit. orale*, 8, 1981, págs. 125-145.

(2) Lima Handem, D.: *Nature et fonctionnement du pouvoir chez les Balanta Brassa*, tesis inédita, E.H.E.S.S., 1985, págs. 214-217, 268-280 y 304-306.

(3) Sobre los cuentos de mentiras, de Félice, A.: "A propos de contes de mensonges", en *Arts et traditions populaires*, XII, 3/4, 1964, págs. 239-245; sobre los cuentos del niño terrible, Görög, V., Platiel, S., Rey-Hulman-D, Sydu, C.,: *Histoires d'enfants terribles, Afrique noire*, París, Maisonneuve y Larose, 1980; citas extraídas de la "Conclusion" de Calame-Griaule, G.: "L'enfant terrible ou comment s'en débarrasser", págs. 241-249.

(4) Véase Cochin, J.: "Mondes à l'envers, mondes à l'endroit", en *Arts et traditions populaires*, 3/4, 1969, págs. 234/257.

(5) Con respecto al Carnaval, objeto de numerosos estudios, algunos títulos: Balandier, G.: *Le Pouvoir sur scènes, op. cit.*, cap. 3, "L'envers", pág. 128-137; Gaignebet, C.: *Le Carnaval*, París, Payot, 1974; Le Roy-Ladurie: *Le Carnaval des Romans*, París, Gallimard, 1979; Heers, J. : *Fêtes de fous et Carnaval*, Fayard, París, 1982.

(6) Como complemento, sobre la interpretación del Carnaval: Grindberg, M.: "Carnaval et Société urbaine, XIV-XV siècle: le royaume dans la ville", en *Ethnologie Française*, 12, 2, 1982, págs. 177-184.

(7) Le Goff, J. y Schmidt, J. C.: *Le Charivari*, París, C. N. R. S. y E.H.E.S.S., coloquio celebrado en abril de 1977; Thompson, E. P.: "Rough music: le charivari anglais", en *Annales E.S.C.*, 2, 1972, págs. 285-312; Petit, C.: "Le triomphe du Pauvre, les pauvres contre les riches à la époque revolutionnaire à travers une fête rouergate", en *Annales du Midi*, 90, 137, 1978, págs. 141-154.

(8) Jamous, R.: "La parodie des valeurs: les cérémonies du marriage chez les Iqar'iyen (Maroc)", en *Le Charivari, op. cit.*; Catheron, C.: *Essai sur la condition et le rôle de la femme mandénka du Niokolo*, tesis, París, Universidad René Descartes.

(9) Véase Bianchi, U.: "Seth, Osiris et l'ethnographie", en *Rev. d'histoire des religions*, CLXXIX, 2, 1971, págs. 113-135.

(10) Detienne, M. : "Dionysos", en Y. Bonnefoy (dir.): *Dictionnaire des mythologies*, París, Flammarion, 1981, págs. 300-307.

(11) Daraki, M.: *Dionysos*, París, Arthaud, 1985, págs. 78-83.

(12) Daraki, M.: *op. cit.*, citas y datos tomados de los caps. III y IV; M. Detienne: "Dionysos", *op. cit.*, citas y datos seleccionados; M. Detienne: *Dionysos mis à mort*, París, Gallimard, 177, y el artículo de N. Loreaux: "La Grèce hors d'elle", en *L'Homme*, XX, I, 1980, págs. 105-111; número especial "Dionysos, le même et l'autre" en *Nouv. Rev. d'ethnopsychiatrie*, 1, 1983, y principalmente la contribución de M. Bourlet: "L'orgie sur la montagne", y la obra clásica de H. Jeanmarie: *Dionysos, histoire du culte de Bacchus*, París, Payot, 1951, reeditado en 1970.

(13) Datos tomados de M. J. y F. S. Herskovits: *Dahomean Narrative* 1958, retomados por L. Makarius: "Le mythe du 'Trickster'", *Rev. d'histoire des religions*, 1, enero-marzo 1969, págs. 17-46.

(14) Bastide, R.: "Le rire et les courts-circuits de la pensée", en *Echanges et communication*, La Haya, Mouton, 1970, págs. 953-963.

(15) Sobre Legba: Maupoil, B.: *La Géomancie à la'ancienne Côte des Esclaves*, París, Instituto de Etnología, 1941; Aguessy, H.: *Essai sur le mythe de Legba*, t. 1-3, tesis, París, Universidad Panteón-Sorbona, 1973, M.-J. y F.-S. Herkovits, *op. cit.* y L. Makarius, *op. cit.*; Balandier G. : *Le Détour, pouvoir et modernité, op. cit.*, págs. 93-96.

(16) Sobre el Decepcionador: P. Radin, K. Kerenyi, C. Jung: *The Trickster a Study in American Indian Mythology, Londres, Routledge y Kegan Paul, 1956 (nueva ed.); R. R. Pelton: The Trickster in West Africa*, University of California Press, 1980; D. Paulme: "Typologie des contes africains du Décepteur", en *Cah. et. afr.*, XV, 4, 1975, págs. 569-600; C. Vecsey: "The exception who proves the rules: Anansé the Akan Trickster" en *Journ. of Religion in Africa*, XII, 3, 1981, págs. 161-177; sobre el mito dogon, véase el primer capítulo *supra*.

(17) Véase S. Lallemand: "Têtes en loques: insultes et pédagogie chez les Mossi", en *Cah. et. afr.*, XV, 4, 1975, págs. 649-667; Paulme, D.: "Un rituel de fin d'année chez les Nzéma de Grand Bassam", en *Cah. et. afr*, X, 2, 1970, págs. 189-202.

(18) El estudio de los *Clowns* rituales ha sido realizado en numerosas sociedades indias por Lowie (Plains), Skinner (Ponca), Bunzel (Zuñi), Parsons (Pueblo y Yaqui), Opler (Chicicahua), Howard (Sioux). Véanse también: L. Makarius: "Clowns rituels et comportements symboliques", en *Diogène*, 69, 170, págs. 47-74, y la nota de T. H. Lewis: "Traditional and Contemporary Ritual Clowns of the Crow", en *Anthropos*, 77, 5-6, 1982, págs. 892-895.

(19) Véase Balandier, G. : *Le Pouvoir sur scènes*, París, Balland, 1980, cap. 3, "L'envers"; Perrot, C.-H.: *Les Anyi-Ndénié et le pouvoir aus XVIII et XIX siècles*, París, Ed. de la Sorbona, 1982, y la reagrupación de textos de M. Gluckman: *Order and Rebellion in Tribal Africa*, Londres, Cohen y West, 1963.

139

TERCERA PARTE

EL DESORDEN
EN LA MODERNIDAD

6

La modernidad mezcla las cartas

Las sociedades de la tradición disponen de una cartografía del orden y el desorden, han señalado sus lugares y sus caminos. Porque están abiertas a un movimiento portador de transformaciones continuas e incertidumbres, las sociedades de la modernidad actual sólo disponen de cartas cambiantes, se internan en la historia inmediata avanzando a tientas.

En el caso de las primeras, los controles sociales son más eficaces, por no decir totales; el mito recuerda la constitución fundante y contribuye a definir una identidad colectiva, los lenguajes determinan la categoría de los seres y las cosas, el sistema simbólico une, establece correspondencias, dota a las prácticas de instrumentos de acción general en el mundo y en los hombres; el poder se sitúa en la encrucijada de estos tres conjuntos de relaciones, de estos tres sistemas de definición y legitimación, de ellos recibe su eficacia y se inscribe por ellos en una temporalidad que amortigua el efecto del acontecimiento. La tradición mantiene la presencia de los dioses, las entidades, las fuerzas, es decir, de las potencias que se imponen a todos, que dominan como factores de orden un universo humano donde el desorden trabaja, sin embargo, permanentemente. La referencia suprema de todo orden se encuentra así fuera de la acción del tiempo y de la de los hombres que están sometidos a él; da a la sociedad su estructura simbólica fuerte y estable, la carga con un sentido en gran medida independiente de las condiciones históricas.

Sería sin embargo un error —sostenido durante mucho tiempo por una etnología replegada sobre las interpretaciones resueltas en oposiciones— considerar a la sociedad de la tradición como la forma inversa de la sociedad moderna. La sociedad de la tradición conoce los desafíos de la historia, padece las pruebas que las condiciones exteriores (como las del medio) le imponen, está abierta a los acontecimientos y a los riesgos, engendra rechazos que quiebran la conformidad, desacuerdos y enfrentamientos, se mueve y no es simplemente repetitiva de sí misma de generación en generación. Aquello por lo cual difiere esencialmente es de otro carácter y, tal vez, revela ciertos errores aparentes en la sociedad de la modernidad, los que despiertan el deseo de un retorno al pasado (la nostalgia mitigadora) o una cierta fascinación por lo arcaico (la permanencia resistente a los ataques de la historia).

Las sociedades de la tradición establecen entre lo real y ellas mismas una relación de equivalencia, su orden y el orden general del mundo son inseparables; se constituyen situándose por comunicaciones y correspondencias múltiples con éste, no se separan de él en el deseo de servirlo mejor. En este sentido, sus teorías del mundo, el hombre y lo social son globales, unificadoras. Aunque no sea igualmente accesible a todos, su saber es sin embargo global; se comparte según los grados de la iniciación que lo revela y no según una sectorización de los conocimientos. No separa, vincula y une en una misma visión del mundo conocido por la mayoría en sus componentes *principales*. La definición llamada holista de estas sociedades pone el acento particularmente sobre estos aspectos. En ellas, la movilidad es en gran medida contenida mientras no se realizan las transformaciones resultantes de la modernización. Los individuos se encuentran establecidos de algún modo en ella: cuando tienen un grado débil de movilidad, su recorrido vital es casi conocido desde el comienzo, salvo un accidente; cuando tienen un grado fuerte de movilidad, las hazañas y los éxitos personales se logran, pero en el interior del status, en los límites del estado o de la condición, no más allá, salvo alguna excepción. Las dichas y desdichas individuales reciben su explicación —y su salvaguardia o su cura— de las potencias y las fuerzas consideradas independientes de la historia; a ésta no se la ignora, pero no se le imputa *en primer término* el acontecimiento, lo inesperado, la novedad, lo desconocido y lo accidental. La consulta y la adivinación, mediante las cuales se busca su aclaración, funcionan según una concepción y una simbolización del orden establecidas en el tiempo por la tradición. En este sentido, el hombre no se encuentra sin recursos en presencia de las turbulencias y las vicisitudes que lo afectan; dispone de claves de interpretación y de medios de acción; corrige la suerte adversa o se somete con razones para aceptarla. En las sociedades de la tradición, el curso de las cosas no es esencialmente concebido bajo el aspecto de lo irreversible. El tiempo humano no es un avance sin señales fijas hacia el futuro e, individualmente, hacia la muerte; mantiene un pasado actualizable; acentúa la regularidad de los ciclos naturales y se une a la de los ciclos ceremoniales; impone la conciencia de una permanencia profunda bajo la superficie de los cambios, de una continuidad mantenida durante las metamorfosis sucesivas. En la prolongación de esta interpretación, el desorden no se percibe como un encadenamiento de procesos desequilibrantes que culmina en cambios irreversibles, sino como un movimiento, un juego de fuerzas que es necesario dominar para vaciarlo de su carga negativa y emplearlo al servicio del orden. Son principalmente los dispositivos simbólicos y rituales, como los que he mostrado, los que efectúan ese retorno, esa transformación del desorden en orden. No hay represión (o hay poca) en el sentido policial moderno, no hay normalización en el sentido burocrático actual; la potencia simbólica —no la del instrumento represivo o correctivo especializado— somete al desorden y nutre con él al orden que ella define. En un mundo aún no desmitificado, el pensamiento disociativo, generador de fracturas, no prevalece; la escisión entre el orden y el desorden no está ahí más afirmada que la que se halla entre la naturaleza y el hombre, el orden mítico y el orden lógico.

El pensamiento moderno es el que realiza las rupturas, el que vacía la tradición portadora de permanencia y capta todas las cosas bajo el aspecto del movimiento; es, de éste, instrumento y expresión a la vez. La interpretación sociológica contemporánea basada en el marxismo se centra en el cambio de régimen "entropológico" de las sociedades originadas en la industria y el capitalismo. Estas han producido una categoría particular de desorden y, por consiguiente, una forma propia de normalización: "con la división en clases comienza la lucha y, por lo tanto, un principio de desorden interno y permanente", de donde deriva el desarrollo de un poder racional, de un aparato de Estado homogéneo que se une a la clase "homogénea" dominante a fin de hacer respetar su orden. En el transcurso del siglo XIX el proceso histórico de expansión acelerada del mercado, las industrias y las ciudades acarrea desórdenes nuevos y acumulativos. "Es necesario [entonces] llevar las funciones de mantenimiento del orden y de organización del enriquecimiento al nivel de una normalización global de la sociedad industrial." Los pertrechos para el mantenimiento de las normas terminan por constituir "un modo de producción no mercantil que se organiza en torno de la función de la normalización social". Más generalmente, el paso de una sociedad tradicional controlada a una sociedad industrial y burocrática "medida" tiene como efecto la supremacía de la norma, de la clasificación, de la jerarquía de los hombres y las cosas; operaciones todas que, en la formación capitalista, se basan en una simbolización dirigida por instancias de poder "separadas de la comunidad". Una simbolización que, sobre todo, expresa la reducción "a un orden que no agota todo lo real". Las clases, sus divisiones y sus luchas, el Estado disociado y

guardián del orden de la sociedad, la burocracia actuando por dispersión en el tejido social para imponer las normas, la separación de lo
real, otros tantos temas recibidos del marxismo a los cuales se agregan,
para adaptarnos a los lenguajes actuales, algunos otros elementos: la
tendencia a someter todo a la ley de la medida, el cambio del régimen
simbólico por el rechazo de lo no mensurable y el avance de las representaciones racionales, la sustitución de la conformidad regida por la
tradición y por el simbolismo radical que la constituye por la normalización —capaz de implicar al sujeto y no sólo de serle aplicado—. (1)
La Escuela de Francfort había marcado además la separación reemplazando la crítica de la economía política por la "crítica de la razón instrumental", y considerando sobre todo esta perversión del orden que toma
en el universo de la modernidad la forma de la barbarie totalitaria. La
fractura primero es relacionada con la escisión entre pensamiento mítico y pensamiento lógico, con el avance conquistador de éste, que hace
aparecer a un sujeto liberado de toda tutela y progresivamente reducido
a ser el soporte neutro de las operaciones lógicas. Por el efecto de un
"ardid de la Razón" que se vuelve finalmente contra el sujeto mismo,
todo lo que no debía ser más que un medio se convierte por una necesidad inmanente en un fin en sí. La actividad práctica se instrumentaliza y
transforma su objeto en "materia" en el sentido técnico de la palabra, ya
sea que se trate de la naturaleza (de donde el hombre es excluido para
poder dominarla) o del hombre (abordado por cálculo y manipulación).
El despotismo de la mercancía identificada por la crítica de la economía
es sustituido por el despotismo del instrumento. (2) Este orden definido
sólo por la razón instrumental es presentado como portador de efectos
perversos, desorden, degradaciones que pueden hacer un orden contra
el hombre y, con el tiempo, el de una sociedad "loca".

La dificultad de saber

Las interpretaciones orientadas por el marxismo en el transcurso de
las últimas décadas resisten mal a las pruebas impuestas por la modernidad actual (pasada y ya *post*, según algunos); no son las únicas. Al extremo de que hemos podido ser llevados a considerar que la vida intelectual de los últimos años es un "ingreso en la era del vacío". Este
tiempo será el del pensamiento desarmado, deshecho, impotente para
hacer inteligible un mundo donde la única certeza es la del movimiento,
donde todo orden parece disolverse en la sucesión de los cambios, donde lo real parece ocultarse en transformaciones o simulaciones múltiples y escapar a toda tentativa de investigación. La modernidad super

activada es sin cesar productora de lo desconocido, hace que el hombre se sienta por una parte ajeno a lo que ha creado. Ya no sabe nombrar el universo social y cultural que se constituye y mueve por efecto de sus acciones. El desgaste de las fórmulas utilizadas a fin de otorgarle una identidad, desde la década de 1960 hasta hoy, revela esta impotencia. A mi juicio, conviene más estudiar su geología —su coexistencia por sedimentación lexical— que su genealogía, desde el tiempo todavía próximo cuando el modo de producir y repartir, las formas de organización del espacio, el sistema estatal y burocrático permitían satisfacer la necesidad de identificación. No basta, en efecto, con cambiar las palabras, las metáforas, las imputaciones (al consumo, el tiempo libre, las nuevas técnicas, la comunicación, las simulaciones y otras novedades) para ponerse en situación de comprender menos mal este mundo en conmoción.

Lo que importa aquí es señalar cómo las formulaciones aclaran u oscurecen la relación orden/desorden a partir de los datos contemporáneos. Algunos términos ponen el acento en una tendencia entrópica que acarrea la generalización de los desórdenes, lo incontrolable y, por último, la debilitación. Occidente, y más precisamente su parte europea, es aquí la referencia. El tema es antiguo y recurrente: viejas variaciones desde el anuncio de la decadencia limitada (por Tocqueville o Cournot), la de la decadencia ineluctable (por Gobineau o Nietzsche), hasta el momento en el que Spengler da a este tema su primera figura popularizada. El fascismo italiano ha hecho de ella su argumento justificativo de su orden en su oposición a una Europa entonces considerada frágil, decadente, corrompida y derrotista. Hoy, la decadencia vuelve a estimular la curiosidad histórica y la declinación anima de manera pasajera la controversia política al permitir atribuir al adversario una responsabilidad y una incapacidad totales. Estas palabras se convierten en conveniencias retóricas, cargadas de imágenes recibidas del pasado o de las mitologías. Importan más por lo que disimulan —principalmente, la nostalgia de una tradición protectora del orden, o la impotencia parcial para pensar y gobernar el movimiento— que por lo que expresan y provocan. Los estudios dedicados a los períodos de transición, y a la cultura que se forma en ellos, arrasan estas interpretaciones simplificadoras. El retorno a la curiosidad por Weimar y su modernidad ha hecho aparecer el doble aspecto de estos tiempos en los que se produce un viraje: por una parte, una decadencia; por la otra, una eclosión simultánea de nuevas y poderosas posibilidades; rupturas, dislocaciones, desapariciones, por ende, el olvido y la evolución hacia el desorden, pero también fluctuaciones y generadores de novedad; formas y orden diferentes, en devenir, que no estaban necesariamente destinados a la realización fatal que fue la suya. (3)

Aunque también pueda llegar a ser una conveniencia, una coartada y una llave maestra que todo lo explica, la interpretación por la crisis es menos frágil que la precedente. La filosofía, la historia, la ciencia, le han dado un status, cierta validez. Ya he recordado su empleo sociológico desde el momento en que Saint-Simon la ha hecho la partera de la nueva disciplina. En sus aplicaciones actuales contribuye a un profundo cambio de las representaciones de lo social. La crisis no es sólo percibida a partir de la disfunción, es también reconocida en cuanto prueba que afecta a la capacidad del sistema y los actores para definirse, organizarse de algún modo por autoconocimiento. Hace más inciertas y menos funcionales las cosmologías sociales, y esta mínima acción contribuye a la vez a una mala interpretación y a un mal uso que le mantienen o le acentúan la agudeza. La conciencia de la crisis no la hace evidentemente aparecer, pero introduce un efecto de refuerzo. Las incertidumbres y complejidades nuevas resultantes llevan progresivamente al descubrimiento de un mundo en el que el orden se vuelve cada vez menos pensable en las formas inadecuadas que han sido heredadas; la conciencia de desorden se intensifica y hace ver todas las cosas bajo los aspectos de la dispersión, de lo aleatorio y del poco control. El desorden contemporáneo está *en las cabezas* y no sólo en las situaciones con las cuales cada uno se enfrenta.

Se aporta un correctivo cuando la crisis es menos captada como generadora y reveladora de una sociedad enferma que en cuanto exasperación o manifestación extrema del modo normal de existencia de lo social. Obliga a no separar más orden y desorden, estructura (u organización) y movimiento, equilibrio y desequilibrio. Revela que la construcción de lo social, su producción continua, se efectúa sobre una base inestable. Acentúa la siguiente característica: el orden social no es algo adquirido, no llega muy felizmente jamás al estado de acabamiento de lo inerte; impone, a un nivel de complejidad muy superior, la cuestión que ya está formulada por la lógica de lo vivo, la de la relación del orden con la actividad. En la medida misma en que el movimiento de la modernidad progresa en extensión y duración, es el sentimiento de un orden deshecho, de formas en continua inestabilidad, que sin embargo prevalecen. La crisis ya no toma el aspecto de un fenómeno coyuntural —lo que permitía prever su finalización— y la sociedad se encuentra calificada de "blanda, borrosa o fluida".

Esta imaginería se traduce en varias figuras de las cuales sólo mencionaré aquí las dos principales. Una remite al nivel tecnológico, al que ha establecido, a lo largo del tiempo, el orden social sobre una materialidad originada en la conjunción de la naturaleza, la técnica y el instrumento. Con las nuevas técnicas, esta base aparece a la vez como productora de un orden cada vez más complejo y de un desorden ya sea catastrófico, ya sea perverso. En el primer caso, se trata de riesgos hasta el presente poco concretados, pero con efectos de desastre, que se originan en las industrias nucleares, químicas y biológicas. El desorden se realiza entonces en procesos de autodestrucción. En el segundo caso, toma más trivialmente —no obstante, con consecuencias cada vez menos desdeñables— la forma de la *avería*. Los sistemas nacidos de las tecnologías avanzadas, integradas, automatizadas, gobernados por programas informáticos de una complejidad creciente, se hacen cada vez más vulnerables. Y sus grandes averías pueden ser espectaculares, a la vez que nefastas por las consecuencias en cadena que acarrean. Los hechos son incuestionables; dan crédito a la imagen de la sociedad frágil, vulnerable, a la vez que formada según un orden lógico-experimental fuerte y en proceso de generalización. Cuanto más progresa éste, tanto más parece desarrollarse una civilización de la avería cuya degradación —por incapacidad para responder a sus desafíos— produciría una civilización de la catástrofe.

La otra figura se constituye a partir de una representación del orden social casi totalmente ligada con la consideración de las clases, primer principio de orden y de desorden según la interpretación predominante en una época, ya mencionada. Esta configuración sociológica pierde su nitidez. Clase, clase de edad y clase de género (o de sexo) interfieren y esta interferencia mezcla las distinciones. Sobre todo, los trastocamientos de los sistemas de producción y servicio, la amplia desaparición de los signos distintivos de las condiciones a causa del consumo, de los medios de comunicación y de los nuevos géneros de vida, el debilitamiento de la conciencia de clase, tienen por consecuencia la pérdida de coherencia de las clases sociales, si es que no la desaparición de las desigualdades. Asimismo, una sociedad que ya no está claramente ordenada según sus categorías —como sucedía a fines del siglo XIX hasta las últimas décadas— aparece poco estructurada, fluida, generadora de incertidumbre en cuanto a las clasificaciones sociales que permiten definirla.

La tentación es grande de abandonar de algún modo a la sociedad a sí misma y de apostar todo al retorno del individuo o del actor, a la virtud de la iniciativa o la espontaneidad. Los debates contemporáneos, en lo que tienen todavía de moderación apasionada, alimentan la legitimación o el rechazo de la "nueva revolución individualista", sin que la división de los compañeros se realice según las discrepancias políticas convencionales o según las variaciones y retornos ideológicos aparecidos desde la década de 1970. En este enfrentamiento, los filósofos —los que hacen de la filosofía inmediata un instrumento de sus análisis políticos— ocupan el lugar más visible. Los sociólogos tienen un empleo más modesto: o bien dan la lección de método (con raras aplicaciones) proponiendo el individualismo metodológico, o bien desplazan con vacilación sus preocupaciones de la sociedad hacia "la gente", según una fórmula de Alain Touraine. Lo que se encuentra así abandonado o puesto en tela de juicio es toda una herencia de representaciones y teorizaciones de lo social: la sociedad en cuanto conjunto construido, ya hecho, unificado, y que se vuelve así capaz de una presión multiforme, omnipresente; la estructura y el sistema constituyen la única realidad, imponen la lógica de las relaciones que hace desaparecer al sujeto y reduce al actor al estado de apariencia; la gran teoría social, considerada además como un mito engañoso que habla de un orden que no existe. Es justamente todo eso lo que imponía la primacía del orden y afirmaba a partir de éste el despliegue de una lógica dominante y de dominación, que es rechazada; y este rechazo puede ser considerado como un corte, liberador de las teologías sociales y políticas y que se realiza al término de un largo período de la historia de las ideas. Esta vuelta de las perspectivas incita a adoptar el punto de vista del desorden, con las posibilidades creadoras que contiene, o a reencontrar un empirismo que la modernidad viste de otro modo. Este último asume diversos aspectos, a menudo triviales, o cambiantes bajo el efecto de las modas, pues se trata de exaltar la capacidad de invención en la vida cotidiana, resultante de una superinversión del campo privado o, en un nivel superior, de valorizar el orden espontáneo en detrimento del orden instituido, como hace el neoliberalismo simplista. Es empero uno de los proyectos intelectuales de base más firme. Así, a la derecha, el que inspira el pensamiento de Friedrich von Hayek y rechaza todo voluntarismo social, todo proyecto de construcción de la sociedad. Reivindica para el individuo la libertad de servir a sus propios fines y le reconoce a la economía mercantil la capacidad de producir un sistema autogenerado, autoorganizado; reduce la política al estado (o Estado) mínimo y no impone límites sino por la doble fuerza de la ley civil y la tradición. Es la aceptación de una sociedad que no define ni los fines colectivos ni el orden, entregada en cierto modo a un espontaneísmo del presente ponderado por un tradicionalismo fundamental. A la izquierda se sitúa el proyecto de los teóricos de la autoorganización (formulación erudita) y de la autonomía (formulación política). A partir de la comprobación de que la modernidad ha liberado a lo social de toda trascendencia, lleva a investigar los medios intelecutales y las prácticas para provocar el advenimiento de una sociedad autónoma; lo cual supone la capacidad de tomar a cargo la contingencia, lo aleatorio, lo nuevo, asegurando un mínimo de estabilidad a las instituciones, las leyes, las mediaciones sin las

150

cuales ninguna forma social podría existir. Paradoja de un objetivo cuya trampa trata Cornelius Castoriadis de desarmar, mostrando que es necesario, para llegar a ella, renunciar al pensamiento heredado y cambiar de lógica. A las lógicas anteriores las reemplaza por el proyecto —bien significativo de la inversión realizada en beneficio del desorden o el caos— de construir "una lógica de los magmas". De una manera menos ambiciosa o menos temeraria, el desorden creciente, ya sea económico, social o político, es considerado a partir de las respuestas que le oponen los actores sociales. El ensayo más notable, al respecto, es el de Albert Hirschman que considera la elección entre dos modos de acción: la defección (*salida*) que se efectúa por la suspensión de una relación con personas u organizaciones cuyos "servicios" se degradan; la toma de la palabra (*voz*), de carácter más político, que responde a esa degradación por la expresión de críticas y reivindicaciones y, más allá, por la creación de organizaciones de sustitución. Es una antinomia fundamental de la acción social que se encuentra así una vez más puesta en evidencia: las respuestas a los desórdenes actuales conllevan desórdenes futuros, indefinidamente.

Introduzco aquí un intermedio para hacer aparecer la efímera población de expresiones que tratan de designar este tiempo, así como también las formas nuevas de la sociedad y la cultura que surgen en él. Unas remiten a morfogénesis totales o brutales (mutaciones), a desapariciones y deconstrucciones (estallido, dispersión), a desregulaciones (ni señales ni valores claros), a la cuasipatología (aislamiento, narcisismo, soledad), a la regresión (barbarie). Otras denominan poniendo el acento en las capacidades lógico-instrumentales y las técnicas llamadas de punta: sociedad abstracta o tecno-programada, informática y tecnotrónica, mediática; con una calificación positiva (todo comienza a ser posible) o negativa (no hay más futuro). En el último caso, se trata en cierto modo del empleo de un vocabulario de alarma que subraya los efectos perversos o incontrolables. La crítica de la razón instrumental, la manifestación de sus desviaciones ya han sido mencionadas, hasta en las perversiones extremas de éstas: la instauración de un totalitarismo, no ha mucho; la progresión de potencias desencarnadas y de un poder anónimo imposible de asignar a quienquiera que sea, hoy. La crítica de la sociedad de la comunicación golpea con la incertidumbre a lo real y denuncia las estrategias de la ilusión. Jean Baudrillard ilustra, recurriendo al procedimiento de la teoría-ficción, la tesis de la desaparición. Esta época es vista como la de la simulación, de los simulacros, de una hiperproducción en la cual todo se anula; hay un desmoronamiento del orden simbólico (de donde la sociedad de la tradición obtiene su relativa cohesión), una proliferación de las informaciones, una anulación de los contenidos reemplazados por puras imágenes: así se crea un pseudo-real sin embargo muy real. Perforar la pantalla de las apariencias y volver a ver el mundo ha sido el proyecto de Umberto Eco, realizado por etapas y vagabundeos con motivo de numerosas crónicas. Es la denuncia del juego de las máscaras y lo falso, de la multiplicación de los procedimientos de la ilusión, de un universo ideologizado por los medios de comunicación. Con una apertura, no obstante: "elaborar hipótesis sobre el aprovechamiento del desorden" y contribuir a una "cultura de la readaptación continua, alimentada de utopía". Llegar a lo que ocultan las apariencias y lo efímero es también tener acceso a la capacidad de adaptarse a la transición permanente y, por consiguiente, aceptar una especie de *bricolage* que se aviene a la precariedad. ¿Cómo identificar un orden cuando es mucho lo que se muestra en la inestabilidad y la apariencia engañosa?

Es precisamente en lo que tienen de inestable que algunas de las actividades más actuales investigan la posibilidad de identificar y pensar este tiempo. Sencillamente, lo nuevo y lo *neo*, la cultura de lo efímero o de la insignificancia, bastan para designar el deslizamiento en una historia que parece cada vez más inasible. Con más audacia, los anunciadores del fin de la modernidad entran, según una fórmula de Jurgen Habermas, en "el claro anarquista de la posmodernidad"; ahí donde todo se desafía y donde se afirma el rechazo a las representaciones unívocas del mundo, las visiones totalizadoras, los dogmas, las imputaciones de sentido; taller de deconstrucción donde se desarma la jerarquía de los conocimientos y los valores, los sistemas de significación, los paradigmas y los modelos. En esos escombros ya no se puede asir una lógica de conjunto, únicamente micrológicas. Jean-François Lyotard, promotor de la posmodernidad a la francesa, ha corregido las malas interpretaciones, incluidas las suyas. El refuta ahora la idea de una ruptura completa, de una especie de *Año Uno* del pensamiento nuevo, denuncia la transformación de la duda actual en un "nihilismo activo" con respecto al cual todo depende de lo superficial y el juego. Lyotard no hace más de la posmodernidad un período que sigue al de la modernidad, sino una *dinámica*: un trabajo permanente con miras a descubrir "lo que se oculta" en lo que acontece hoy, a comprender lo que pasa hasta en sus contradicciones internas, incluso a aprender los nuevos comienzos como hacen los niños. Es un llamado al movimiento, una incitación a no hacer de los desórdenes presentes la justificación de una pasividad resignada o cínica.

Pero otra figura, italiana, se erige igualmente en el escenario posmoderno: el filósofo Gianni Vattimo. Este filósofo proclama una doble desaparición, la de las concepciones historicistas del mundo, la de las teorías de la superación en el sentido de Hegel o de Marx. La primera de estas desapariciones remite a una experiencia del tiempo y de la historia en adelante radicalmente diferente. La linealidad de la historia, ese hilo rojo que ella parecía desenrollar, se ha roto. Según una expresión de Lyotard, ha estado "demasiado cargada de crímenes", y la sociedad se ha vuelto demasiado compleja para que no haya fracturas, desviaciones y perversiones del camino. Pero esta explicación no puede bastar; la visión lineal de la historia, la que era portadora de una cierta idea de progreso, se ha anulado a partir del momento en el que se ha impuesto el reconocimiento de la multiplicidad de las culturas, y del hecho de que éstas elaboran "genealogías" diferentes. La concepción histórica unificante ha estallado en el terreno del pluralismo antropológico. También la experiencia de la temporalidad debe ser examinada, en la medida en que ella cambia profundamente bajo el efecto de las mediatizaciones. Todo tiende a reducirse a la simultaneidad, a la contemporaneidad, al predominio del instante, y lleva así a una rápida des-historización de los tiempos sociales hechos añicos. La segunda desaparición es correlativa: ya no hay ni adelantamiento cronológico según el único eje del progreso, ni adelantamiento crítico realizando una aproximación progresiva de la verdad: "Lo que sucede no es lo que es 'natural' [por oposición a las pretensiones de validación 'natural' de los órdenes dados], sino lo que ha tomado una forma entre otras formas posibles de devenir, otros posibles horizontes epistémicos". Es necesario entonces disminuir las ambiciones e ilusiones, *conformarse con* —puede decirse trivialmente— lo que ha sido transmitido, aceptar una "ontología débil", un "pensamiento débil". Vattimo propone "repensar la herencia", es decir, "las formas simbólicas, las formas de la experiencia culturalmente concretizadas, lo que podría llamarse el lenguaje de una cultura", para obtener de ellas la orientación de nuestra experiencia del mundo, para llegar a "una realidad aligerada, pues está menos claramente dividida en verdad y error, en verdadero y ficción, información e imagen". Se trata de otro acomodamiento con el desorden actual, mediante el recurso de una *memoria* puesta al servicio de una libertad salida de la postración de las imposiciones de orden y capaz de fortalecer el "deseo de pertenecer a este mundo". (4) Después de tantos rodeos por el futuro u otros caminos, prospectivos o exóticos, es el regreso a sí mismo y en este tiempo, lo único que puede satisfacer la nueva pasión occidentalista.

Las fórmulas abundan, en una confusión originada en las identificaciones múltiples, concurrentes y contradictorias que expresan sobre todo la dificultad de asir el movimiento. Asimismo, las reglas del pensamiento actual tienden a hacerse más libertarias, más anarquistas, socavadoras de las construcciones de la razón positiva al igual que de diversas dialécticas: desde Feyerabend que propone, con su manifiesto titulado *Contre la méthode*, el "esbozo de una teoría anarquista del conocimiento", a Giulio Giorello, filósofo de las ciencias y epistemólogo, defensor de un "empirismo libertario", que invoca la necesidad a la cual se encuentra sometida toda búsqueda de nacer y progresar necesariamente "en un océano de anomalías", a falta de la cual se condenaría al deterioro o la esterilidad. Es también el camino, más vagabundo y buscador de suculencias, que traza Michel Serres al denunciar a una filosofía que ha perdido el mundo y lo ha reemplazado por una "vaga abstracción". Volver a las cosas y "escribir bien cerca del matorral agitado", es la recomendación que permite por otras vías recuperar el caos: "La meditación sobre el caos y la mescolanza, la atención puesta en lo sensible, eso se parece bastante a una filosofía del escándalo".

Esta, al igual que la teoría anarquista del conocimiento, es desconcertante. Además, en este campo de la conducta de las ideas como en otros, la función bipolarizadora de la modernidad, que he señalado poco ha, está obrando. Es la más aparente, por amplificación simplificadora, en el debate político. Se mantiene discreta, pero con más influencia, en la actual confrontación filosófica: de un lado, los que quieren atenerse a la verdadera filosofía y que, a fin de poder pensar un mundo ordenado, ponen este tiempo y sus desórdenes entre paréntesis; del otro lado, aquellos para quienes la filosofía es el trabajo de un pensamiento en vías de hacerse, de elaborarse en contacto con lo real que les es contemporáneo. Pero es justamente esa realidad la que, por sus estallidos y transformaciones sin fin, parece hoy burlarse de los proyectos del pensamiento. (5)

Lo real más incierto

La modernidad es el movimiento más la incertidumbre; conviene recordar aquí mi propia máxima. Mucho, si no todo, es puesto en una situación de desaparición, sustitución o transformación; pero también de reutilización de formas recibidas del pasado. Resulta trivial, hasta perder toda significación, hacer el recuento de las desapariciones y, por compensación, el de lo nuevo y lo inédito que pueden mantener una neofilia ingenua o cínica. El desbarajuste de paisajes sociales y culturales, de señales, de maquinarias y técnicas, así como también de montajes múltiples que reglamentan la relación del individuo con sus ambientes y con lo social, todo eso contribuye al surgimiento, luego al refuerzo de una conciencia del desorden. Lo que parecía depender del desorden, hace unos veinte años, tiende progresivamente a imponerse como un nuevo estado de cosas; esa palabra es una de las más comúnmente empleadas, ese tema orienta la creación en muchos campos. Más allá, es el movimiento por el movimiento lo que tiende a ser la única señal, la regla de las conductas. Mover en un universo que parece el de lo movido, donde lo real se aprehende sobre todo bajo un aspecto kinético, he ahí el mandamiento respetado por una cantidad creciente de contemporáneos. Pero esta agitación es, en parte, ciega. Para el observador común, la pérdida del sentido (efecto del desmoronamiento de los grandes sistemas simbólicos y explicativos y de la expansión de una especie de agnosticismo general) es también la pérdida de las orientaciones que guían al individuo. La negociación de las relaciones impuestas por la vida cotidiana y, más aun, el avance durante el recorrido de la vida, son afectados por la duda y sujetos a frecuentes reajustes; un empirismo inestable y chapucero reduce el campo de las ritualizaciones y las rutinizaciones, los hábitos y las certidumbres.

No es sólo la capacidad del hombre ordinario, sino también la del político la que se encuentra disminuida. En los períodos de grandes transformaciones, mientras que todo es puesto en movimiento, incluida la herencia, el poder debe contemporizar con la incertidumbre, enfrentar situaciones cuyo conocimiento completo y control total se le escapan; tiene menos que antes la posibilidad de triunfar *evidentemente*, y sus fracasos ocultan o desvalorizan los resultados de su acción. Sobre todo, pierde lo que constituía su fuerza en las sociedades de la tradición: ser el guardián del sentido, al estar ligado con un orden simbólico relativamente estable por lo cual está instituido lo social; ser el agente por el cual la tradición da su sentido y su dirección a los proyectos colectivos y producir un amplio (o total) consentimiento.

Por último, es la capacidad de los expertos —científicos y técnicos— la que sufre una misma prueba. Por la multiplicación acelerada de las informaciones (una especie de amontonamiento de datos), los descubrimientos, los medios instrumenales, y por el juego de los efectos poco previsibles, considerados perversos. La obsolescencia golpea más rápido y con golpes reiterados; el arcaísmo, en tanto que pone en desuso ideas y sistemas, se hace evidente con mayor rapidez e intensidad; la movilidad adaptativa adquiere un valor de primera jerarquía en el mercado de trabajo y en las estrategias de acceso a las responsabilidades. He ahí las consecuencias de una acumulación cada vez más rápida de conocimientos, de medios y productos nuevos, de intervenciones en todos los sentidos que dejan poca cosa en su lugar; ni siquiera al hombre en lo que lo define físicamente y depende en adelante de diversas ingenierías. La lectura pesimista anuncia la degradación del saber (una acumulación del "ruido" en perjuicio de la información), el encaminamiento hacia un caos que convendría ordenar mediante el conocimiento mientras que las posibilidades son actualmente muy débiles; la lectura optimista predice a corto plazo una nueva situación de "estabilidad general" que propiciará una utilización óptima de todos los elementos adquiridos. (6) En síntesis, la edad del desamparo o la edad de oro.

En todos los momentos de esta incursión inicial, es el movimiento el que impone su presencia; tanto es verdad que *pensar este tiempo y en este tiempo es necesariamente pensar el movimiento*. Lo real, tal como lo podemos aprehender en sus manifestaciones actuales, debe ser relacionado con él, aunque las disciplinas encargadas de investigarlo estén desigualmente preparadas para hacer frente a esta presión dinámica. La ciencia social heredada, establecida, no ha sido motivada para considerar los fenómenos de los que se ocupa en estados alejados del equilibrio; su práctica la lleva a la preferencia de la estabilidad (habiendo el conflicto dependido de la sociología crítica, más periférica), a la preferencia de lo funcional, lo estructurado, lo organizado. En esas condiciones, el tiempo se convierte en la dimensión olvidada, y el acontecimiento, en el intruso que debe ser expulsado. Este se impone, sin embargo, y casi siempre con la aceleración que la actualidad le confiere. El caso extremo es cuando una sociedad paralizada por el totalitarismo, en la cual la vida real ha estado confinada y subterránea, accede a la libertad. El orden detenido se rompe de un golpe y es el movimiento general el que lo impulsa, alimentado por las esperas y los deseos mucho tiempo contenidos.

La España del inmediato posfranquismo pasa a ser así la de la *movida*, efervescencia que es recreación y puesta en escena de la novedad, animación por un impulso joven, que es una entrada en la modernidad y que trastorna el ordenamiento de las viejas provincias conservadoras. De un lado, un orden que sobrevive mal, manteniendo sobre todo las nostalgias; del otro, un movimiento que saca al país de las esclerosis causadas por la dictadura, se identifica con una libertad que riega por todas partes la vida individual y colectiva, y cambia en profundidad las mentalidades. Es primero la ruptura de un doble confinamiento: interior, con la liberación de las costumbres, la ruptura de los encuadramientos y la pérdida de eficacia de los códigos antiguos; exterior, con el derrumbe de las fronteras protectoras, sobre todo las que funcionaban como una censura cultural y se oponían al acceso al espacio mediático ampliado. Doble apertura que tiene una función motriz y da la prevalencia al instante sobre la duración, que valoriza la actuación inmediata en perjuicio del proyecto formador de un nuevo orden en vías de realización, que hace del presente una conquista. Es también el desmoronamiento del sistema simbólico que mantenía el antiguo estado de cosas: aquel del que la Iglesia era la guardiana y por el cual ella ejercía su acción sobre la sociedad y sobre las maneras de ser, aquel que comenzó a corroer la laicización de lo social, el que mantenía la familia tradicional y sus ritos festivos. A esta deconstrucción de lo simbólico responde un simbolismo ligero, fluctuante, cuya figura real constituye el elemento central: vincula con soltura a una historia, una tradición; unifica más allá de las fracturas ocasionadas por la transición democrática; expresa a la España nueva y representa el acceso a la modernidad y al mundo exterior. En todo, la realidad presente se proclama en términos de movimiento; con las fluctuaciones que provocan el regreso de imágenes del pasado rechazado o, a la inversa, de tradiciones que responden a la búsqueda de un arraigamiento; el cine español actual se alimenta de estas ambivalencias y contradicciones. El pasaje brusco de una estabilidad mantenida por obligación y coerción a la inestabilidad innovadora, a la dinámica creadora, manifiesta las actuales figuras de lo real con un efecto de crecimiento ligado con las especificidades de esta situación. Revela más aun, con la aceleración y la mezcla de los procesos, la obra desconcertante de la modernidad. (7)

Hoy, lo real se aprehende en y por el movimiento, necesariamente; éste requiere que se identifiquen las formas nuevas de la temporalidad y, por consiguiente, de los tiempos sociales, según la terminología sociológica convenida. La experiencia humana se encuentra radicalmente cambiada en su relación contemporánea con el tiempo, al punto de estar a veces desorientada, de no reconocer más que una agitación cuyos movimientos son comparables a los de las máquinas delirantes e inútiles, productoras de efectos sin una razón aparente por una movilidad inscrita en una duración desprovista de calidad. Tinguely, escultor del movimiento, representando a un mundo y evocando a un hombre mecánicos y desamparados, ilustra esta condición. Más allá de esta impresión superficial, la comprobación global es la de una descomposición del tiempo unificado que se realiza en el siglo XX, proceso en aceleración que arrasa una larga tradición filosófica que postulaba esa unidad, y que lleva a no asir más el tiempo sino a partir de sus diversas manifestaciones y en la dispersión. Su estallido hace pensar (y creer) que él mismo está bajo la influencia de los generadores de desorden y, en cierto modo, enfermo.

La temporalidad actual es compuesta tanto como fragmentada; comprende niveles o estratos débilmente ligados o asociados de manera conflictiva y precaria. Dos de los sistemas por los cuales se reconocen las regularidades, las repeticiones y los ciclos, ya no aseguran totalmente esta función. En las sociedades donde las ciudades y los artificios progresan y se multiplican, el tiempo natural ya no es el material princi-

157

pal a partir del cual los hombres construyen y dirigen sus temporalidades, fundando así en naturaleza su orden social. Los puntos de referencia temporales ya no tienen apoyo naturales, por así decir, evidentes; otras señales, fluctuantes y propias, de esa segunda naturaleza que es el medio urbano-técnico-mediático, los ocultan y los alteran. El hombre, al confiar en la experiencia individual, ya no reconoce claramente en su trayecto de vida y en su condición biológica los indicadores necesarios para *su* percepción del tiempo: los diferentes grados de la edad se hacen borrosos, los estados de salud dependen del apoyo médico y de sus prótesis, el envejecimiento y, con él, la muerte, retroceden o son eludidos. En otro nivel, la ciencia misma ya no aporta la certidumbre de un orden del mundo regido por el tiempo de las regularidades; ha despojado las nociones de estabilidad y regularidad de su poder tranquilizador; el tiempo que ella tiene en cuenta ya no sigue caminos bien evidentes y derechos. Se manifiesta en figuras múltiples, muy diferentes según los objetos considerados y las disciplinas que se ocupan de ellos; comienza a ser captado, conocido, en su impulso hacia los extremos: tiempo de lo ilimitado, con las divulgaciones de la astrofísica y las técnicas espaciales; tiempo de la retracción en el momento más breve, con la información relativa a los experimentos llevados a cabo en física de las partículas y con el *tiempo real* de los instrumentos informáticos; ya no aparece solamente por la intermediación de las máquinas analógicas simples, sino de instrumentos complejos que asocian la precisión cada vez mayor con la capacidad de descomponerlo en unidades arbitrarias cada vez menos representables. Todos estos trastocamientos se producen junto con los que afectan a las regularidades sociales —el orden que rige el curso de los días— en la medida en que socavan los simbolismos y las ritualizaciones, así como los ciclos festivos recibidos de la tradición.

Las temporalidades presentes, relacionadas con lo vivido individual, pueden calificarse según cuatro referentes: la cotidianidad, las máquinas, las imágenes y lo imaginario. La época se presenta cada vez menos propicia a una representación unilineal del transcurso de la vida, a una gestión del tiempo que se concede la duración bajo la única reserva de las rupturas imputadas a la mala suerte o la fatalidad. Prevalece la incertidumbre, el presente hay que conquistarlo sin cesar y el ciclo de la vida individual asume el aspecto de una carrera de obstáculos. Es un tiempo en el que nada es adquirido con seguridad, ni el saber ni la competencia, ni el empleo o el período de actividad, ni el respaldo social y afectivo que da su base a la existencia privada. De manera más global, el hombre de la modernidad puede sentirse en la situación de *extranjero* ante lo que no es la temporalidad inmediata. El cambio, lo inestable, la precariedad se le vuelven más familiares; la novedad, lo efímero, la sucesión rápida de las informaciones, los productos, los modelos de comportamiento, la necesidad de efectuar frecuentes adaptaciones le dan la impresión de vivir solamente en el presente, aunque la gestión de una existencia tiende a ser la de sus momentos sucesivos.

La modernidad se realiza y se simboliza también por las máquinas complejas, por los sistemas hombre-máquina que componen un universo técnico descubierto por la mayoría de la gente como un mundo en expansión, fascinante, difícil de explorar, reconocer y conocer bien. Son los instrumentos que funcionan sin que sus operaciones sean aparentes, tanto más misteriosos cuanto que su coherencia interna se acrecienta y obedece a una lógica difícilmente accesible. Este conocimiento incompleto favorece el desarrollo de un nuevo animismo que presta vida, intención, voluntad y a veces pasión a los seres-máquina; sus averías adquieren ahora el aspecto de crisis burdamente parecidas a las que pueden degradar las relaciones humanas. La semejanza con lo vivo parece tanto más fundada cuanto que el movimiento técnico impone a las máquinas un límite comparado con su existencia (la obsolescencia como equivalente de la muerte) y las hace sucederse como si fuesen generaciones breves. La enfermedad misma parece afectarlas; los "virus", alteraciones malévolas de los logiciales, atacan de manera contagiosa a los sistemas informáticos. Incluso es necesario recordar que la biografía de la máquina revela hasta qué punto ésta está, necesariamente, ligada con lo imaginario y con la proyección de los deseos humanos.

Todo eso es sabido; lo que lo es menos, es la entrada en otro orden de la temporalidad a la cual obliga el mundo sin cesar renovado de las técnicas actuales. La computadora, cuya quinta generación se gesta en Japón, lo revela no sin que resulte paradójico. El vocabulario de la informática, las técnicas numéricas, introducen la noción de *tiempo real*, definido muy oficialmente en Francia desde hace una buena decena de años; una noción que parece transmitir desde la experiencia humana hacia las máquinas la relación con la realidad temporal, a causa de una especie de humor involuntario que sobreentiende una desposesión. Define, de hecho, un funcionamiento: la capacidad de la computadora de elaborar los datos con una cuasiinmediatez, de realizar a gran velocidad (las batallas industriales actuales se llevan a cabo para ganar millonésimos de segundo) la sincronización de una gran cantidad de operaciones (varios millones). Es el universo de los "inmediatos", se ha dicho, donde el tiempo secuencial o cronológico ya no tiene claramente su lugar, sino un tiempo que no se despliega, que es de otro carácter y se produce de otra forma. Singular, manifiesta una temporalidad fluctuante y modelable; inmaterial, es sin embargo una especie de materia explotada por la inventiva y el trabajo humanos. Es un tiempo de una poderosa eficacia, por el cual la máquina llega a ser generadora de sentido, autora de significaciones resultantes de su interacción con la persona que dirige el sistema. Este advenimiento de un tiempo que ya no se despliega va acompañado de una desaparición progresiva de la materialidad y de una miniaturización del espacio mecánico. Este se reduce volviéndose cada vez más pleno; parece transformarse en una especie de átomo artificial (o técnico), en el que se conjugan o se concentran el poder de la inteligencia y el que la materia contiene. La "pulga", por la cual se realizan los avances de la electrónica, es una partícula de materia (de silicio) atiborrada de minidispositivos, memorias, circuitos y materia gris; es el lugar en el que se realizan cada vez más rápido operaciones cada vez más numerosas y complejas; hasta el punto incluso de que los laboratorios norteamericanos y japoneses tratan de hacer de ella la base de una copia de cerebro rudimentario. Tiempo y espacio parecen confundirse, lograr juntos una verdadera mutación, abolirse en sus formas antiguas y llegar a ser así capaces de hacer producir efectos cada vez más inteligentes. La máquina no trastoca sólo las categorías, los referentes según los cuales la experiencia humana construye lo real y se apropia de él; tiene acceso además a un poder que le es propio; ya no está sujeta a la condición de puro instrumento, ahora es una compañera, entra en una relación "conversacional", se dice, con las palabras de hoy. (8)

La mutación del tiempo, del espacio, de lo real, se realiza también en la producción de las imágenes, prolíficas gracias al empleo de las nuevas técnicas, y formadoras de "poblaciones" multiplicadas y diversas. Las redes que las transportan, al igual que los mensajes relacionados con ellas, duplican la realidad material, imponen una superrealidad cada vez más densa, más globalizante. Transmiten a lo real una especie de vida por duplicado, y hacen más confusas sus fronteras hasta ahora reconocidas. Todas las culturas han definido en todas las épocas las formas de un más allá de lo real inmediato, pero es la primera vez en la historia que la realidad próxima se encuentra inmersa en la corriente cotidiana de las imágenes y los mensajes. Esta situación cambia radicalmente la relación con la temporalidad. Debido a la gran velocidad de su transmisión, la imagen actual anula casi la relación comúnmente establecida entre el espacio y el tiempo. Los medios de comunicación realizan la ubicuidad; por la imagen y el sonido, hacen presente simultáneamente en numerosos lugares el acontecimiento, real o ficticio, grabado en otra parte, cualquiera que sea la distancia. La percepción y la concepción de la proximidad, de la distancia, son profundamente transformadas. La idea de "proximidad mediática" indica una desaparición del espacio y una contradicción total del tiempo por el efecto de la simultaneidad; la sociedad se encuentra entonces definida como "potencialmente sin distancia y simultánea". En el campo de la vida cotidiana, las maneras de comunicarse y las relaciones entre las personas cambian de modalidad y la división de lo público y lo privado, de lo exterior y lo interior, se hace más confusa. Las fronteras que separan estas dos clases de espacio son más permeables; lo privado tiende a ser un lugar a partir del cual un número creciente de relaciones con el afuera se establecen instrumentalmente: aparece como un modo de *vivir juntos separadamente*. Esta comunicación en extensión continua, y simultánea, esta *visibilidad* resultante de la omnipresencia de la imagen, no se efectúan sin riesgos. En particular, el espacio pierde progresivamente su función protectora, defensiva, pues la distancia ya no tiene la función de una pantalla opaca; las imágenes no se hacen sólo invasoras sino también inquisidoras; los sistemas de teledetección, adaptables a todas las escalas, introducen y multiplican una amenaza de carácter panóptico.

Con las imágenes numéricas, de síntesis, de las que se dice que son provocadoras de una revolución dentro de la revolución de los medios de comunicación masiva, la relación con lo real y con lo imaginario se encuentra prácticamente subvertida. Su ejecución acarrea los mismos efectos que la de los productos informáticos de los cuales no son, además, separables. Su producción es el resultado también de una parte de materialidad y de una parte mucho más grande de tecnologías, lenguajes, símbolos, operaciones lógico-matemáticas; son estos componentes y procesos los que engendran, por elementos y valores cromáticos definidos numérica y simbólicamente, formas sobre las cuales el operador influye constantemente. Estas formas llevan en sí por lo tanto una capacidad de metamorfosis infinitas. La calificación de "imagen-matriz" o "imagen a la potencia imagen" (expresiones propuestas por Edmond Couchot) expresan este advenimiento de las imágenes que pueden reproducirse sin límites. Es este movimiento mismo, resultado de la interacción entre ellas y el operador (el espectador, se ha dicho), el que las constituye como generadoras de sentido. Ya no son más representaciones del mundo, sino simulaciones de objetos existentes o imaginarios. Hacen surgir otra realidad, inmediata e inmaterial, fugaz, incierta, puesto que conlleva un gran número de posibilidades, que impone otra experiencia del tiempo, el espacio y el objeto. Este tiempo no corre, está "abierto sin fin ni comienzo..., simulación de instantes siempre renovables y diferentes que pueden actualizarse... en una infinidad de momentos que ni el Objeto ni el Sujeto ni la Imagen han vivido antes". Es el tiempo del instante, separado de un pasado que impone su necesidad y de un futuro cuya realización sería ineluctable. El aporte de las nuevas técnicas imagineras a la cultura de lo efímero reaviva los debates sobre la función de la imagen y las incertidumbres en cuanto a la naturaleza de lo real. Los críticos y los apologistas de la simulación se enfrentan en verdaderas batallas de iconos. (9)

Los segundos son los anunciadores de un imaginario diferente, numérico, que, si bien está ligado a lo real habitualmente percibido, tiene una capacidad creciente de engendrar lo real inédito y de darle una evidencia. Las categorías y las estrategias de la percepción son transformadas progresivamente; no se trata sólo de ver, sino de operar, de manipular; el espacio se percibe menos por su extensión que por el movimiento, los procesos que producen su efecto; el tiempo se capta por los acontecimientos, los momentos, no por una continuidad y una cronología. Lo que contribuía fundamentalmente a la identificación de un orden —y de la necesidad que le es propia— se encuentra así revuelto, anulado. Las escenas de lo imaginario, hasta ahora insospechadas, parecen abrirse al infinito y las metamorfosis escapan a los límites que le imponen un fin. La ficción científica, en sus diversas realizaciones, aprovecha estas posibilidades. Recurre siempre a la mezcla de lo real y lo imaginario, lleva incluso una parte de antropomorfismo, pero representa plenamente nuevas figuras de la espacialidad y la temporalidad. Permite manifestar de otro modo y, más allá, inventar espacios y sus transformaciones. Los creadores de obras de ficción —traducibles en imágenes de síntesis— llevan al extremo las paradojas temporales de los físicos. Ahora el tiempo puede ser detenido y satisfacer la espera de un eterno presente; puede ser invertido y permitir venir del futuro o regresar al pasado; toma a veces la forma de un laberinto cuyos recodos es necesario aprender. Es, de cierta manera, la expresión de la relación problemática con las temporalidades actuales. (10)

En la medida misma en que las categorías de tiempo y de orden han estado siempre estrechamente relacionadas, la prevalencia de lo efímero, del instante, del presente, contribuye a la conciencia del desorden. El tiempo discontinuo, vivido en la dispersión, parece manifestar un orden sin duración, por consiguiente falso. La *urgencia*, acentuada en las sociedades de la modernidad y omnipresente, dramatiza un estado de cosas que ya no depende más de lo ordinario, de la regularidad, sino de lo inesperado, el acontecimiento, lo inmediato. No es sólo la que se origina en el accidente, la catástrofe o la crisis parcial que hace irrupción (como la de octubre de 1987) en la crisis global y durable, aunque pueda tomar estos aspectos extremos en un mundo de complejidad creciente, víctima del movimiento, rebelde a los mandatos, que mantiene en el hombre el sentimiento de una amenaza multiforme. La urgencia proclama, acabo de explicarlo, un *modo de ser del tiempo*: el de una edad en la que las técnicas cobran validez por la rapidez de sus operaciones y su evolución, en que la información recibe calidad (y eficacia) de su rapidez y los medios de comunicación, de su capacidad para ocuparse sin retraso del acontecimiento, en la que la política se somete más a las fluctuaciones de la opinión, los sondeos, las circunstancias, y menos a los programas que deciden las opciones a más largo plazo, en la que la cotidianidad se vive por una gran parte en el instante, bajo la presión de una urgencia que exige el éxito personal y su mantenimiento o la búsqueda de remedios para el infortunio. El futuro inmediato, y lo que éste tiene de imprevisible, introduce una especie de violencia en el presente. Es la oportunidad que tiende a imponerse multiplicando los oportunismos sin perspectivas. Tiene tanto más el campo libre cuanto que la urgencia no deja casi la posibilidad de diferir la reacción ante el acontecimiento, luego a la decisión que dirige la acción. Anula casi la distancia entre ésta y aquél. En esta trituración del tiempo, lo real se hace más fluido y confuso, y el espacio concedido a la reflexión se reduce o desaparece. En este desmenuzamiento del tiempo, el pensamiento puede ceder a la tentación de renunciar a la coherencia y a la unidad; consiente entonces en no ser sino fragmentario. (11)

Pero los hombres no son tan pasivos como el pesimismo contemporáneo lo hace creer; saben que si el tiempo es su amo, es también una materia sobre la cual tienen ascendencia, un producto social. En la cotidianidad tratan de conquistar el presente haciendo lugar (en cuanto es posible) a un tiempo libre que puede llegar a ser el suyo (independientemente de las presiones exteriores), escapando en ciertos momentos a la presión de la urgencia y la servidumbre del instante, con todos los límites con que tropieza semejante intento y con la ambivalencia que se le atribuye. La experiencia del presente incita a restablecer una continuidad (y, con ella, un orden de referencia): se la encuentra en el antes y el después temporales, es retrospectiva y prospectiva a la vez. Se produce un regreso hacia el pasado, hacia el tiempo cumplido en el que las vidas han adquirido una plenitud de sentido, en el que se origina la nostalgia, en el que el arraigo se realiza imaginariamente. La pasión por la historia es desde hace varios años una de las pasiones francesas; la política cultural japonesa hace del reencuentro con el pasado un medio de reordenar las identidades colectiva e individual, para preparar mejor el enfrentamiento con el futuro. La cuestión de la memoria colectiva, la búsqueda de lugares de la memoria, son reactivadas por la actualidad; es una distancia necesaria que se toma con el mundo presente, una puesta en perspectiva que tiende a hacer que lo imprevisible sea más previsible y menos angustiante. Tradición y modernidad se encuentran, además, pues la segunda aporta a la primera el respaldo de las técnicas nuevas: los bancos de datos e imágenes, las bibliotecas electrónicas y las videotecas, las terminales de computadoras comienzan a hacer más accesible el pasado y permiten cuestionarlo, someterlo a las interrogaciones actuales. La proyección en el futuro —con más frecuencia anticipación de *una* continuidad, afirmación de una parte de orden mantenida en profundidad bajo la superficie de los cambios incesantes— se basa también en los nuevos dispositivos técnicos, más que en una filosofía de la historia. La utopía misma se tecnifica tratando de descubrir los períodos del próximo milenio que realizarán el camino hacia un mundo globalmente ordenado, pacificado, convertido en una especie de tierra sin mal donde la historia se detendrá. Los "trabajadores del futuro" han aprendido en adelante que éste es más difícil de conquistar que una nueva frontera. Se reparten según sus opciones predominantes, detrás de las cuales se reconocen las figuras del orden y el desorden: unos afirman que el futuro siguen siendo previsible a pesar de todo, que una tendencia poderosa lo conduce, que un orden se mantiene y progresa cumpliéndose en los niveles superiores, más allá de las transformaciones, de los movimientos generadores de lo nuevo, de lo inédito y de los riesgos; los otros consideran que el avance se efectúa por rupturas y crisis, por una intensificación del desorden que rompe toda continuidad, que lleva no obstante en sí las oportunidades de hacer aparecer soluciones alternativas, formas diferentes de lo social y lo cultural; otros, en fin, que aprovechan el orden y el desorden y se ocupan de ambos conjuntamente, asocian el futuro con diversos estados posibles entre los cuales una elección y una voluntad colectivas pueden decidir. Las sociedades presentes son así denominadas de bifurcación; la elección de los posibles se hace sucesivamente de la misma manera en que un trayecto se va desarrollando de encrucijada en encrucijada con miras a un final lejano cuyo logro puede ser ilusorio. (12)

El hombre indeciso

Frente a una realidad incierta, la figura del hombre se hace más confusa, borrosa como lo sería la imagen devuelta por una superficie líquida en constante movimiento. El hombre se descubre en parte desterrado en un mundo cuyo orden, unidad y sentido le parecen oscurecidos; en presencia de una realidad fluctuante y fragmentada, se interroga sobre su propia identidad, sobre su propia realidad, mientras que la modernidad sobreactivada multiplica las manipulaciones resultantes de las nuevas técnicas, las ingenierías de las cuales él es objeto, y estimula la producción de apariencias y señuelos que lo hacen caer en una trampa.

164

Lo que importa, en un primer tiempo, es el punto de referencia de los procesos que hacen del hombre contemporáneo un ser histórico mal identificado, sin definición mítica, metafísica, positiva y cultural de amplia aceptación. La indiferencia, el desprecio, la violencia pueden atacarlo a costos más reducidos, la inquietud y el miedo lo confinan en la pasividad, el poder técnico lo hace moldeable. La apatía terminaría por hacerlo el espectador desvinculado de todo y de sí mismo.

La incertidumbre expresa en parte la relación ambigua que el hombre actual mantiene con su ambiente y con su propia naturaleza. Ha tomado conciencia del poder creciente de las técnicas, de las conquistas que logran y los efectos de desorden de los cuales son *también* las generadoras. Su capacidad en constante aumento es asociada con la desnaturalización, el riesgo, la amenaza fatal y no sólo con un dominio de la naturaleza cada vez mejor asegurado y más propicio. El hombre está ahora atento a las conmociones que lo afectan en su naturaleza misma. La intervención resultante del movimiento acelerado de la biología puede afectarlo en su ser físico, en su formación misma, en lo que le es constitutivo. Los procesos biológicos humanos han llegado a ser portadores de cultura hasta en la intimidad celular. El genio genético adquiere el poder de efectuar recombinaciones, los medios de actuar sobre las fuentes de la vida. El hombre, que estaba comenzando a saber que es programable por el efecto de las presiones sociales y culturales, ahora descubre que es *fabricable* a pedido, que un orden insidioso puede formarlo o interrogarlo en lo que es su condición biológica. La bioética levanta con dificultad barreras protectoras, las reglamentaciones vacilan, ya la definición genética del individuo —con la carta genética— puede duplicar la identificación burocrática. Más significativas aun, porque ya existen, son las técnicas de procreación artificial. Es el advenimiento del nacimiento tecnificado, con todas las disociaciones que éste entraña: de la sexualidad y la reproducción, del cuerpo y la procreación, de la paternidad natural y la paternidad social, de la conjunción de las diferencias sexuales y la fecundación. Todo un asentamiento, y en todas las sociedades, sobre el cual han sido construidas en un período muy largo las relaciones primarias ligadas con formas culturales, se encuentra trastocado. Se gana una libertad pero se corren riesgos, principalmente de una eugenesia, considerada primero positiva, que se pervertiría enseguida por deslizamientos progresivos. Se descubre un movimiento, que procede por medio del artificio (mediaciones técnicas complejas), de la dislocación (disociación de los elementos constitutivos de un orden) y de la recomposición (aparición de recombinaciones, de formas nuevas todavía precarias). Desorden y orden actúan conjuntamente en un enfrentamiento cuyo desenlace es aún impreciso.

Más allá de lo que afecta actualmente a la relación con lo económico —la conmoción total del mercado de trabajo, la precariedad de las empresas, el desorden monetario y financiero— y que acarrea para muchas personas la degradación de las condiciones de vida, es necesario tomar en cuenta los efectos de las organizaciones, el impulso devorador de los sistemas hiperracionalizados y burocratizados. Su multiplicación, la tecnificación de su proyecto, vuelven a ese impulso más apremiante en los diversos campos de su competencia; las reglamentaciones proliferan y se sedimentan, vuelven más confuso el conocimiento de las obligaciones y los derechos. Los sistemas ya no tienen en vista a un hombre global —como sucede en las sociedades de la tradición—, sino a sectores considerados individualmente, como si el hombre se encontrara en estado de dispersión. El sistema médico lo descompone, lo trata según las especialidades y se presta cada vez menos a una evaluación general de la condición física y moral. El sistema educativo lo forma por niveles sucesivos, con pasajes imprecisamente trazados de uno a otro, una gran incertidumbre en cuanto a los objetivos y a la demanda social; en consecuencia, con una serie de reformas que acentúan la impresión de desajuste y de desorden, que impulsan a la búsqueda a menudo vana de la apertura pedagógica sobre la vida. El sistema productivo también se ha convertido en un generador de segmentación, a la inversa de lo que sucedía con los antiguos oficios; separa las tareas y automatiza, sustituye la técnica global por las operaciones en cadena y repartidas de manera serial; vuelve precarias las competencias a causa de la obsolescencia rápida; rompe la unidad de la vida activa imponiendo cambios de empleo, reciclajes y reconversiones; introduce fracturas en la actividad individual, engendrando el desempleo por la desaparición de los sectores productivos en vías de regresión. El sistema mercantil, en las sociedades donde el consumo es el motor principal, tiene igualmente efectos de fragmentación; mantiene, con la ayuda de los medios técnicos programados y basados en la publicidad intensiva, la fuerza de los deseos y la renovación de los pedidos; las bogas y las modas se aceleran, las cosas se multiplican y apelan sin cesar a la pasión de la posesión al ser más efímeras; el proceso de reducción al estado de mercancía prosigue su avance en muchos campos. En ese movimiento cada vez más abarcador, en esa prosecución incesante de lo que se ofrece para consumir, el hombre contemporáneo experimenta una especie de libertad favorable a su placer, pero se dispersa en las realizaciones efímeras y sufre la insatisfacción del "siempre más". Por último —ya lo he señalado—, el sistema de la comunicación y la información impone también él una profusión, la de los acontecimientos, los mensajes, las imágenes; da del mundo y del hombre una visión calidoscópica, pulverizada y móvil. En ese torbellino, es posible a la vez perderse (diluirse) y tener acceso a una cierta libertad por la apertura de las opciones y la capacidad de conmutación.

A las tendencias a la segmentación, disolventes de toda unidad, se oponen tendencias de signo contrario. Gracias a la informatización, es realizable una totalización burocrática; la interconexión completa de las redes daría el poder de reunir las identidades parciales de cada individuo, de construir una identidad global que permitiría poner bajo vigilancia y hacer más operativos los procesos de normalización. La creación de la comisión francesa "Informática y libertades" muestra a la vez la existencia del riesgo y el intento de limitarlo. Las organizaciones de una gran dimensión aportan a la gestión un alto grado de instrumentalización, recurren a sistemas técnicos complejos y asociados, hacen de éstos un medio para crear la unidad y la centralidad —así como también la rapidez— conectándolos; pero el centro se encuentra a merced de un error, una disfunción, una avería o una malevolencia cuyos efectos en cadena se amplifican y se convierten en generadores de desorden. En otra escala, los sistemas de regulación de los movimientos de masas humanas numerosas que controlan las corrientes y mantienen un orden de conjunto transforman a éste en un caos cuando se descomponen repentinamente en un punto. Las enormes aglomeraciones urbanas están constantemente bajo la amenaza de estas rupturas del orden: con los embotellamientos producidos por el tráfico de automóviles, que lo paralizan; con la detención imprevisibile de los transportes colectivos que, progresivamente, desorganizan toda una ciudad; con el corte de energía que paraliza a una gran ciudad (como el *black out* de Nueva York), que ocasiona una desorganización total y efectos de pánico. (13) La comprobación más general es la siguiente: las totalizaciones, la constitución de conjuntos ordenados se efectúa sobre todo mediante procedimientos lógico-instrumentales, sistemas técnicos de gran complejidad, cada vez menos recurriendo a las simbolizaciones unificadoras y los dispositivos políticos, o de poder, creadores de unidad a la vez real y aparente. Estos sistemas funcionan de manera abstracta, impersonal; además, por el hecho de su carácter complejo, son vulnerables. El error, la avería, el contrauso y el bloqueo voluntarios convierten su orden en desorden, luego en caos. El peligro y el riesgo cambian con ellos de carácter y de escala; es además significativo que haya aparecido una ciencia nueva, la del riesgo, o "*cindynique*" (del griego *kindunos*, peligro), de reciente creación. (14)

La figura del hombre indeciso tiene su origen igualmente en la interferencia de otras corrientes contrarias: las que lo llevan a la indiferenciación (o a una diferenciación débil) en el seno de las masas, por una parte; y las que lo llevan al individualismo y permiten una cierta recuperación de sí, por la otra. La masa es el resultado de los efectos numéricos, de una multiplicación de los hombres concentrados en los mismos lugares, o sometidos a las mismas presiones de normalización, o que llegan a ser casi semejantes por el consumo de las mismas cosas, signos, mensajes, imágenes, modelos imitables; o incluso por todo eso a la vez, bajo los impulsos de una modernidad que se caracteriza por una inflación que puede considerarse generalizada y no sólo monetaria. La inflación deprecia, desvaloriza; la masa devalúa, despersonaliza esfumando las diferencias. Las dos revelan un desorden activo bajo las apariencias de orden, aun cuando éstas sean mantenidas con firmeza por un poder total o totalitario. El individuo se diluye bajo el efecto del número, mientras que el tratamiento numérico lo reduce a la existencia estadística para constituir un efectivo, un mercado, un público, un electorado, o simplemente una muestra en un sondeo. Empero —y he ahí el juego de lo contradictorio— hay procesos de desmasificación que se abren paso. Estos, objetivos y de gran amplitud, resultantes de energías nuevas y de la evolución de ciertas técnicas productivas, los que provocan la conmoción de la "infosfera" por la multiplicación de las redes mediáticas, los que propician las descentralizaciones privilegiando los lugares de iniciativa potencial. (15) Se crean posibilidades, pero su aprovechamiento sigue siendo vacilante y el desvío del uso puede pervertirlas o contrariarlas. El individuo obra, por otro lado, por su propia cuenta, ya sea por retracción, defensa y audacia, o por iniciativa. Trata de volver a su favor lo que puede contribuir a su desaparición; a las antiguas relaciones sociales deshechas las reemplaza con las relaciones de redes constituidas según las afinidades; a las presiones de los sistemas técnicos le opone el empleo matizado de éstos: con la informática personal, con la telemática, propicia a las representaciones de roles que comprometen (y le hacen descubrir) su personalidad, con los medios de comunicación más favorables, debido a su diversificación, a la interacción y no sólo al mantenimiento de un narcisismo por poder. Pero lo esencial se sitúa en otro plano: en el de lo infrasocial donde el individuo se "rehace", donde realiza los intentos de reapropiación de su propia persona y las experiencias de reforma de un vínculo social menos dependiente de las circunstancias exteriores. La superinversión del dominio privado, y la búsqueda de una autonomía que puede lograrse en él, engendran una socialidad móvil, que funciona en cierto modo con el régimen del ensayo. Esta socialización experimental y cambiante alienta a los más optimistas de los observadores de lo actual a convertirse en los anunciadores de una nueva revolución individualista, ignorando que esta movilidad ejerce también sobre el individuo efectos indeseados y que lo ponen a prueba, y le aportan en el centro de su vida privada tan sólo una libertad incierta.

Esta resulta tanto más desconcertante —en cierta manera sin un modo de empleo preciso— cuanto que la modernidad hace del individuo un hombre fabricado, mantenido en el juego de las apariencias y lo espectacular; un hombre cambiante que trata de definirse en sus variaciones y mediante ellas. Fabricado: corporal, social, culturalmente. Las técnicas de mantenimiento y control corporales se divulgan, obedecen al ciclo de las modas, se asocian con esquemas míticos: el del ardid con la edad y la decadencia, el de la superación de sí y las hazañas, el de la *vedette* capitalizando la perfección del movimiento y el éxito social. El cuerpo se hace cada vez más aprovechable gracias a las prótesis mecánicas y químicas o a los trasplantes; es ayudado, reparado, llevado más allá de sus capacidades; ya se ha formulado el proyecto de superar el estado del "hombre neuronal" realizando una transferencia de inteligencia artificial al cerebro. El cuerpo entra activamente, para un número creciente de personas, en el juego del parecer; contribuye a la presentación (y representación) de sí; obedece a las leyes de la imitación; se presta a las presiones del *look*, de la imagen personal construida según los cánones del momento. De una manera directamente social, se trata, sobre todo, del consumo y su estimulación por la moda, por la publicidad. Como ya he observado: en las sociedades de la modernidad mercantil, todo está dado para consumir y todo termina sometiéndose al sistema de la moda.

Es además significativo que esto sea causante de debates, a falta de otras preocupaciones sobre las cuales discutir. El elogio de la frivolidad es antiguo y reaparece con regularidad. El elogio de lo efímero lo es menos, remite principalmente a un tiempo —éste— cuya brevedad es una de sus características, una de las maneras de ser de las cosas, los productos culturales y las ideas. Ya no hay más una continuidad que mantenga los valores firmes y provoque la adhesión individual, sino un atractivo sucesivo y, en síntesis, desapegado. Este desapego de la actividad de lo social, lo cultural y de los poderes es interpretado tanto de manera positiva, como una de las condiciones de la posibilidad de una liberación individual, una "autonomización" de la existencia personal, de una democracia sin guerra ideológica y con apuestas políticas pacificadas. O bien, y no sin poderosas razones, el imperio de lo efímero es designado como el de la insignificancia; ya no aparece como sistema propicio a un nuevo individualismo y a una nueva democracia, sino como el generador de un mundo sin humanidad. Esta llega a disiparse y desaparecer "si todo es precario y perecedero, si ninguna obra, ningún acontecimiento, ningún hombre escapa a los ciclos devoradores del consumo". (16) Detrás de este enfrentamiento se encuentran presentes los efectos del desorden (con el olvido que lleva éste), y del orden (con la memoria y la duración que implica éste) propios de este tiempo del movimiento y la incertidumbre. La fábrica cultural de hoy es principalmente la que funciona por los medios de comunicación y sus redes en expansión. Esta es inmensa y diversificada, cada uno se coloca en ella en situación de receptor acogedor y complaciente o de interactor. En el primer caso, el individuo está bajo la influencia, preso en la corriente cotidiana de los mensajes y las imágenes, sometido al despliegue de las apariencias y lo espectacular; es arrastrado en la corriente de una cultura, que he calificado no hace mucho de extensiva, que trivializa y universaliza por irradiación, pues pasa las fronteras y llega a poblaciones cada vez más numerosas. Con la interacción, cuyas posibilidades se acrecientan por el desarrollo de las nuevas teletecnologías, el individuo encuentra una iniciativa. Elige, entra en el juego de los encuentros a distancia y de los roles precariamente asumidos, se sirve de su yo propio, de sus demandas y sus emociones; tiene acceso a una tecnocultura en la que lo imaginario importa tanto como la información sobre lo real. "Carnaval de los espectros", se ha determinado, pero también movimiento de una búsqueda (que empieza por la de sí mismo y la del otro) realizada gracias a esta exploración (de este nomadismo) inmóvil que proponen los dispositivos telemáticos.

Indeciso, el hombre lo es en un mundo fluctuante donde los principios del orden ya no están claramente legitimados ni son fácilmente identificables, donde su propia identidad es inestable y ambigua. Las palabras del momento —y a menudo de la moda— lo dicen. Tiempo de las apariencias y las simulaciones, del vacío, lo efímero, la levedad y los goces precarios, de una cultura de la inconsistencia (del *zombie* posmoderno) y del saber de masa difundido en el desorden, superficial y sin jerarquización, de las ideologías blandas y el pensamiento débil. En el horizonte aparecería una barbarie encubierta: un mundo donde la creación cede el lugar al aburrimiento, lo sagrado a la angustia, la educación a la programación de los individuos; un mundo donde la cultura se atrofia mientras que la ciencia y sus aplicaciones se hipertrofian, donde lo sensible perece y donde la energía de la vida encuentra mal su empleo. (17) La conciencia del desorden se agudiza cuando las referencias del orden se vuelven ambiguas, cuando se acrecienta la incertidumbre. Cuando los dioses efímeros reemplazan al Dios perdido, el destino se fragmenta, lo trágico adopta las figuras cambiantes del riesgo, real o mitificado. Y cada uno se siente tentado, a su manera, de preservar, con la mayor libertad posible, su lugar en un mundo donde descubre en ciertos momentos sólo "el desorden, el estrépito, el arcaísmo". (18)

Notas

(1) Presentación realizada a partir de la obra de M. Guillaume: *Eloge du désordre*, París, Gallimard, 1978.

(2) Resumen reducido a los aspectos predominantes de la argumentación de T. W. Adorno y M. Horkheimer: *La Dialétique de la raison-Fragments philosophiques*, París, Gallimard, Tel, 1983.

(3) Sobre Weimar, la transición, la modernidad, en cuanto ocasión de debate sobre la decadencia: Coloquio *Weimar ou l'Explosion de la modernité*, París, Anthropos, 1984, bajo la dirección de G. Raulet.

(4) Algunas referencias relativas a esta sección titulada: "La dificultad de saber". Para una presentación general: G. Balandier: *Le Détour, pouvoir et modernité*, París, Fayard, 1985, cap. 5. "La modernité en tous ses états"; E. A. Tiryakian (dir.), *The Global Crisis, op. cit.*; C. Castoriadis: *Les Carrefours du labyrinthe*, París, Seuil, 1978; A. O. Hirschman: *Exit, Voice and Loyalty: Responses to decline in Firms, Organizations and States*, Harvard, Harvard University Press, 1970; J. Baudrillard: *L'Autre par lui-même*, París, Galilée, 1987; U. Eco: *La Guèrre du faux*, París, Grasset, 1985; J. F. Lyotard; *La Condition post-moderne*, París, Editions de Minuit, 1981, y *La Post-modernité expliquée aux enfants*, París, Galilée, 1986; G. Vattimo: *La Fin de la modernité. Nihilisme et hermeneutique dans la culture post-moderne*, París, Seuil, 1987, y la charla dada por G. Vattimo, *Libération*, 12 de agosto de 1987.

(5) P. Feyerabend: *Contre la méthode, esquisse d'une théorie anarchiste de la connaissance*, París, Seuil, 1979; L. Geymonat y G. Giorello: *Le ragioni della scienza*, Roma, Sagittari/Laterza, 1986; M. Serres: *Les Cinq Sens*, París, Grasset, 1985; J. L.: Nancy: *L'Oublie de la philosophie*, París, Galilée, 1986.

(6) A título de ilustración de las dos posiciones: I. Lakatos y A. Musgrave (ed.) *Criticism and the Growth of Knowledge*, Londres, Cambridge, University Press, 3a. ed., 1974; G. Stent: *The Coming of the Golden Age. A View of the End of Progress*, Nueva York, Natural History Press, 1969.

(7) Sobre la *movida* entre otros testimonios: el del escritor H. F. Rey: "Le choc des Espagnes", en *Le Point*, 11 de nov. de 1985, y C. Tréan: "Les nouveaux conquistadores", en *Le Monde*, 7 de feb. de 1986, y también el *Festival del cine español del otoño de 1987*, en París. Sobre la relación de lo "arcaico" y de la tradición con los procesos de la modernidad, con ilustración por caso: L. Dispot: *Manifeste archaïque*, París, Denoël, 1986.

(8) Las nuevas figuras del tiempo son presentadas —principalmente en el artículo de E. Couchot: "Le 'temps réel'"— en el volumen 13 de *Temps Libre*, 1985. Más globalmente, la condición de lo real es considerada por P. Watzlawick: *La Réalité de la réalité, confusion, désinformation, communication*, París, Seuil, 1984. *Les Etudes philosophiques*, 1, 1985, han dedicado un excelente número especial a "L'imaginaire et la machine".

(9) Sobre las imágenes y su relación con lo real: G. Balandier (dir.): "Nouvelles images, nouveau réel", volumen especial de los *Cah. int. de socio.*, enero-junio 1987. Cita extraída del artículo de E. Couchot: "Sujet, objet, image"; véase también: *Images,* París, Hermes, 1988.

(10) *Ibid.,* artículos de M. Guillaume ("Le Carnaval des spectres"), de E. Couchot (ya citado), A. Sauvageot ("Mémorie et anticipation d'un "imaginaire numérique'") y J. Baudrillard ("Au-delà du vrai et du faux, ou le malin génie de l'image").

(11) Un número especial de la revista *Actions et recherches sociales* acaba de ser dedicado a "L'urgence", Nº 2, junio de 1987. Al igual que varios estudios recientes de P. Virilio, principalmente *Vitesse et politique* y *L'Espace critique.*

(12) Obra de referencia: B. Cazes: *Histoires des futurs,* París, Seghers, 1986. Llevada al extremo (y no sin humor) de las programaciones del futuro, la obra de dos científicos ingleses, B. Stableford y D. Langford: *Le Troisième millénaire,* trad. fsa., París, Aubier, 1986.

(13) Sobre la huelga sorpresa del transporte subterráneo y del R. E. R., en París, antes de la Navidad de 1985, un periodista de *Le Monde* (22-23 dic., 1985) escribió: "Y toda una ciudad, de pronto, se desorganiza. Totalmente estrangulada..., una ciudad que se ha vuelto loca". El apagón energético, sucedido en Nueva York hace unos diez años aproximadamente, ha excitado la imaginación novelística por la amplitud de los desórdenes, el pánico y los dramas que provocó. Las búsquedas destinadas al "caos", mencionadas en el capítulo 2, se aplican a estos fenómenos repentinos de ruptura del orden por contaminación masiva.

(14) La *"cindynique"* ha sido presentada, desde su nacimiento oficial en París en diciembre de 1987, como una exploración del "archipiélago del peligro"; o, incluso, como la consideración de todos los componentes del riesgo, desde los "impactos de la actividad humana en el ambiente" hasta los "aspectos económicos y financieros" y la "información".

(15) Estos procesos, y la versión optimista de la "desmasificación", son presentados en el libro de A. Toffler que completa su lectura (más bien radiante) del futuro: *La Troisième Vague,* trad. fsa., París, Denoël, 1980.

(16) La fórmula es de A. Finkelkraut, con motivo de una crítica severa de la obra de G. Lipovetsky: *L'Empire de l'éphémère,* París, Gallimard, 1987.

(17) Véase M. Henry: *La Barbarie,* París, Grasset, 1986.

(18) Fórmula del escritor y poeta P. Guyotat, con respecto a *Bivouac,* su última obra: "En el fondo, no sé nada. He dejado entrar en mí con la mayor libertad posible el desorden, el estrépito, el arcaísmo de este mundo de hoy".

7

El desorden no puede encerrarse

En el siglo XVIII, la idea de que el desorden implica necesariamente un orden adquiere una fuerza conquistadora. Sade reconoce así la obra de "la mano sabia de la naturaleza"; ella "hace nacer el orden del desorden y, sin desorden, no llegaría a nada: tal es el equilibrio profundo". (1) La idea tiene hoy todo su lugar en la teoría científica, pero el sentido común la utiliza cada vez menos de manera positiva en lo que es su apreciación propia del mundo presente. Para la observación común, el progreso ya no sigue un avance sin fracasos y sin regresiones; farfulla a la manera de un motor fatigado y el desorden camina no dejándole nada en buen estado. Ya lo he señalado, la conciencia del desorden se ha avivado; ella rige las formas de negociar la vida cotidiana: los ardides, los repliegues, las defensas, las exigencias, y no sólo las estrategias de éxito estimuladas por las posibilidades que ofrece un mundo en movimiento, donde los códigos se mezlcan, donde las señales y los valores se intercambian o desaparecen. Se difunde no obstante la idea de que, si bien el desorden no puede encerrarse, es importante identificar sus manifestaciones, de oponerle una línea de defensa, de convertirlo en energía capaz de efectos positivos; de utilizar el movimiento en lugar de dejarlo hacer o padecerlo, sin incluso conocer bien los medios de llegar a él y los riesgos corridos por error y no por pasividad.

Después de un período de aflojamiento de las presiones, de liberación, de valorización de la espontaneidad y de experimentación libre en todos los campos, la exigencia de orden vuelve a manifestarse y con una intensidad creciente. Otro ciclo parece así abrirse. El desorden de la economía mundial, que culmina en fluctuaciones monetarias y financieras incontrolables, en la precariedad de los mercados laborales, en la utilización viciosa de los recursos, mantiene un deseo repetido de restauración del orden; se ha cruzado un umbral, más allá del cual las formas de regulación son deseadas por los mismos que se benefician con la inestabilidad y la confusión. La movilidad de las costumbres, principalmente en el campo de la sexualidad y la vida familiar, tiende a reducirse por autorregulación, manteniendo algunas costumbres adquiridas en el transcurso de las décadas precedentes. El desorden amoroso no se atenúa solamente bajo la amenaza de muerte que mantiene la nueva endemia. Las figuras de la familia actual y las de uniones hasta hace poco reprobadas son menos inestables en la medida en que los códigos autogenerados comienzan a fijar su definición. Hay una libertad que sigue actuando, pero funciona más bajo un control voluntario y menos prescrito. Más generalmente, con el repliegue sobre lo privado, la cotidianidad se convierte también en un campo donde las reglas todavía frágiles tratan de dar forma a una socialidad inédita, a un vínculo social menos dependiente de las circunstancias, a relaciones establecidas por la pertenencia a redes que sustituyen a las antiguas modalidades de agrupamiento.

Pero el indicador más significativo es la recuperación de la exigencia moral y el redescubrimiento de la necesidad de recurrir a la ética. Los poderes públicos franceses ya han debido oponer barreras al aumento de los grandes riesgos contemporáneos (la informática frente a las libertades, la ingeniería genética frente a lo que es propio del hombre en cuanto especie); deciden ahora reglamentar los nacimientos tecnificados, los usos de los métodos de procreación artificial; se encuentran frente al problema de la protección del mapa genético. La cuestión ética se plantea con una intensidad y una urgencia que son proporcionales a los peligros ya presentes y multiplicables. Fuera del espacio político, en diversos lugares y con un vigor desigual, surgen demandas de carácter moral que no nacen sólo de las coyunturas, los cálculos y las estrategias. Las manifestaciones estudiantiles de fines del año 1986, en Francia, han permitido popularizar la fórmula anunciadora del advenimiento de una generación moral. La juventud se ve entonces exaltada en cuanto reencuentra la felicidad de la virtud. Es cierto que tiene más poder de reacción ante las violaciones de los derechos del hombre y las violencias totalitarias, ante el racismo y las discriminaciones, ante la miseria de los pueblos del Tercer Mundo y la nueva pobreza, ante las relaciones de competencia desigual y las del enfrentamiento brutal. Los compromisos personales, los movimientos colectivos, las asociaciones lo atestiguan: se trata menos de palabrerío y pose que de una emoción provocada por el desorden salvaje del mundo, de una exigencia de recodificar la vida y asegurar su defensa. Los responsables de las empresas, ellos también, en la prueba que les imponen las turbulencias económicas, aspiran a volver a una mayor estabilidad, a los valores que corrigen los efectos brutales del descontrol, a una moral de los negocios. Los más jóvenes de los dirigentes reafirman que es necesario poner a "la empresa al servicio de los hombres", que es urgente tomar en cuenta los problemas morales planteados por la irrupción de las nuevas técnicas; con la afirmación realista, de parte de algunos, de que un funcionamiento sobre bases éticas es más favorable a una adaptación rápida. (2)

Vuelve una palabra —y con esta reaparición, la crisis, con su cortejo de males individuales, no resulta extraña—, la palabra: solidaridad. Sirve para moralizar el discurso político, para provocar, en el marco de iniciativas mediatizadas, dramatizadas, la generosidad o la caridad de masas, a expresar la búsqueda todavía confusa de nuevas formas del vínculo social. En este último sentido, revela igualmente la necesidad de reglas, mientras que el juego social parece entregado a lo arbitrario y a los cálculos de múltiples actores, ellos mismos fluctuantes a merced de las circunstancias. Esa palabra tiene una larga historia, al parecer es comprendida por todos, pero queda una significación suficientemente ambigua —salvo en sus acepciones jurídicas— para tolerar usos diferentes y convicciones variables. Es esta vaguedad lo que permite, en el momento del rechazo de las ideologías fuertes y del orden por coerción, legitimar los reagrupamientos y las solidaridades a prueba, sus composiciones y recomposiciones incesantes. La crítica de las ideologías dulces (como la de las medicinas dulces) podría aplicarse a ese solidarismo generalizado, considerado débil frente a las durezas del tiempo ya presente y el que vendrá. Sería olvidar los estragos ya próximos, todavía presentes, engendrados por el terror ideológico; sería subestimar también una búsqueda, desde luego pragmática y sin arrogancia, que da más crédito a la creación continua que a las prácticas de acomodamiento doctrinario. (3) Empero, es cierto que las exigencias y las tentativas evocadas al instante siguen siendo frágiles y a menudo imprecisas, incluso contradictorias en su formulación o su forma. Es la consecuencia de un movimiento y una elevación de la complejidad que se producen en todos los campos, incluidos los espacios de lo social y lo cultural; es la consecuencia derivada de modos de representación, interpretación, por los cuales la figura del desorden sigue siendo una referencia principal, obsesiva y fijadora de las incomprensiones, las inquietudes, las angustias.

Figuras del desorden, figuras reveladoras

El desorden es visto ordinariamente bajo los aspectos del mal —como éste, "se propaga"— o de lo inesperado, lo desconocido temido. Es por consiguiente lo que hace irrupción trastornando el orden de las cosas, de los seres, de las ideas. La modernidad parece darle una capacidad de omnipresencia y una virulencia acumulada. Contribuye poco a la interpretación *racional* de las situaciones y los problemas, su lógica propia está confinada en el interior de los saberes científicos. Sus razones, según el sentido común, a menudo son extrañas para la Razón; son de otro carácter, lo cual no quiere decir que carezcan de fundamento. El recurso a la explicación por el desorden designa la realidad presente en algunos de sus estados, manifiesta la casi imposibilidad de comprenderla de otro modo; depende también de la lógica constitutiva de las mitologías contemporáneas, es de cierta manera siempre activa en los escenarios imaginarios cambiantes que éstas componen, en asociación con otras entidades, otras figuras. Es por esas funciones que conviene abordar el estudio, constituirlo en cuanto revelador de lo actual y de las actitudes intelectuales, emocionales, frente a él. Las circunstancias lo hacen surgir, le dan una especie de evidencia. Es necesario considerarlo a partir de ellas, luego investirlo, para someterlo a una investigación interpretativa de carácter socioantropológico.

El acontecimiento, advenimiento de una figura del desorden

La historia inmediata acaba de provocar una irrupción espectacular, mundial, de un desorden de origen económico y de su cortejo de estragos, inquietudes, recuerdos relacionados con los desastres resultantes de las crisis del pasado. Todo comienza en octubre de 1987 y prosigue más allá por alternancias de treguas cortas y conmociones de más larga duración; aunque anunciada por signos precursores mal percibidos o ignorados, una poderosa tormenta bursátil golpea de pronto, y la anarquía monetaria se hace evidente para todos, sin que ningún poder llegue a contenerla o a abandonar el hábito y los beneficios del dejar hacer. Es el estado de choque, las primeras víctimas lo llevan al nivel del drama, del destino fatal, los medios de comunicación lo amplifican al informar, ilustrar y comentar el acontecimiento. El crac bursátil, en unos días, no es más el asunto de los financistas, los expertos, los políticos; todos comprenden de un golpe que a él ya le incumbe o puede llegar a incumbirle. El fenómeno toma otra amplitud y se carga de significaciones fluctuantes. Abundan las fórmulas y las metáforas para definirlo, identificarlo y explicarlo, para oponerle una respuesta inmediata más mágica que racional, pues parece consagrar el fracaso de los expertos. Metáforas que se refieren a las manifestaciones naturales del desor-

176

den o el caos: tempestad, tornado, catástrofe, hundimiento, desastre, sacudida. Metáforas que dependen del léxico de la patología física y mental: enfermedad oculta con un progreso repentino y fulminante, movimiento de locura, reacción delirante, psicosis colectiva, pánico generalizado. A lo cual se agrega, como en el universo de los mitos y los ritos, la búsqueda de un culpable, de un chivo emisario: la computadora utilizada desde hace poco en las operaciones bursátiles es designada con este fin, la máquina que se ha vuelto perversa habría provocado el desastre.

El acontecimiento no se ha sustraído evidentemente a toda acción de la racionalidad. Abundan los análisis y los comentarios, provocan la confrontación contradictoria sobre la naturaleza de las causas. El doble déficit norteamericano —del presupuesto y el comercio exterior—, los vaivenes del dólar que provocan, al perdurar, la incertidumbre sobre el valor de la moneda de referencia, el nivel de las tasas de interés, la especulación mantenida por las transformaciones y la modernización del sistema financiero, las desregulaciones: tantos datos que intervienen generalmente en la argumentación explicativa, dejando el campo libre al conflicto de las interpretaciones, los diagnósticos y las previsiones relativas al futuro inmediato. Según algunos, entre ellos un economista que es premio Nobel, no había una fatalidad portadora del desastre; según otros (para quienes un bien puede nacer de un mal), la crisis tendrá efectos correctivos sobre un mercado muy inestable; según otros, por último, la evolución no es dominable ("los poderes no pueden gran cosa"), el resultado será la recesión y el caos. Es la incertidumbre, incapaz de orientar las conductas que vacilan entre la prudencia temerosa y el riesgo audaz que espera obtener una utilidad de las circunstancias. Para escapar a la pasividad inherente a lo indecidible, es necesario tratar de saber más. Los instrumentos antiguos reaparecen, los instrumentos nuevos son puestos a prueba por la prueba. Las tesis cíclicas reaparecen; por ellas, el análisis retrocede y obtiene más pertinencia, pues es menos aventurado pronunciarse sobre las tendencias largas. El "abominable doctor K", está de regreso; los ritmos largos de Kondratieff son considerados de nuevo, con la alternancia en cincuenta años de fases que funcionan entre recesión y depresión, con la concepción de las crisis del capitalismo como un proceso normal y regular cuya salida no es (a la inversa de la profecía llamada marxista) apocalíptica. (4)

Lo nuevo es la intervención de los caólogos, los teóricos del caos para quienes un efecto imprevisto —el "efecto veleta" reconocido por los meteorólogos— engendra movimientos de apariencia errática. Ellos reemplazan a los teóricos desfallecientes de la economía y a los financistas desamparados. El desorden relacionado con los fenómenos complejos es su dominio. Las turbulencias bursátiles les dan ocasión de un estudio de verdadera grandeza: identificar el o los fenómenos imprevisibles que los han engendrado y mantienen un estado caótico, reconocer con la ayuda de los medios científicos más complejos los atraedores capaces de hacer existir nuevas formas de orden y los desórdenes futuros ocultos por esas otras regulaciones. (5) Pero, en esas diversas tentativas de interpretación o explicación, los caminos de la racionalidad se pierden o se mezclan confusamente. La incertidumbre predominante los oscurece y esto, tanto más que la figura del caos, es propicio a todas las mistificaciones. Por estas operaciones de lo imaginario —debido también a la carga psicológica ligada con el dinero— los datos de hecho —y, para muchos de ellos, técnicos— se encuentran transfigurados. Esas operaciones llegan a ser entidades que actúan a la manera de potencias nefastas a las cuales las mitologías prestan existencia.

Cuando el desorden, por su intensidad, su duración y su extensión, se identifica con el caos, la incertidumbre y la inquietud ya no son las únicas manifestaciones que produce. Ya no es únicamente lo inexplicable, ahora se percibe como el factor de un contagio que amenaza con no dejar nada en buen estado, aparece también como el revelador por el cual los problemas y las dudas padecen una especie de acrecentamiento. Muestra las cosas en negativo, convierte las certidumbres, las ignorancias y las indiferencias en recelos que se generalizan y amplifican. El crac del lunes 19 de octubre de 1987, y el que resulta de él, da un vigor nuevo a la polémica del saber, el arte de los expertos y los sistemas técnicos a su servicio. El conocimiento economista, a pesar del afinamiento de las teorías, los modelos, los escenarios, no ha podido contribuir a predecir y no puede casi contribuir a prever lo que serán las secuelas de un acontecimiento. Los comentadores periodísticos comprueban entonces que los profesionales son "superados", que la técnica de los previsionistas "está descompuesta". Los especialistas tratan de trasladar las responsabilidades, varios de ellos acusan entonces —como lo ha hecho el presidente de la Bolsa del Pacífico— a las "máquinas que los hombres ya no pueden controlar". Son las computadoras y los sistemas que informan las operaciones bursátiles las que se convierten en los actores del desastre; se duda de que los beneficios resultantes de esos programas informáticos sean "superiores al enorme potencial de catástrofe del cual [el 'lunes negro'] ha dado un anticipo"; en la mejor hipótesis, se prevé que no se renunciará al empleo de las computadoras, sino que se redefinirá su función. Se descubre que la máquina, por la cual la racionalidad se encuentra más completamente instrumentalizada, puede volverse loca. Esta explicación, divulgada por los medios de comunicación, aviva de un golpe las reticencias y los temores más o menos latentes relativos a la sociedad informatizada; y esto, tanto más fuertemente cuanto que tiene que ver con una crisis que deprecia el valor que expresa a todos los valores materiales: el dinero.

Los análisis, realizados a mayor distancia del acontecimiento y menos orientados por la búsqueda de culpables, plantean la pregunta más importante: la de la conversión brutal de la racionalidad en irracionalidad. En este caso, el exceso de cálculo de los grandes actores monetarios y financistas sería más catastrófico de lo que habría sido la ausencia de ellos; sus comportamientos obedeciendo aparentemente al máximo de racionalidad habrían tenido como resultado, por agregación y efecto colectivo, una irracionalidad desorganizadora. Sin embargo, este análisis no excluye la interferencia de la máquina: la rapidez de las intervenciones (pues la rapidez es el verdadero operador) requiere la de la información y la transacción; la informática provee estos medios y la computadora actúa automáticamente de acuerdo con su programa, pero el desbocamiento del dispositivo no se corrige con la misma celeridad y puede producir un desorden casi instantáneo. La técnica más avanzada no garantiza una racionalidad sin fallas ni una relativa estabilidad; los actores se encuentran tanto más desamparados cuanto que les habían otorgado un gran crédito.

Este tiempo de tormentas no es sólo el de las pruebas padecidas por los doctos, los expertos, los que deciden, es también el de las pruebas impuestas a los dirigentes políticos: una especie de hora de la verdad con motivo de la cual se miden sus aptitudes para comprender las situaciones y su poder para dominarlas; ya no se les concede tiempo, ni la paciencia basada en la creencia de que las cosas se arreglarán. Mientras que los ministros calificados (que administran las finanzas de los países más poderosos) se muestran incluso vacilantes en cuanto a su concertación (en el marco del Grupo de los Siete, colegio casi mítico para el observador exterior), los gobiernos endilgan la falta a los demás, la expulsan hacia afuera, mientras que los enfrentamientos políticos internos utilizan el acontecimiento nefasto para cargarle el fardo al adversario. Los poderes parecen paralizados, la prensa menos crítica observa que no saben a qué atenerse. Sus palabras se vacían todavía más, sus ritualizaciones apaciguadoras ya no funcionan, sus actos se vuelven poco creíbles. Bajo la luz de la crisis reavivada, los políticos parecen situarse fuera de la sociedad, aparte, sin amarras a la más cercana de las realidades. Así se encuentra acentuada con fuerza una tendencia que ha aparecido periódicamente en el curso de la historia de las democracias y principalmente de la francesa: la del escepticismo de los ciudadanos, que entraña el descrédito de los políticos. El desorden que impone la crisis revela más (y, para los sometidos, con un riesgo personal e inmediato en juego) los límites, las impotencias de los dirigentes. Este debilitamiento de la representatividad, de la capacidad, se encuentra manifestado con exageración mientras que es también el resultado de transformaciones anteriores o en vías de realización: la complejidad creciente de los problemas que contraría la búsqueda de soluciones, el movimiento continuo de las cosas que obligan a negociar con la incertidumbre, el nuevo régimen de la información que somete a la ley mediática según la cual la imagen (el espectáculo) prevalece sobre el mensaje. Más importante todavía es el hecho de que las sociedades de la modernidad se constituyen contra la estabilidad, por desequilibrios sucesivos que tienen una función motriz. Los principios del orden son ahí cambiantes, cambiados, ocultos o latentes. Ahora bien, el político, en su esencia, es inseparable de estos principios; es entonces su función lo que se encuentra más confuso; parece incluso haberla perdido al punto de hacer nacer, en el momento de los conflictos colectivos, el sentimiento de su propia desaparición o inutilidad.

Ya se ha observado que el desorden actúa por contagio; afecta al espacio de los signos, de los símbolos, el espacio de lo imaginario, de las figuras que alimentan las pasiones. Porque esta crisis inacabada ha tomado inicialmente la forma de un crac bursátil, ha sacudido los santuarios donde se cumple el rito cotidiano de las operaciones financieras, ha degradado el patrimonio de los que hacen bulto, ha afectado a la imagen del dinero, ha detenido la glorificación de la cual era objeto y que había hecho desaparecer el viejo recelo nacido de la moral cristiana. Al comienzo de este siglo, el sociólogo alemán Georg Simmel, en su gran obra donde propone una filosofía del dinero, la sitúa "de este lado y más allá de una ciencia económica de éste". Este autor demuestra que la esencia del dinero debe ser aclarada "a partir de las condiciones y relaciones de la vida general", y, a la inversa, "la esencia de la vida general y su modelado a partir de la influencia del dinero". (6) La doble relación se mantiene en las turbulencias. Estas ponen más de manifiesto lo que es amenazado y revelan como ilusión lo que era el efecto de una facilidad falaz, vulnerable. Los nuevos héroes —los grandes manipuladores financieros, los ganadores, los *golden boys* inventores de fortunas juveniles construidas en la Bolsa— pierden una parte de su resplandor; resurgen imágenes antiguas, la de los Pequeños, débiles delante de los Grandes, engañados e impotentes frente a los depredadores. Las ganancias ya no están al alcance de toda mano un poco audaz, el capitalismo llamado popular ya no lo parece tanto. El dinero llega a ser un signo que se invierte, designa entonces una precariedad más general (el drama se inscribe en toda vida, del cual las fortunas consumidas constituyen la manifestación repentina) y un descontrol sin freno que puede engendrar un desorden también sin límites, que reviste el aspecto de una fatalidad,

180

de una condenación suprema que sanciona la adoración de los falsos dioses, como si el valor dinero socavara los verdaderos valores.

Es también la relación de una sociedad con el juego que se devela en toda su ambigüedad, una sociedad donde lo efímero alienta la elección de las realizaciones inmediatas, donde la búsqueda del éxito rápido lleva a la espera de la oportunidad, una sociedad donde la Fortuna hace girar las ruedas que empresarios numerosos multiplican. Esta diosa inconstante no distribuye sus beneficios según los méritos, puede enriquecer a los pobres pero también hundirlos más, puede brindar más riqueza a los ricos, pero también arruinarlos por sus excesos. La suerte que se da vuelta aparece bajo los aspectos del sacrificio o de la sanción; parece también introducir lo sagrado y la moral en los espacios del desorden. La investigación de la crisis muestra, de la realidad de los que la viven, los múltiples pasajes de lo real a lo imaginario, las variaciones de la conciencia del desorden y sus efectos. Lo más notable es sin duda lo que puede ser calificado de reflotamiento de lo arcaico en la superficie de la modernidad, bajo la forma de lenguajes, imágenes, entidades, modelos de conductas de defensa o exorcismo. El mito es la primera de las tentativas de restauración del orden del mundo, de pensamiento de ese orden; reaparece como un recurso cuando los medios de la racionalidad, sus instrumentos, pierden su poder en un orden deshecho.

La enfermedad, el mal, el desorden venido de otra parte

En las sociedades de la tradición, antropologizadas, la enfermedad no está confinada en el interior del cuerpo enfermo; éste es sólo el lugar donde el desorden se establece introduciendo una amenaza de muerte. Un desorden nacido en otra parte, en la cólera de las potencias que rigen el destino de los hombres, vengativa (lo que requiere una reparación ritual, sacrificial) o en la perversión de las relaciones humanas, de las relaciones entre las personas (lo que lleva a establecer la culpabilidad, a sancionarla o eliminarla). La enfermedad, la muerte no dependen sólo de la naturaleza y de sus desajustes, sino que remiten a lo sobrenatural y lo social; no están separadas de la falta, del error con respecto a la ley de las potencias que garantizan el orden del mundo, no lo son menos la infracción a los códigos, a los imperativos que rigen el buen ordenamiento de la sociedad y la calma de las relaciones de hombre a hombre. Son, en cierta manera, formas de la violencia, de una violencia que no es la del enfrentamiento físico, sino la que, insidiosa, actúa en el interior del ser cuyo origen está en el exterior, activada por la falta religiosa o la infracción moral. En estos juegos de vida y muerte, el poder humano (aliado) a los poderes que lo dominan es un compañero; es el agente de su orden en el seno de la sociedad y el vínculo necesario con el orden exterior; es un difusor de orden, lo que puede constituirlo en taumaturgo, sanador de los males individuales y los infortunios colectivos. En esta perspectiva, la enfermedad y la muerte revelan que el desorden no es separable del contagio, que lo lleva en sí. La persona enferma no es primero contagiosa en el sentido clínico —el miedo no tiene ahí su origen—, sino en el sentido cultural, simbólico. Pone de manifiesto el trabajo del desorden, hace temer la extensión de sus efectos; su cura no se limita a una relación terapéutica singular; la colectividad está comprometida porque ella se *sabe,* también, involucrada. La enfermedad aparece como un mal plural; es la metáfora del desorden expresada en el lenguaje del sufrimiento y la precariedad humanos. (7)

La modernidad no ha eliminado totalmente esas maneras de ver; pues la amenaza surge y el ascenso de lo arcaico se produce también bajo este impulso. Ya Malraux, en una entrevista concedida en 1975, señalaba el temor de "ver suceder alguna cosa como las epidemias de antes". (8) La "cosa" ahora está ahí; el miedo con fundamento, y también gran fabulador, la acompaña; el apocalipsis está a nuestra puerta —se dice—, la bestia destructora ha tomado la figura del SIDA. Esta época se convierte de un golpe, con la amnesia de sus éxitos, en una de las que marcan las desgracias. Los historiadores describen oportunamente su genealogía. Jean Delumeau ha recordado que estos períodos son aquellos durante los cuales los hombres se descubren sin asidero sobre lo que los golpea: la enfermedad mortal se expande y mata sin que exista la posibilidad de conocer enseguida su naturaleza, su modo de transmisión, y de oponerle las defensas que la desarmen; sobre todo, no actúa ella sola, hay otras calamidades y amenazas que se unen a ella, que las simboliza a todas y da a la configuración una forma temible o aterradora. Se impone como la figura principal de una cultura que se constituye en "cultura de la muerte". (9) Nuestro fin de siglo, a pesar de las conquistas científicas y técnicas en constante aumento, en parte a causa de ellas, por la suma de sus efectos perversos, engendra una configuración semejante que la hace ver en negativo. Pero este conjunto —en el que se sitúan el peligro atómico, la desnaturalización, el riesgo genético, la patología del contagio, la inseguridad y algunos otros males— es fluctuante. Se organiza en torno de figuras principales cambiantes: la bomba, el medio ambiente, la violencia, hoy la epidemia; se modifica a medida que las respuestas permiten domesticar algunos de los riesgos o que el lento acostumbramiento arrastra consigo un semiolvido.

Ahora, el SIDA. Lo designan fórmulas fuertes: la marea "que sube atacando a las sociedades humanas", la "epidemia del siglo", la "nueva peste", el "portador de psicosis y pánico", la maldición que alimenta "el miedo del sexo", la "bestia inmunda", entre otras variaciones. El mal vuelve a entrar en la literatura. Hace reaparecer lo trágico y el mito. Apela a las imágenes de cuerpo a cuerpo, de combate; es el equivalente de una "tercera guerra mundial" donde los enfermos se encuentran "en la línea del frente" y donde los demás son "los de la retaguardia". (10)

En tanto que los medios de comunicación y el poder público se movilizan para instruir, el avance científico y médico prosigue. Se investiga para identificar el virus y sus variaciones, descubrir los caminos de la infección y las "poblaciones" a las cuales se encaminan, encontrar los remedios que hagan más lento el avance del mal hasta tanto pueda eliminárselos. Las campañas de información y prevención modifican las tablas de la ley del comportamiento amoroso. La difusión de las investigaciones, de sus resultados y progresos, introduce la racionalidad y la opone a los fantasmas, los enloquecimientos, la nueva irrupción de la muerte que la cultura de la modernidad había rechazado. Pero esta presentación racional de la enfermedad muestra también los límites del saber y la terapia frente a un mal singular. El SIDA parece perverso, los especialistas chocan con la extraordinaria "capacidad de camuflarse" del virus. Este pertenece a una especie que afecta al hombre por primera vez y que, además, se oculta por "mimetismo molecular". No ataca directamente, tiene por blanco a las células encargadas de la defensa del organismo (los linfocitos), aniquila a sus defensores y deja el campo libre a todo tipo de gérmenes oportunistas, mata en cierto modo por delegación; lo que lleva a Luc Montagnier —descubridor del virus— a decir que los modos de acción de éste son "completamente diabólicos". Como el diablo, actúa escondido y por vías indirectas. Puede ser el ocupante discreto de un cuerpo que no está enfermo, donde mantiene una amenaza permanente, una incertidumbre que corroe, y del cual hace un agente de contaminación. El estado de pre-SIDA, de seropositividad, manifiesta su malignidad: no ataca todavía adentro, pero afecta ya al afuera y arruina la vida de relación de la persona cuyo huésped es. Ninguna enfermedad, ninguna epidemia se ha manifestado en ese grado como figura de un desorden insidioso, omnipresente, devastadora, difícil de localizar y de circunscribir mientras se espera lograr los medios de reducirlo. El mal parece estar y no estar a la vez. Lo cual explica, fuera de las reacciones organizadas (científicas, hospitalarias, solidarias), las respuestas contradictorias que se le oponen. Para algunos, este desorden mortífero debe ser contenido levantando barreras: controles represivos, confinamiento, exclusión. Para otros, por el contrario, la negación de la realidad insta a borrar el riesgo, a ahuyentar la inquietud, a usar ardides con la muerte sin querer reconocerlo. En síntesis, la restauración del orden totalitario o el dejar hacer hedonista, el dejar gozar; entre los dos se sitúan todos los grados de la prudencia autoimpuesta, del riesgo calculado de la sexualidad "más segura".

El desplazamiento de lo real a lo simbólico, de lo real a lo imaginario, encuentra en el caso del SIDA vías de acceso fáciles, porque han sido trazadas desde hace mucho tiempo en numerosas culturas. El virus transmite por dos vehículos, la esperma y la sangre: los dos tienen una fuerte carga de simbolismo, pesada y temida a causa de su ambivalencia. Las especulaciones sobre la sangre se encuentran en el centro de un sistema de representaciones en casi la totalidad de las culturas de la tradición. Ya los Aztecas hacían de la sangre sacrificial la corriente de energía que corrige la entropía del mundo, que desacelera la perdición y el ascenso del desorden que significa el "fin del futuro". Para ellos, la sangre humana es el "agua preciosa". En otras culturas, más generalmente, toda sangre es un humor, un líquido sagrado: el de la comunicación suprema establecida con los dioses, con las potencias, el del sacrificio que une y pone en estado de comunión, el de las heridas rituales hechas en el momento de la iniciación que da acceso al conocimiento del orden del mundo y los hombres. Pero el valor atribuido a la sangre puede invertirse; une en el acto de comunión, desune y opone en el acto violento que la derrama; lleva la vida, se convierte en agente de contaminación —en el sentido simbólico y no biológico— en las situaciones nefastas, principalmente cuando aparece la sangre de la mujer. He ahí lo más significativo: esta ambivalencia que vincula a la sangre con los ordenamientos según los cuales se reparten, lo propicio y lo nefasto, la vida y la muerte, el orden y el caos. De esta herencia recibida de las tradiciones no lo hemos perdido todo; lo que hemos conservado, lo hemos traducido en otros lenguajes. La sangre sigue siendo el líquido "precioso" que circula, irriga el organismo, mantiene la vida y la protege de las agresiones patógenas; oculta todavía un simbolismo confuso, su vista y su contacto pueden chocar, nutrir ciertas perversiones y permitir así la satisfacción.erótica; abre acceso a la lectura del destino individual, por la mediación técnica del análisis, apareciendo como un registro sobre el cual se inscriben los signos de la salud, males encubiertos o amenazas insidiosas; en este sentido, es como el medio de una adivinación que se ha vuelto racional e indiscutible. La sangre no es sólo el agente de la vida, es también el de la salud: sangre del redentor, del mártir, del héroe; ahora, sangre desconocida que transfunde la vida en circunstancias críticas en las que el individuo se encuentra en peligro de muerte. Pero esto, ya, se convierte en un producto complejo y fraccionable en sus elementos (glóbulos rojos y blancos, plaquetas, plasma, factores de coagulación, anticuerpos) a fin de permitir un empleo más selectivo y más adecuado. Este producto, sangre total o fracciones, se convierte en mercancía desde el momento en que es objeto del comercio, instrumento del lucro o la especulación. Un comercio "que da miedo", no sólo porque la sangre no es una mercancía como las otras, sino porque las categorías de lo puro y lo impuro, las apuestas de vida y muerte le son inseparables. La sangre impura ya no es vehículo de la vida sino de la muerte. Puede matar a los que la reciben. El riesgo corrido lleva a algunos a protegerse ante la necesidad eventual de una sangre anónima —sospechosa, tal vez maldita— previendo una donación recíproca con donantes conocidos, parientes, o haciendo de la conservación de su propia sangre la primera (y necesaria) garantía de la vida. La circulación social del fluido vital es así limitada o detenida.

La epidemia de SIDA aviva las creencias y reactiva un simbolismo negativo hasta ahora dormido. El otro es objeto de sospecha, de prevención, porque su sangre puede estar contaminada: si su herida encuentra la mía, ese contacto da paso al virus; si su agresividad quiere perjudicarme o apremiarme, me amenaza con la contaminación. El mal parece reforzar el vínculo con la maldición, está principalmente relacionado con el uso de la droga: la jeringa manchada simboliza la doble maldición del toxicómano, la que da todavía más conexión con la muerte en sí misma, la que lo hace portador de la muerte para otro, su compañero en el reparto de los placeres. Más que toda otra enfermedad epidémica, el SIDA termina con la comunicación y el intercambio. La sangre circula para canalizar la vida, el mal la vuelve nefasta y pervierte las relaciones donde se encuentra real o eventualmente presente.

El esperma se transmite para mantener la vida uniéndola al goce; el mal lo transforma en un aliado de la sangre contaminada y hace de él un agente fatal. En todas las tradiciones, la simiente masculina depende, al igual que la sangre, del registro simbólico, de los códigos que rigen los tabúes, de las convenciones que definen la mancha, la impureza o el pecado. En esto tampoco la modernidad no lo ha abolido todo; en esto también la transformación del licor seminal en un producto mercantil se ha efectuado con la difusión de los procedimientos de fecundación artificial. A la inversa de lo que pasa con la sangre, la sospecha tiene menos asidero en este caso, pues las extracciones menos numerosas son más fácilmente controlables. Es el esperma del comercio amoroso el que alimenta la sospecha, y el método de preservación aísla. El mal oculto, como el desorden difuso, da pábulo a la incertidumbre; permite, durante un largo período de latencia, no querer saber (la verdad debe ser comprobada) o no hacer saber (el riesgo se deja a la ignorancia del compañero). La estadística médica específica no puede ser sino una estadística de datos incompletos: como en el universo del desorden, los números casi no ayudan en este caso a realizar las distribuciones, a trazar las fronteras. La falta de certidumbre, las dudas en cuanto a la vulnerabilidad no dejan evidentemente de tener efectos en los comportamientos sexuales y las conductas amorosas. La disciplina y la limitación de las relaciones, la monogamia con un compañero seguro, la relación preservada y también la relación fantasma facilitada por los videos y las mensajerías eróticas, dan respuesta a una situación en la cual la extensión rápida del riesgo crea la urgencia. La norma reactivada, y la que es calificada a veces de noción nueva: la "responsabilidad sexual", vienen a corregir el desorden amoroso. Lo catastrófico no es sin embargo excluido bajo la forma de los efectos de una especie de esterilidad involuntaria; un especialista designa la amenaza demográfica: "Curiosa enfermedad ésta del SIDA que, sin afectar directamente a la fertilidad, lleva como medida de protección a un estado de hecho de esterilidad". (11) Pero la conciencia del desorden que el mal maldito exaspera, da sobre todo asidero a la condenación moral, a veces a la fulminación provocadora de un castigo divino. Un modesto abad de provincia, fundador de una "Comisión de higiene social", reprueba la erotización difusa de una sociedad, la degradación de las costumbres; hace del SIDA una de las "advertencias de Dios", anunciadora del castigo. La Iglesia, más prudente, no realiza una misma lectura de los signos. La sanción moral progresa sin embargo por avances furtivos. La sexualidad minoritaria, la de los homosexuales y los bisexuales, es la de los "grupos de riesgo"; la sociedad permisiva en cierto modo la había trivializado, el SIDA la dramatiza y hace reaparecer la exclusión. La homosexualidad, que era confusamente reconocida como una unión de lo semejante, biológicamente estéril y socialmente menos fecunda, menos fundante, se percibe ahora como una relación mortífera. En términos generales, es la liberalización sexual, la apertura de la red de los intercambios sexuales y la desculpabilización ayudada por los métodos anticonceptivos las que se cuestionan. La epidemia fatal hace salir a la superficie y cristaliza todos los temores engendrados por una sociedad en movimiento donde la movilidad continua de los seres, las cosas, las ideas, multiplica los encuentros, las mezclas, los mestizajes y, en lo sucesivo, se piensa, las contaminaciones de todo tipo. Estos temores promueven la restricción voluntaria de las relaciones, el repliegue, el confinamiento protector que mantiene en el interior de una barrera de normas y en la seguridad del "consigo mismo". El intercambio generalizado se vuelve más inmoral; el retiro selectivo, moral o virtuoso. De éste a las conductas de exclusión, la distancia es corta. La actitud de esquivar se transformaría entonces en un acorralamiento del mal, después en una cacería de los culpables: deberían ser identificados, rechazados hasta las fronteras, aislados en establecimientos especializados en el interior y, al final del proceso, aniquilados socialmente, si no psíquicamente. Ya, en Estados Unidos, las reacciones de rechazo, algunas acompañadas de violencia, se manifiestan en el marco de las relaciones de vecindad cuando se encuentran incluidos portadores del virus, comprendidos también los niños contaminados.

La epidemia temible, temida, hace nacer la necesidad, por una parte tranquilizante, de encontrar responsables al igual que causas, con la condición de poder situarlas en otra parte (el mal vendría de afuera) o de poder encerrarlas en la diferencia (el mal sería confinado, asunto de marginalidad). Así, se encuentran acusados científicos depravados, inventores del virus puesto al servicio de una conjuración siniestra; un Africa, lugar de aparición de la vida humana, convertida en lugar de aparición y centro de difusión del mal fatal; grupos minoritarios, vectores de la plaga, nómades del placer, portadores de una enfermedad contraída afuera, o simplemente intoxicados por el sexo, presas del mal devastador por un libertinaje trivial. La epidemia lleva el contagio del desorden hasta en las cabezas; se convierte en vehículo de culpabilidad; es imaginariamente domesticada designando agentes exteriores y chivos emisarios en el interior. El proceso del que se sirven las sociedades, para fijar sus males y descargarse de ellos, no ha desaparecido de la memoria colectiva: la amenaza de la brujería, los sacrificios ofrecidos a las potencias del orden, si bien han sido rechazados, no han sido expulsados. La epidemia lleva al extremo las reacciones provocadas por el desorden social; por lo menos las hace posibles, permite su aprovechamiento. El moralismo aparece tan sólo bajo el aspecto de una restauración del orden atenuada —por ejemplo, cuando el presidente norteamericano, en su discurso anual ante el Parlamento, reformula el "consejo sabio y eterno… de abstenerse de tener relaciones sexuales hasta el matrimonio, luego de ser fiel y de evitar las drogas ilícitas"— frente a los intentos de reorganización total, totalitaria. La exclusión-aislamiento de las personas contaminadas legitima (o hace más tolerables) otras exclusiones; el higienismo se traslada, por extensión de lo biológico, de lo médico hacia lo social. Las medidas de prevención médica, desde el instante en que se hacen obligatorias y generales —exigencia expresada contra la opinión de los especialistas que las consideran ilusorias— contribuyen al progreso rápido de la inquisición informatizada. La enfermedad sirve para designar un mal generalizado imputado a la sociedad, a la cultura, a las costumbres. El miedo cultivado —como es el caso con el movimiento *Panic Sida*, en Estados Unidos, que proclama una enfermedad "más mortal que la guerra nuclear", y urge a "difundir el pánico y no la asistencia"— se convierte entonces en una fuerza al servicio de un culto del orden, de un totalitarismo aspirante que utiliza a la salud pública para hacer desear su proyecto de salvación pública. La razón debe recuperar la iniciativa para oponerse a estos desbordes temibles.

La violencia, el aprovechamiento del desorden

La violencia también puede aparecer bajo el aspecto de una epidemia, de un desorden contagioso y difícilmente circunscribible, de una enfermedad de lo social que mantiene al individuo y, por extensión, a la comunidad, en un estado de inseguridad. La violencia no ha sido jamás expulsada del horizonte humano. Es, desde el comienzo, una energía salvaje cuyas corrientes llevan a distribuir y jerarquizar a los hombres según las relaciones de fuerza. Impone la prueba primordial, la de su domesticación, de una conversión que abre una posibilidad de hacerla trabajar en la producción de vínculos sociales menos rudimentarios y menos precarios. La operación ritual, simbólica y sacrificial, fue el medio utilizado con este fin, antes del establecimiento de las instituciones que definen los derechos, fundando y legitimando los poderes. Se trata entonces de engañar a la violencia, de fijarla transfigurándola, de darle una forma que la haga capaz de volverse contra sí misma y dominar sus manifestaciones difusas. El sacrificio inicial, sacrificio humano, es incuestionablemente una violencia, pero ejercida fuera de la responsabilidad de los hombres, pues es presentado como una respuesta a un mandato supremo: el de los dioses, las potencias, los ancestros. Se convierte en una violencia que ya no desune por la competencia fatal de los deseos, por el enfrentamiento generalizado hasta el riesgo de una crisis destructora, sino que une. El chivo emisario carga con el fardo de los males comunes, su sacrificio los elimina al precio de su propia vida, y por él, el grupo vuelve a fusionarse y restaura durante un tiempo la confianza en su perennidad. (12) La transfiguración de la violencia se encuentra en los relatos relativos a los orígenes del poder político y en las prácticas ceremoniales que son destinadas a reforzarlo en cuanto factor de orden. Todos los comienzos del poder son relatados por la tradición en el lenguaje de la epopeya violenta, con frases de transgresión, de prueba, de lucha y de victoria. Los mitos de origen describen los ciclos

188

de violencia inicial en los cuales se enfrentan a muerte dioses o héroes fundadores; el triunfo de uno de ellos rompe el encadenamiento: permite contener la violencia, volverla constructiva y ya no devastadora, civilizar mediante la invención de las técnicas, las normas y los ritos. Algunas de las prácticas asociadas con los períodos de vacío del poder, en las épocas de interregno, en numerosos reinos de la tradición estudiados por los antropólogos, muestran que ese vacío político abre paso a una violencia salvaje. Todo parece entonces deshacerse y se deshace realmente; las jerarquías, el derecho y la justicia, la salvaguarda de las personas y los bienes, la presión de los valores y el conformismo ya no funcionan más; es el retorno de una especie de caos colectivamente puesto en escena, representado a la manera de un drama ritual y sin embargo efectivamente vivido. El orden se restablece rudamente con la aparición del nuevo soberano que inaugura un reino (un nuevo comienzo), restaurando todas las formas y manifestando la omnipotencia de la Ley.

En las sociedades de la tradición, la violencia está siempre presente, siempre en marcha y bajo control: desde el homicidio (no reprobado cuando sanciona) en los enfrentamientos internos de grupo a grupo, hasta la guerra (orientada hacia el extranjero, enemigo real o en potencia); desde la violencia formadora, medio de educación y socialización de los adolescentes, hasta la violencia oculta, insidiosa, que reviste la forma de la brujería, y la violencia abierta jamás contenida totalmente. Si bien esta energía puede ser útil al funcionamiento social, a la producción de orden, no subsiste de ella sin embargo una parte irreductible; la ·violencia, que a menudo no es nombrada, constituida en categoría, es reconocida en la diversidad de sus manifestaciones y bajo dos aspectos principales: positiva cuando es domesticada, negativa, destructora, cuando es libre. En este doble sentido, es objeto de un trabajo que la transforma, y de ardides que la desvían. En el primer caso, el conjunto de las instituciones puede ser visto, metafóricamente, como una maquinaria compleja que tiene por función regir la violencia convirtiéndola, de ser su transformador y regulador (por el cambio, las normas, las reglas y las obligaciones fundadoras de la Ley y el poder, las simbolizaciones y los ritos). En el segundo caso, la violencia es desviada. Los procedimientos de la inversión social, reconocidos por los antropólogos, llevan a liberar la violencia, a poner en cierto modo el orden social patas arriba durante un corto período, pero abordándola ritualmente a fin de contribuir al refuerzo del orden y de prevenirse contra su subversión o su trastocamiento. (13) La violencia puede igualmente ser transferida a los lugares definidos por lo imaginario: lo que sucede cuando se produce la innovación religiosa, en los cultos de oposición, provoca simbólica, ritualmente, una liberación de las agresiones que la vida social ordinaria reprime; entonces todo se encuentra subvertido, el lenguaje, las reglas, los símbolos y las conductas que significan a veces un retorno al estado salvaje primero, al tiempo anterior al orden que somete y jerarquiza. Pero esta violencia dramatizada, liberada ritualmente, vivida imaginariamente, mantenida en el interior de las fronteras del culto, debilita a las violencias reales de las cuales es el sustituto o a las cuales sirve de señuelo. (14)

La erradicación de la violencia primitiva o libre no es nunca total; está presente, evidente o subterránea, en grados variables, en proporción a las incapacidades que tienen las sociedades para definir con claridad y hacer reconocer su sentido, imponer sus normas, sus códigos, sus reglas, dominar sus pruebas, obtener la adhesión de la mayoría de los hombres que las constituyen. La lección antropológica, formulada a partir de experiencias sociales alejadas, aclara la escena de nuestra actualidad. Nos enseña que la cuestión de la violencia se les plantea a todas las sociedades, de manera constante, y que las coyunturas pueden darle una temible agudeza; nos revela también que hay sociedades que han hecho la elección de la violencia o que sobreviven por la crueldad. La principal enseñanza es no obstante de otro tipo: la violencia no es *primero* identificada como amenaza mortal. Es vista como inherente a toda existencia colectiva, es el resultado del movimiento de las fuerzas por las cuales dicha existencia se compone y que ella engendra, depende de la dinámica de lo vivo por la cual orden y desorden son inseparables. Cambia de naturaleza desde el momento en que es dominada y trabaja en beneficio de la colectividad, regresa —vuelve a su estado primero— cuando escapa al control y se encuentra dispersa en la sociedad. La violencia difusa (o salvaje) —así como hay un sagrado difuso (o salvaje), capaz de unirse a ella— es la más temida; omnipresente, móvil, golpea en apariencia al azar, toma la forma de la fatalidad. Es la que se identifica como violencia verdadera.

Las sociedades de la modernidad no escapan a la ley común: la violencia ha contribuido a su formación. Y la que las representa a todas hasta el presente, la norteamericana, ha sido definida incluso como portadora, a todo lo largo de su historia, de una cultura violenta, de subculturas en una relación conflictiva: en Norteamérica, "siempre se ha hablado y vivido el lenguaje de la violencia". De una manera más general, estas sociedades parecen abrir el campo de las violencias; desde la segunda mitad del siglo XVIII, progresan en extensión (se universalizan) y en diversificación (se multiplican bajo formas nuevas). El pensamiento occidental, y los otros después, se desarrollan por una parte en pensamientos de la violencia, ya sea relacionada con el Estado o la revolución, la guerra o la emancipación, la razón o la libertad. Esta sería otra historia. (15) Lo que importa es el hecho de que la modernidad presente está relacionada con la violencia, al punto incluso de que los poderes políticos encargan a comisiones especiales el estudio de "sus causas y su prevención", instituyen organismos preparados para el ejercicio rápido de la función represiva y disuasiva, para la intervención de urgencia. No resulta más fácil —o simplemente no tiene mayor sentido— comparar la cuantía de violencia de un período con otro en una misma sociedad, que la de una sociedad con otra en el mismo período. Los números dan una imagen incompleta, las intensidades como los cambios rápidos de los modos de la acción violenta son mal tenidos en cuenta. Si bien, por consiguiente, es difícil afirmar que este tiempo es, más que otros, el de la violencia, aparece con claridad, en cambio, como el de la *conciencia de la violencia*. Y ésta se encuentra en estrecha correlación con la conciencia del desorden cuya formación he señalado. Su asociación se traduce en términos de inseguridad; esa palabra, ese tema, totalizan los temores y las incomprensiones. Esta lectura no se limita a la evaluación de los atentados contra la seguridad de las personas y los bienes, del aumento de las agresiones, incluidas las más trivializadas, en cierto modo cotidianas. Expresa la duda en la capacidad de comprender este tiempo (crisis de la interpretación), de conducir el movimiento reduciendo el costo de la adaptación (crisis de la institución), de gobernar abordando los verdaderos problemas (crisis de poder). Agrega también las inquietudes individuales nacidas de las incertidumbres del transcurso de la vida, los temores provocados por las amenazas externas reales y supuestas. El reconocimiento de una seguridad multiforme, insidiosa, aporta al azar de las circunstancias una fuerte carga emocional y negativa a la captación común de las situaciones de la modernidad. Dicha lectura, depende por una parte de lo imaginario, lo cual le da una incuestionable eficacia en los debates relativos al estado de la sociedad y la convierte en un instrumento político cuyo uso puede ser perverso. Más o menos concientemente, la seguridad es percibida como la manifestación en la cotidianidad de un orden general que la desborda.

La violencia moderna está en el escenario, lo cual aumenta evidentemente su visibilidad. Habiéndose hecho más visible, aparece en expansión, por consiguiente, más contagiosa, da la impresión de engendrarse de sí misma, multiplicarse por metamorfosis. Se adivina, se ve, se experimenta en la calle, en los lugares públicos, en las rutas y hasta en reductos de la vida privada donde su irrupción es temida. Por la imagen mediática, la de las informaciones, la de las ficciones violentas, invade las conciencias y el imaginario individual; se ha dicho que su presentación espectacular engendraría un proceso en espiral: estimula el deseo de su representación, pero es difícil probar que el "síndrome del espectador culmina en una explosión de violencia civil". Junto al mantenimiento de las formas conocidas de la violencia —las que actualizan el delincuente, el criminal, el rebelde, el héroe combatiente—, aparecen formas nuevas, ligadas con condiciones sociales, culturales, inéditas, inestables.

El vandalismo es una de ellas, menor. Ataca a las cosas, los instrumentos a fin de arruinarlos, mancharlos, inutilizarlos, a veces en casos de verdaderos desatinos salvajes. Ese saqueo a menudo está ritualizado, es una transgresión al mismo tiempo que una infracción, expresa un rechazo confusamente formulado, significa la ruptura de un vínculo social débil y no aceptado; produce una especie de goce, un sacrificio de las cosas, un culto ridículo rendido al desorden. Con la agresión de los *hooligans*, aparece un cambio de escala, de carácter, de significación; al desorden, a la destrucción, la muerte puede hacerle cortejo. Es el aprovechamiento de una situación, la presencia de una masa dividida por la pasión en los grandes encuentros de fútbol, de un juego cuyos movimientos y cuyo lenguaje (las metáforas) hacen un simulacro de la guerra, de una religión deportiva que es también la del cuerpo y que da forma al paganismo moderno que impregna a la sociedad actual. Todo eso se traduce en espectáculo, amplificado por los medios de comunicación social. Los *hooligans* provocan una inversión también espectacular, el simulacro se convierte en una pequeña guerra, la pasión en odio, el culto del cuerpo en un paganismo vulgar. La burla, la provocación, el exceso hasta la ebriedad loca, la pura violencia son los medios de esta inversión social salvaje. Pero el odio trata de hacerse lenguaje: respuesta agresiva a una sociedad que es generadora de rechazos, de exclusiones; expresión de xenofobia y rechazo del Otro; sacrificio improvisado de culpables tomados entre los partidarios del campo adverso. La tragedia puede entonces surgir en las gradas del estadio. Este culto de la violencia produce también los adeptos entre los cuales se reclutan los agresores del orden de hoy, convertidos en los partidarios de un orden duro del mañana, próximos al *National Front* de Inglaterra, jóvenes neonazis en Alemania, fascistas por nostalgia y mimetismo en Francia. (16) En las sociedades de la modernidad actual, las situaciones potencialmente generadoras de violencia son permanentes y no sólo conyunturales: efectos de número (con el apilamiento urbano), de masa (con la indiferenciación), de multitud (con las reuniones ocasionales cargadas de un poder difícil de controlar), de imitación (toca la fragilidad de los valores y los modelos de identidad, propicia al desamparo individual). El medio social en sus movimientos, sus configuraciones cambiantes, deja continuamente aperturas por donde puede pasar la acción violenta. El resultado es un esfuerzo del temor por la incertidumbre; y más allá, de los accesos de miedo como lo es de los accesos de fiebre.

El miedo, la catástrofe, el apocalipsis, asedian las escenas de la modernidad a la manera de los viejos monstruos que regresan. Una cultura del terror se inscribe en el cuerpo inestable de la cultura actual. Y he aquí este tiempo percibido en lo que es a través del desgarramiento apocalíptico, definido en su esencia por la forma catastrófica. El sociólogo enumera las figuras dadas a las angustias contemporáneas, explora los mecanismos del miedo. El filósofo hace de éste una relación de la conciencia con un objeto todavía desconocido y sin embargo real, con un ambiente que no es misterioso por su naturaleza, sino a causa de su carga de potencialidades. El miedo interviene cuando lo real se vuelve imprevisible mientras que se encuentra cerca; la realidad que va a hacerse se percibe de pronto diferente de la que se esperaba o preveía, amenazada por eso mismo, revela la parte de la impotencia experimentada para controlar las cosas, obliga a reconocer los límites de las actividades y las empresas humanas. (17) La modernidad activada repite rápidamente esos momentos de "proximidad" que manifiestan, lo real en lo que tiene de imprevisible, fabrica el miedo —en el sentido que acaba de decirse— más que el acostumbramiento. La cultura mediática nutre también el terror o la inquietud, propone versiones *hard* y versiones *soft*; amplificando por efecto de la imagen, libera una literatura del horror, de la sangre, o más perversamente, de los temores que convierten al hombre en una máquina infernal. De filme en filme, de apocalipsis atrevido o fastuoso en apocalipsis dulce del tiempo de las simulaciones, es Fellini quien explora un mundo que él capta en su pérdida de humanidad. Al final, la catástrofe llega a ser la desaparición del hombre; una imagen lo reemplaza, codificable y codificada, mezclable y manipulable.

La violencia calculada, real y solapadamente devastadora, se encuentra principalmente relacionada con el terrorismo, verdadero laboratorio del miedo. El fenómeno es universal, no conoce fronteras ni límites, pues representa el exceso. No manifiesta una violencia desprovista de sentido, pues quiere expresar, y revela y expresa realmente. La acción aterradora, el terror, no son específicos de esta época; pero el sistema terrorista en sus formas actuales se explica en parte por ella. Por la edad de la información, de la comunicación, de las redes. Funciona en un mundo donde todas las sociedades son comunicantes, donde la circulación de las personas es tan activa como la de las cosas y las informaciones. La acción violenta circula, el terrorismo se exporta, principalmente a partir de los países en estado de revolución, de subversión, de guerra interior endémicas. Es, de manera más general, un fenómeno de comunicación; utiliza la violencia como un canal por el cual se transmiten mensajes, la sorpresa aterradora como un medio para forzar la atención pública; se sirve de los medios de comunicación, hace de éstos un amplificador y un arma que es necesario manejar con la eficacia de una ametralladora; es su modo de acción de masas sobre los espíritus, su manera de existir mediáticamente a fin de tener acceso a la existencia política por la dramatización violenta. (18) El sistema terrorista actual es también producto de las técnicas de este tiempo, y no sólo por los instrumentos de muerte y de destrucción de los cuales puede disponer; lo es además por la posibilidad de utilizar los nuevos medios de información (conocimientos de sus objetivos), de organización y también de manipulación recurriendo a los procedimientos derivados de la psicopatología. Por último, este sistema encuentra en esta época cambios, incertidumbres, crisis, y en este medio que le es específico, el espacio urbanizado sin orillas de ningún tipo, condiciones particularmente propicias a su funcionamiento. Sus actores encuentran en él las razones de lo que alimenta siempre el espíritu del terrorismo, definido hace poco de la manera siguiente: "No tenemos esperanza sino en el caos... el Desorden, es la salvación, es el Orden". Ellos se dejan llevar por esta tendencia que he demostrado que es activa en el campo de la modernidad: el impulso hacia los extremos. (19)

El terrorismo busca menos sus efectos por el número de sus víctimas que por la dramatización espectular en la cual las utiliza; hace de ellas el instrumento de una realización trágica de la política. Golpea por sorpresa a la manera de la fatalidad; convierte a la muerte en una amenaza permanente que la muerte de los otros, resultado de sus acciones, confirma y mantiene; provoca un estado de miedo y angustia por la utilización de la violencia difusa, desorganiza, debilita los poderes, imita las catástrofes naturales y los estragos de la enfermedad contagiosa. Sus actores son técnicos del desorden. Son también sus directores: la multitud asesinada en un sector de la calle arrasado contribuye a una demostración sacrificial en la que se afirma su poder, donde se muestra la debilidad del orden establecido; el desvío de un avión de su ruta con el conjunto de sus pasajeros se transforma en un drama de suspenso, realmente vivido por las víctimas del chantaje, imaginariamente vivido por los que (innumerables) reciben el teleespectáculo; la detención de los rehenes manifiesta una especie de superpotencia, un poder de vida y muerte impuesto indirectamente y con una gran impunidad a toda una sociedad, y sobre todo a sus gobernantes: el chantaje, al precio del sufrimiento y de la muerte pendiente de algunos trata de hacer cautiva la decisión política y de golpear la sensibilidad colectiva jugando con las alternancias de esperanza y decepción angustiada. El terrorismo se sirve del azar, a fin de marcar intensamente lo imaginario con la irrupción

194

de la muerte, por una especie de "tanatosfanía" renovada cada vez; selecciona, a la inversa, cuando atribuye a sus objetivos una fuerte calidad simbólica, cuando representa mediante ellos (símbolos de los poderes) el aniquilamiento necesario de la sociedad rechazada. Quiere desestabilizar por el contagio del desorden, a partir del socavamiento corrosivo de los anclajes sociales más firmes.

El terrorismo obedece indiscutiblemente a una racionalidad, la de su organización, sus estrategias, sus técnicas. Más difícilmente, quiere asociar una lógica con la relación que impone a la comunidad. La teorización del terror y las prácticas resultantes tienen una larga historia de donde surgen diferentes formas de pensamiento revolucionario. El terrorismo actual retoma algunos de sus temas; la transformación de la destrucción en factor de liberación, la oposición de la violencia total a la violencia del Estado instituido y legitimado, el nihilismo decretado frente al vacío de la sociedad moderna, la solidaridad afirmada con los movimientos antiimperialistas, la fuerza de la subjetividad abordada como medio de transformación radical. Pero la relación terrorista no se forma primero según principios, se constituye por la acción disociativa de las relaciones establecidas entre el poder y la población, entre ésta y todo lo que la une al orden. Se ha dicho que su lógica es la del mimetismo: imitación de la guerra, imitación de las resistencias y, también, imitación de las estructuras del poder cuya desaparición busca (gobierno clandestino, tribunales llamados populares, organización militar, proclamación de una legitimidad). Su lógica es también la del exceso que la hace llevar al extremo lo que critica y rechaza imputándolo al adversario, vuelve su discurso delirante y su acción odiosa; lo cual lo lleva, al final, a provocar su propia destrucción, luego a tratar de renacer cada vez de sus propias ruinas.

Porque hace de la acción un drama demostrativo, una simbolizacion trágica, una manipulación de las emociones colectivas, la lógica terrorista es de las que contribuyen al resurgimiento de lo arcaico. Tiene una capacidad mistificadora; la situación alemana durante la década de 1970 es calificada de wagneriana, y su figura femenina principal en la escena dramática se convierte en una "Lorelei extraviada"; el talento mimético, la incertidumbre alimentada en la identidad real y la ubicuidad que vuelven inasible, transforman a algunos actores en personajes casi heroicos o en rebeldes con máscaras múltiples. La lógica terrorista recrea la escena sacrificial, pero la función del sacrificio se invierte y no contribuye a la domesticación de la violencia, manifiesta al contrario su liberación en estado salvaje. Esta lógica hace del cuerpo abatido, mutilado, desmembrado, el soporte de un mensaje; lleva su inscripción siniestra en la carne de las víctimas; no escribe sino lo atroz. Por último, rompe las fronteras entre lo real y lo imaginario, debilita la gestión de los fantasmas, aprisiona en una doble confusión: la confusión atemorizada de los hombres que se sienten cautivos del terrorismo como lo serían de las potencias invisibles; la de los actores que son confinados a la clandestinidad, unidos en comunión por la violencia compartida, poseídos por una pasión destructiva y excluyente de lo que no es ella. Lo imaginario del terrorismo, en otro nivel, alimenta el sueño de la guerra civil, pero sólo engendra su realización bajo la forma de un ritual trágico y espectacular. No hace surgir una violencia más verdadera y fundante, su juego de muerte sólo libera un desorden contagioso, y su costo lo hace aparecer tanto más odioso. (20)

El político debilitado, la incertidumbre y el desorden

El terrorismo actual es una amenaza temible sobre todo para las sociedades democráticas; las otras tienen la respuesta más fácil. La observación, a fuerza de ser repetida, es trivial. Evidentemente, no es el espíritu de estos regímenes —se considera que la libertad no puede ser demasiado trastornada— lo que se cuestiona aquí, sino el proyecto terrorista con los apoyos internacionales que lo mantienen y proveen sus santuarios. Cualquiera que sea su origen, ideológico y sectario, nacionalista, regionalista, estatal, las corrientes del terrorismo son como las aguas mezcladas. Circulan y se conjugan a favor de las situaciones de crisis, mundiales y nacionales. Corroen las relaciones internacionales funcionando en ellas de manera indirecta e incontrolable, acusan sus impotencias, acentúan sus contraindicaciones; tratan de poner al descubierto al desorden del mundo. Socavan en el espacio nacional los soportes del poder; ahí incluso, y el efecto psicológico les es necesario, destruyen el orden para mostrarlo bajo el aspecto del desorden. Atacan al poder mediante rodeos a fin de revelar su debilidad, su incapacidad para asumir sus funciones, principalmente la de la pacificación de las relaciones sociales por estado de derecho. La violencia difusa, la provocación espectacular, la relación agónica con todo lo que es factor de orden son las manifestaciones de este trabajo destructor.

El desafío (la prueba) y los estragos causados al derecho (la excepción contra la ley) están en el centro de las cuestiones que impone el terrorismo. Definen dos momentos: el ataque, la matanza de inocentes —como en Francia en el momento del "septiembre rojo" de 1986— y las reacciones inmediatas resultantes; luego, la búsqueda de la respuesta, los medios de protección, de disuasión y de la medida de sus límites. En el primer tiempo, el horror reforzado por la angustia es generador de unidad en la reprobación; las fórmulas fuertes apelan a una lucha sin merced contra el nuevo Moloch, al rechazo a "vivir bajo la influencia de un Munich perpetuo", a la utilización legítima de "la fuerza contra la barbarie". Luego el efecto de choque pierde progresivamente su intensidad, la respuesta es buscada primero bajo formas jurídicas y policiales; es el segundo tiempo. La ley es reformada a fin de inscribir en sus límites la excepción y la represión. Ya la Francia de los atentados anarquistas de 1890 trata de encontrar su protección en una legislación de circunstancia que censura la prensa, reprime la "asociacion de los malhechores", castiga la complicidad intelectual con los teóricos de la violencia: son las leyes llamadas alevosas por la izquierda, porque son contrarias a la tradición, la doctrina y el derecho republicanos. Al igual que el desorden, la exigencia de orden es contagiosa; corre el riesgo constantemente de sobrepasar lo que la legitima, de ampliar por amalgama la población de los culpables y sus cómplices. Desde fines de la década de 1960, bajo el choque de acontecimientos violentos y la presión de las emociones colectivas, los recursos de excepción se multiplican en los países de la Europa democrática, con innovaciones temidas: la colectivización de la responsabilidad, la delación priorizada, la usurpación de lo jurídico por lo policial. La popularidad política puede ser buscada mediante el tratamiento eficaz de la violencia, con una dramatización del orden frente a las agresiones puestas en escena por la iniciativa terrorista. Se desarrolla entonces lo que fue reconocido en Italia como una "cultura del estado de urgencia", donde los miedos pueden más que las salvaguardas de las libertades, donde los fines se mezclan con la ventaja de los resultados manifiestos y donde el uso del derecho prevalece sobre su letra. La democracia enfrenta el riesgo de pervertirse al asegurar su propia defensa. Es la trampa tendida por el terrorismo: mostrar al Estado desamparado o, a la inversa, hacerlo insoportable empujándolo a un control cada vez más estrecho de la sociedad civil, inclinándolo hacia una especie de totalitarismo rastrero y no confesado, y reforzar, por la inseguridad mantenida, las interpretaciones escatológicas que ven los cambios actuales bajo el único aspecto de la autodestrucción.

El acontecimiento terrorista pone a prueba a la institución policial (instrumento del mantenimiento del orden), al igual que al derecho; al mantener una amenaza insidiosa, omnipresente, contribuye a acrecentar los medios de la policía por el trabajo de modernización y su dominio de la competencia en perjuicio del poder judicial, pero revela también sus insuficiencias, sus defectos y sus errores. Hace surgir interrogantes sobre la institución, sobre su carácter y su función. Las pasiones y los cálculos dan a esta cuestión un vigor conflictivo; la iniciativa teórica intenta darle una respuesta. Bajo la luz de la teoría, la policía no aparece más sólo como una administración especializada y no obstante semejante a las demás; se define menos por su objeto —la acción represiva— que por un tipo de relación con lo social en que se reconoce su carácter específico. Por principio destinada al mantenimieno del orden, y racionalmente organizada para este fin, se alimenta en realidad del desorden de la sociedad. Se sitúa entre el orden y el desorden. (21)

La violencia representa siempre el papel de un revelador, dramatiza lo que la hace nacer y la vuelve contagiosa —sus causas y los agentes de su expansión—, muestra aquello por lo cual puede mantenerse y durar. En este sentido, en sus manifestaciones actuales, informa sobre el estado de modernidad, sobre el desorden y las incapacidades de las cuales éste no es todavía separable. Es necesario aquí recordar la relación que existe entre el orden y la violencia. El primero no puede originarse sino en el juego de las diferencias y la jerarquización (lógica, simbólica, real) de los elementos diferenciados. A causa de las diferencias ordenadas la sociedad y su cultura se constituyen mediante conjuntos organizados, los hombres pueden definirse en ella (construir su identidad, determinar sus funciones) y situarse en ella (reconocer sus posiciones sociales). Las sociedades de la tradición son las que se adaptan más a estas condiciones, se las ha podido calificar de jerárquicas, por oposición a las sociedades democráticas e individualistas aparecidas al comienzo de la modernidad occidental, no ignoran la violencia interna, pero multiplican los medios de contenerla y transformarla. El riesgo se originaría menos en esto que en una mínima capacidad para abordar el movimiento, para hacerlo un instrumento del futuro, un recurso contra los peligros del inmovilismo. Vistas así, estas sociedades se sitúan en el horizonte de algunas de las nostalgias de hoy. Toda crisis grave del orden socioclutural aparecía primero como una crisis de la diferencia: los individuos se encuentran en una situación de incertidumbre, sus señales, sus códigos, sus modelos, están mezclados; los controles de la violencia se debilitan. Esta reaparece, liberada progresivamente, con la generalización de estados de diferenciación imprecisa o fluctuante; es a la vez su efecto y su indicador. Durante los períodos de una gran transformación, estas características se acentúan, los desequilibrios se multiplican. En la etapa actual de la modernidad, la relación de incertidumbre y la relación de mimetismo (de grupo a grupo, de sexo a sexo, de generación a generación, de·clase a clase) contribuyen a esta confusión. El Yo se hace más impreciso, más sensible al juego de las circunstancias y a las sugerencias de la moda. Las identidades inestables hacen que los individuos no sean nunca totalmente ellos mismos, que parezcan aceptar una especie de agnosticismo trivializado (nada es cierto, nada es adquirido) y abandonarse a la versatilidad. Su relación con las instituciones está afectada por esto, aunque éstas se encuentran sometidas a los ataques del cambio, perdiendo eficacia por un desajuste creciente.

El choque del movimiento llega a la institución política; las nuevas condiciones técnicas —y culturales en el sentido amplio— trastocan los dispositivos necesarios para su funcionamiento, mientras que la transformación general de la sociedad y la inestabilidad del ambiente internacional vuelven su captación más aleatoria. Los comentarios apremiados proclaman su desaparición, su reducción al estado de simulacro, o su depresión en beneficio de una socialidad en lo sucesivo distanciada e inestable. Es la afirmación de un "fin de la política" que cede el lugar a una gestión fragmentada de los hombres y a una administración desmultiplicada de las cosas, o incluso a una expansión de lo social que se ha vuelto capaz de absorberlo todo. En este sentido, la crisis del poder sería también una crisis de la representación; el político ya no representaría a nadie sino a sí mismo, los representados ya no se considerarían más como tales: ya no participarían más por la adhesión, sino por la emoción y las creencias sinuosas sometidas a los efectos especiales producidos por los medios de comunicación.

Episódicamente, los sondeos hacen aparecer una pérdida de credibilidad que la búsqueda del "hablar verdadero" y de la "autenticidad" trata de reducir, y una falta de participación que afecta al compromiso político y sindical, engendra los entusiasmos y los desamores con respecto a las figuras dominantes. Pero estas imágenes se vuelven demasiado simples y, por consiguiente, falsas, cuando se las opone a las tendencias actualizadas por el efecto de las circunstancias y los acontecimientos. Así en Francia, en el período de activación de la vida política, las elecciones principales no son totalmente abandonadas, nuevas generaciones de votantes toman la iniciativa de participar en ellas cumpliendo el acto administrativo necesario. Movimientos inéditos, de componente joven, principalmente, animan de otro modo el debate político, al margen de las organizaciones establecidas, en función de preocupaciones concretas y específicas, no políticas. Se formulan críticas que ya no expresan el repliegue de la indiferencia o el rechazo total del sistema, sino un llamamiento a las realidades y los problemas de este tiempo; tratan de hacer traspasar el muro del cerco político a las palabras que nacen de la sociedad civil, que proclaman sus demandas y sus urgencias. La libertad comienza a recuperarse con respecto a la política hipermediatizada, los juegos de máscaras y de apariencias ya no cuentan tanto con la ingenuidad funcionada como cómplice, la dureza de lo real es cada vez menos disimulable por los reflejos que mantiene una especie de "mediocracia". En este campo de lo político, la complejidad de los cambios y las incidencias engañosas de la conciencia del desorden deberían incitar a una menor temeridad en la afirmación de que ha empezado, de aquí en adelante, la era del vacío.

Empero, las reformas se realizan sobre todo en profundidad, en una gran movilidad y una incertidumbre siempre actuales. No todas tienen un asidero directo en la política, si bien todas la afectan. El orden se define en términos de centro, donde se impone, y de periferia, donde sus efectos se debilitan. En las sociedades donde la información, la comunicación, las redes están en expansión, donde se realizan las deslocalizaciones, los centros se vuelven menos identificables, se forman y desaparecen a merced de las variaciones del poder técnico y financiero. En un mundo que ha sido más modificado en algunas décadas que en varios siglos antes, ya no existe un centro indiscutible a la manera de Roma en la época del Imperio romano. El "medio del mundo", que expresa la pretensión universal de ser el centro de todo, ya no es localizable en Europa, menos ciertamente situado en América del Norte, todavía no fijado en Japón. Si bien el orden mundial parece más fluctuante y más falso, de tendencia caótica, es porque todavía no se ha aprendido cómo organizar el mundo sin una referencia central. A escala nacional, en los países hasta aquí marcados por una historia centralizadora, como Francia, al centro político ya no dispone de una situación de semimonopolio; una descentralización efectiva encuentra su asiento en ciudades diferentes de la capital, en el interior de las fronteras de las regiones; se establece una competencia, nacida del ascenso de nuevos poderes en los campos de la economía, las técnicas de punta y la comunicación. Esta última constituye sobre todo la verdadera apuesta; el control de las imágenes es en lo sucesivo eminentemente político. Lo es tanto más cuanto que las ideologías, los sistemas doctrinales heredados, corresponden cada vez menos a la gestión de un largo tiempo de transición. Es este período de huecos el que abre un lugar a los sustitutos mediocres y utilizables, a las afirmaciones apresuradas y no todavía a concepciones nuevas; es el que lleva a expresar el deseo de ver nacer una mayoría de ideas sin que, sin embargo, éstas hayan aparecido todavía o hayan sido aceptadas bajo formas inéditas.

Lo más importante es el proceso de disociación que funciona como en otra parte en el interior del campo de poder. Por un lado, una tecnificación que pretende responder a la exigencia de hacerse cargo de los problemas urgentes o de un costo social elevado; se basa en la doctrina sobre lo que un grupo de altos funcionarios franceses calificaban recientemente de "humanismo empírico". Lo cual lleva a rechazar el enfrentamiento ideológico, a anunciar la desaparición de la "guerra civil fría" (en Francia, la oposición derecha/izquierda) y el "advenimiento de

200

un sistema de valores" que es el de una gran mayoría, a afirmar que el poder (cualquiera que sea su color) está obligado a ocuparse de "los mismos poblemas manipulando los mismos instrumentos" y experimentando las mismas servidumbres. (22) Este proceso tiene dos consecuencias: el cambio de la función gubernamental, la técnica (la acción competente) predominante sobre la política (la doctrina y las palabras) en la gestión de los negocios; la constitución de una clase de poder que dispone de una cierta autonomía, principalmente en Francia donde los administradores salidos de la función pública colonizan el universo político, la economía, la cultura y la comunicación. Así se refuerza un poder poco aparente, más en contacto con los lugares de la decisión, o con la realidad social, menos inmediatamente sometido a las fluctuaciones y a las turbulencias políticas. (23) Esta mínima visibilidad de un poder no obstante real, y extendido por ramificación, refuerza la impresión de una desaparición del poder específicamente político, o más bien de una pérdida de sustancia de éste. Es en este sentido que es necesario buscar la explicación de una demanda ya presente, aunque formulada confusamente: la de la restauración de ciertos aspectos de lo político, aquellos sin los cuales no podría ser, y que sobrepasan con mucho la manifestación de la competencia o de la capacidad técnica.

En la disociación mencionada, a la tendencia a la tecnificación se opone, por otro lado, la tendencia a una reinversión de lo simbólico, de lo imaginario, de los afectos, en la política. Esta no es sólo la expresión *oficial* de la sociedad, el instrumento de la norma social, es también la expresión idealizada de la colectividad; afirma su unidad más allá de las rupturas, de las fragmentaciones antagónicas; le atribuye su sentido al mismo tiempo que la carga con su orientación. En las sociedades de la tradición, todo eso se manifiesta en la persona del soberano y en sus manifestaciones ritualizadas, dramatizadas. En las sociedades de la modernidad, la imagen se ha mezclado; se espera que se reconstituya, lo que implica una apelación a los nuevos recursos en materia de tecnología, simbolismo e imaginario políticos. Ha llegado al tiempo de reformar a los "soberanos". El advenimiento del presidente Reagan en el escenario norteamericano lo ha facilitado; él ha podido dominar, durante una gran parte de sus mandatos, a una administración poderosa y un mundo político reticente; ha sido *el* símbolo, favorecido por una capacidad mediática que instó a sus adversarios a calificarlo de "Gran comunicador". La campaña para la elección presidencial de 1988, en Francia, puede ser parcialmente interpretada a partir de esta exigencia de restauración de lo político. La curiosidad reavivada por la figura real, además, lo había precedido, mantenida además por un régimen constitucional fundador de una República calificada de "monarqúía" por los politicólogos. El enfrentamiento de los candidatos, si bien no elimina la confrontación de balances y proposiciones, aparece primero como una batalla de imágenes; los comentadores lo ponen bajo el signo de la televisión, la relación con los electores se establece sobre todo por intermedio de la cámara y de diversos técnicos que hacen de ella el modo de empleo. Lo más significativo ha sido sin embargo la posición singular de François Mitterrand, la fuerza de su imagen antes incluso de que hubiese determinado su opción de presentar o no su candidatura; los sondeos lo llevaron a la cabeza de la competencia y la adhesión manifestada a su persona fue denunciada por algunos como muestra de idolatría. Por el efecto acelerador de las circunstancias —las elecciones legislativas de 1986—, se produjo esta disociación cuyo proceso acabo de describir. La pérdida de su mayoría por el presidente había separado la función gubernamental de la función presidencial. La primera habría podido reducir a la segunda, se pensaba, confinarla en las funciones de apariencia. Al parecer, ése no fue el caso. La bipolarización del poder hizo del gobierno un organismo principalmente administrativo, con la carga directa y cotidiana de los negocios, justificándose con una superioridad definida en términos de eficacia, y de la presidencia, un organismo más político, en el sentido en que lo he definido. François Mitterrand ha sabido convertir una debilidad en una fuerza: él se situó por encima del universo político ordinario; confirió a su función un carácter más soberano convirtiéndose en el guardián de la Nación frente a las amenazas externas, el garante de su unidad por el ejercicio del arbitraje y el llamado a la solidaridad, el dador de sentido capaz de formular los principios de la acción colectiva a más largo plazo; él ha simbolizado, ha representado, ha expresado. Esta transfiguración ha encontrado una pausa; muy rápido, el desamor aparecido en los tiempos de la total responsabilidad se transformó en adhesión y en emoción favorable.

La situación francesa nos revela así, por el hecho de nuestra proximidad, una tendencia más general. El espacio de lo político se reforma (no desaparece) bajo la presión de la necesidad; su componente técnico, burocrático-racional, expansivo en el transcurso de las décadas pasadas, no basta, y esto comienza ahora a saberse; su componente ideológico e ideal, simbólico e imaginario, se reforma integrando los medios de la comunicación moderna. En un mundo trastocado por los cambios, abierto a las incertidumbres y las inquietudes que alimentan la conciencia del desorden, se refuerza la demanda de una imagen del poder supremo creíble, porque está ajustada a este tiempo y muestra su sentido, porque se une al movimiento sin padecerlo, porque traduce en ideal la realidad contemporánea. He ahí los aspectos inseparables de este poder cuando es legítimo, y esto, en todo período. Son ellos los que reaparecen después de haber sido esfumados bajo los golpes de la experiencia de la gran transformación y las crisis.

Formas de la respuesta al desorden

La modernidad presente vuelve a cuestionar el poder por su movimiento propio más que por el enfrentamiento de las ideas y de los proyectos de sociedad, que son borrosos. Más allá de un umbral de cambio, ahora antiguo, la modernidad desorganiza, trastoca la familiaridad tranquilizante de las apariencias, engendra una realidad tan diferente que la realidad conocida aparece desdibujada. Opera por choques repetidos; frente a ella, las señales se vuelven más imprecisas, se intercambian, y la lógica común suele extraviarse. El conocimiento ordinario se ejerce mal, se topa frecuentemente con la comprobación de "no comprender ya nada". Lo cual tiene una incidencia de carácter político. Una sociedad y una cultura que se transforman al punto de parecer en cierto modo extrañas a sí mismas provocan la espera de un poder capaz de concordar con el nuevo estado de cosas a fin de aprovechar sus potencialidades, de lograr su control progresivo organizándolas, de hacer surgir el sentido necesario para la orientación general de las conductas individuales y colectivas. Esta exigencia, sin embargo, no se disocia todavía de una interrogación más crítica o más escéptica de la política; ésta debe dar cuenta de la pertinencia de sus respuestas, es atacada o abandonada en las coyunturas generadoras de problemas sin solución rápida; de manera contradictoria, es a la vez mal considerada o mal conocida y llamada a intervenir bajo múltiples frentes. Tanto lo será que el poder político quedará asociado a las formas, al modo de ser y de funcionar de una época revuelta. Debe moverse, y no sólo en sus apariencias, ya sea en las sociedades democráticas o en las otras; como lo muestran espectacularmente el intento soviético y, más discretamente, el proyecto chino, los dos más reveladores de esta necesidad que seguros ya de tener un éxito durable.

No basta con relacionar la interrogación del desorden con la interrogación de la política, aunque ésta sea la principal productora de efectos de orden. Se trata, más allá, de percibir mejor cómo el orden y el desorden se vinculan, se unen, se engendran mutuamente, actúan por fluctuaciones. O incluso, aplicando a las situaciones actuales una idea tomada del vocabulario científico, de enunciar una doble pregunta: ¿se pueden identificar estados atraedores? ¿y de qué naturaleza son? Semejante formulación revela por sí sola la desmesura de esta exigencia, de esta ambición de saber que no puede dar término a su propia realización. Es necesario considerarla como una exhortación a reconocer, luego a conocer mejor las formas que adopta la respuesta dada al desorden. Esta tarea requiere algo más que una acción solitaria. Me limitaré, por consiguiente, a recordarla con un ejemplo y eligiendo tres de sus manifestaciones: la del holismo, de la puesta en orden total; la de lo sagrado reavivado, del desprendimiento de la historia inmediata por la aspiración de la persona a un orden íntimo; la del pragmatismo, de la conquista del orden en el seno mismo del desorden por el avance emprendedor o la domesticación empírica de algunos cambios.

La respuesta total, el orden totalitario

El totalitarismo es "lo nuevo por excelencia de nuestro siglo" (según la fórmula de Marcel Gauchet): lo es en cuanto sistema de dominación y de control total que dispone de las armas, las técnicas, los medios de comunicación y puesta en escena de la modernidad. Pero la sociedad, en la medida en que se subordinan completamente los elementos —individuos y el "cuerpo"— que la constituyen, ha tenido otras realizaciones en la historia universal, en civilizaciones que son para nosotros anteriores o exteriores. Esta evocación permite distinguir el totalitarismo moderno del fenómeno totalitario presente en un plazo más largo. La historia del pensamiento social occidental lo manifiesta en diversos períodos, por la teoría política o por la proyección en lo imaginario de la utopía. Al final de nuestra Edad Media, la metáfora corporal reaparece para proponer una descripción y una explicación de la sociedad, de definir legitimándola la relación del príncipe con el conjunto de sus súbditos. Puede entonces tomar la forma de una teoría totalitaria, como sucedió con el tratado redactado por el futuro papa Pío II en pleno siglo XV. El poder del soberano es absoluto, se sitúa por encima de las leyes; el cuerpo político prevalece totalmente sobre los miembros que lo constituyen, no existe para asegurar su salvaguardia sino a la inversa. Todo debe encontrarse sometido sin límites al cuerpo político calificado de místico; debe ser mantenido en buen estado, incluso al precio de la injusticia; debe ser separado del miembro que lo debilita, que lo ataca en su vitalidad. Algunos hombres son sometidos a la obligación de "sufrir", aun cuando "no hayan merecido su castigo", desde el momento en que su presencia en el cuerpo político provoca su pérdida y que su "amputación" restablece, por el contrario, su salud. Con un argumento parecido el Estado nazi justificará la función de la policía política, institución que tiene la función de vigilar el "cuerpo" del pueblo alemán y su estado de salud. Todo síntoma de "enfermedad" debe ser reconocido a tiempo, todo germen de destrucción debe ser reconocido a tiempo, todo germen de destrucción debe ser eliminado por los medios adecuados. La ideología reencuentra así las metáforas corporales, médicas y quirúrgicas por las cuales algunos teóricos del pasado justificaban el absolutismo. (24)

Con la utopía, lo imaginario también puede someterse a la lógica totalitaria cuando la construcción utópica es la de las ciudades ideales, acabadas porque son perfectas, subordinando todo a un orden que rige las posiciones, las funciones, los empleos, el cuerpo de las existencias y las relaciones sociales que se han vuelto inmóviles. El orden realizado en la perfección es necesariamente establecido de una vez por todas, negador del tiempo de los hombres como del movimiento de la vida que son portadores de transformaciones. Es la definición de un orden erigido en bien absoluto, purgado de todo desorden, impuesto a los beneficiarios si es preciso contra su voluntad, incuestionable y excluyente de lo que le resulte exraño. La utopía toma entonces el aspecto de una religión del orden llevado a su grado extremo, aun cuando se presente como decididamente secular. Las construcciones utópicas tienen hoy una mala reputación, muchos las consideran nefastas y las acusan de inanidad. Serían anunciadoras de un mundo obsesionado por la búsqueda de coherencia, que quiere llegar a la capacidad de suprimir los riesgos resultantes de los movimientos sociales y de la historia. Para estos críticos, la utopía traza sobre su suelo frío los caminos del totalitarismo.

El rodeo antropológico lleva a otra perspectiva del fenómeno totalitario. En las sociedades de la tradición llamadas holistas (según el término revigorizado por Louis Dumont), donde el todo gobierna a cada individuo y cada grupo intermediario, el conjunto funciona y busca la duración por una economía bien particular: la que se origina en una concepción en la que, del hombre al universo, todo se mantiene por el juego de las relaciones, de correspondencias y subordinaciones complejas; economía cósmica y economía humana se encuentran por consiguiente inexplicablemente ligadas. Pero, y es la característica esencial, el poder unificante es aquí *exterior* al mundo de los hombres; dios dominante, colegio de dioses, reunión de espíritus o conjunto de antepasados, la domina. El ordenamiento simbólico y los ritos afines, la conformidad impuesta por los mandamientos de la tradición contribuyen a realizar y preservar el acuerdo con el todo del cual la sociedad quiere ser (querría ser) la manifestacion humana. Este orden total, pensado y expresado, no trata de traducirse en la realidad sin costos ni sin riesgos. Por otra parte, tiene un precio: el del sacrificio que une a los sacrificadores con las potencias y puede hacer "seres sacrificiales" (según la fórmula de Andras Zempléni); el de la exclusión que elimina o expulsa

—brujos o chivos emisarios— a los que se consideran agentes del desorden. Por otra parte, este último actúa constantemente, amenaza y necesidad a la vez, como ya lo ha explicado varias veces; es reconocido en cuanto motor y no como totalmente destructor; puede trabajar al servicio del orden, lo hace gracias a procedimientos de conversión de lo negativo en positivo, pero sin ser jamás completamente sometido. La lógica de la totalidad define al conjunto de la sociedad, invade los diversos espacios de lo social y las conciencias, orienta las prácticas correctoras y regresivas; omnipresente, no provoca necesariamente la formación de un sistema totalitario aunque puede llegar a él sin que incluso el Estado sea constituido. Un estudio reciente dedicado a una sociedad africana aldeana, el de los Gouronsi de Burkina-Faso, ha puesto en evidencia un "totalitarismo elemental", conservador y no provocador de roturas, legitimado por la fidelidad al pasado ancestral y no por la voluntad revolucionaria, eficacia en su acción sobre los espíritus, sobre las personas, no por el instrumento estatal (inexistente), sino por los medios político-religiosos de los cuales disponen los que ejercen la "fuerza" capaz de oponer obstáculos a la agresión de la brujería y al mal. (35) Este ejemplo aclara mejor lo que es necesario reconocer en lo sucesivo: el fenómeno totalitario está inscrito en el orden social, puede mantenerse en él su estado virtual (en un régimen democrático) o, a la inversa, actualizarse y tomar una forma política cuando las circunstancias la hacen posible (en un régimen totalitario). Sus realizaciones son diversas, pero la amenaza es determinada, luego se vuelve fatal con el advenimiento de los totalitarismos modernos. La actualización de una estructura instaura un cerco y una dominación total aprovechando y llevando al extremo lo que está presente en cada sociedad: la exigencia de totalidad; dividida, jamás acabada, siempre en vías de reproducirse, la sociedad está constantemente en búsqueda de aquello que manifieste mejor y menos precariamente su unidad y su identidad.

Con la historia de la modernidad abierta al siglo XVIII, el movimiento de transmutación toma un ritmo en cierto modo paradójico. Durante un primer período, el hombre se encuentra liberado de sus anclajes, librado a sí mismo y obligado a convertirse en su propio amo. La modernidad lo separa de la trascendencia, de él solo depende en adelante la definición de lo humano; la modernidad lo lanza a una historia que es una conquista por la racionalidad, una dominación creciente de la naturaleza por la ciencia y la máquina —sustento de las interprestaciones futuristas—, una historia que es vista como un progreso continuo y un avance hacia la igualdad. El movimiento de unificación se origina en aquél, la forma política nace de éste. El individualismo democrático trata de ser su realización relacionando —ideal claramente definido por

Tocqueville— al gusto de la libertad con el de la igualdad. Pero en varias reanudaciones la libertad es confiscada, la igualdad contrariada por la dinámica de las clases sociales; el dominio adquirido por el conocimiento y la técnica está más asegurado que el del devenir histórico.

Empero, con el advenimiento de los totalitarismos de la primera mitad del siglo XX, todo se da vuelta. Se produce entonces una inversión, al mismo tiempo que se expresa una denuncia exagerada de los fracasos, las frustraciones y las ilusiones. El individuo está anulado, la democracia se asemeja a una degeneración o un engaño, relacionada con los períodos de decadencia. El sistema totalitario somete y subordina poniendo la mira en el control de toda la sociedad, justificándose por una ideología que se proclama como la verdad de la historia inmediata y futura, realizándose por la violencia y el terror, excluyendo toda referencia superior que no sea él mismo. Sólo retiene de lo sagrado y la religión el culto de su propio fundador, una sola iglesia: el partido único, con su liturgia orientada hacia las masas, su inquisición permanente y despiadada. Nace del Estado-partido al instrumento de un orden total que somete a la economía, la cultura, el lenguaje y el pensamiento, al igual que a los hombres, separados de toda realidad que no sea la suya; busca la desaparición de las diferencias colectivas e individuales que manifiestan normalmente la múltiple riqueza de lo social. La policía todopoderosa y el aparato concentrador reducen a la clandestinidad a los disidentes, alimentan el miedo, funcionan como máquinas que apartan y dehumanizan a los "culpables", los irrecuperables, los inferiores indignos o incapaces de contribuir al gran designio. La desaparición del individuo se logra de manera trágica en la desaparición de lo humano, del hombre que es normativizado y se convierte en un instrumento, que puede ser también convertido en un objeto de experiencia o en un chivo emisario.

Orden nuevo, el sistema totalitario moderno hace de la ruptura con el pasado, de la proyección en el futuro adonde arrastra a las masas, una transgresión necesaria. Niega por completo lo que ha producido el hombre más humano en el curso de la historia anterior, segrega cierta amnesia, una pedagogía del olvido. Realiza una unificación fantasmática identificando al pueblo (o a cualquier otro grupo numeroso) con el partido, a éste con su órgano dirigente, y a este último con el amo absoluto, con el "egócrata", dice Claude Lefort; pero también designando constantemente un enemigo, excluyendo a los que él constituye en factor de desorden, agentes del mal social y factores de declinación. Transfigura una voluntad, la del gran individuo en quien todo se encarna, en el instrumento casi divino de una realización histórica que no conoce límites; en esta dirección, que es el de una superación constante y sin sentido, provoca inevitablemente una escalada hacia los extremos. El totalitarismo quiere ser el logro de una historia que ha eliminado todas las taras de la modernidad; su grandeza delirante se proclama por sus acciones sin medida, por sus obras monumentales que ocultan una regresión cualitativa de las relaciones sociales y la cultura. La metáfora de la máquina es la que lo designa mejor: una máquina-mundo en potencia que absorbe el espacio, el tiempo, las fuerzas naturales y sociales, los seres, sacando una parte de sus energías de los que ella excluye, utiliza, consume. Esta relación con la máquina es una relación con lo mecánico, con lo no vivo y, por lo tanto, con la muerte. Es ahí donde se marca la diferencia con las sociedades totales de la tradición que quiere estar en armonía con el mundo, orientadas hacia la puesta en marcha más completa de las fuerzas a la vida, comprendida por la captura vital que el sacrificio efectúa. Son sociedades para la vida, mientras que los totalitarismos modernos se constituyen en sociedades para la muerte.

Empero, cualquiera que sea el rigor de su orden, los totalitarismos modernos no pueden bloquear totalmente al sistema; la vida, que no se forma según las normas y las imposiciones oficiales, encuentra sus caminos; el desorden trabaja al margen y por debajo. Con más efectividad en el universo de formación soviética que en el universo de factura nazi que se originó en una "revolución del nihilismo", según la calificación de Rauschning, y que acabó en escombros. La duración está ahí evidentemente por alguna cosa, pero no sola. El primero es sin duda un mundo totalmente entrampado, pero la audacia cotidiana, la disidencia joven (por la forma de vivir), y no sólo la disidencia intelectual, la protesta individual que entraña un elevado riesgo, los arranques de las minorías, las reviviscencias culturales y espirituales, manifiestan los impulsos de vida que el sistema no llega a contener completamente; a lo cual es necesario agregar las debilidades de la periferia, los movimientos sociales irreductibles, aunque semiclandestinos (en Polonia), o las revueltas episódicas contra un poder delirante y megalomaníaco (en Rumania). Un mundo donde el sistema se detiene progresivamente por el desgaste, por la degradación o la perversión que mantienen los privilegios, el nepotismo, la corrupción, por la inercia de los guardianes de la ortodoxia y, sobre todo, por la incapacidad de mantener el encierro (el cerco social) en una época en que los compromisos principales son internacionales, donde la revolución de la comunicación vuelve a las fronteras más permeables. La lógica de la dominación totalitaria tiene, sin embargo, sus fallas; es generadora de una concepción del mundo que quiere ser excluyente de lo que la contradice y conservadora de su orden total, pero la prueba del tiempo, inseparable del movimiento y de la apertura al exterior, la confrontan ineluctablemente con la lógica del desorden.

Los totalitarismos de primera generación han regresado, no han desaparecido todos. Además, otros los han sucedido, bajo la forma de un cesarismo o un absolutismo religioso —nueva figura teocrática— que hace de la reacción contramoderna un instrumento de la dominación utilizando la modernidad como fuente de poder. La inscripción es indiscutible, puesto que toda la sociedad la lleva en sí misma; pero se perpetúa en ella de otro modo, disimulándose más, tal vez: se lee en el poder de las nuevas técnicas y en la racionalidad que las rige, se oculta en las imágenes y en otros lugares. A menudo ha sido comprobado, y Jean Attali acaba de recordarlo, que el hombre se ha vuelto totalmente propietario de sí mismo, en el sentido de que tiene la capacidad de disponer del hombre (la de aniquilar a la humanidad con la bomba atómica); conviene, después de este recordatorio, subrayar que esa capacidad se encuentra en manos de un pequeño número de poderosos, amos de la vida y la muerte colectivas y no sólo individuales.

Los efectos de las técnicas informáticas, de las técnicas de observación y de comunicación, son más perversos, pues no tienen la misma evidencia; manifiestan no obstante apuestas fundamentales que pueden escapar al control democrático. La informatización acelera el desarrollo de la organización bajo todas sus formas, multiplica los procedimientos de decisión "técnicos" y de carácter automático, encamina hacia una gestión coordinada de todas las actividades y hacia la instauración de un poder en apariencia anónimo, puesto que es imputable a una máquina. Hace posible la centralización de la información, esta totalización burocrática que he tomado en cuenta, mientras que incluso los sistemas de teledetección dan a la imagen una capacidad inquisidora e introducen una amenaza panóptica. Los dispositivos de control y de supervisión electrónicos adquieren una eficacia y una discreción crecientes, se hacen cada vez más concretables. La mediatización en expansión —generadora de un régimen de "mediocracia" (gobierno de los medios de comunicación), se dice peyorativamente— producen efectos que tienen un alcance general. Afecta a la definición legítima de la realidad, función de las autoridades sociales, culturales y políticas hasta ahora mantenidas; arma con medios nuevos a la gestión de la oposición: la democracia se ve confrontada con el poder de la comunicación; modifica la naturaleza del vínculo social, lo instrumentaliza; es uno de los dispositivos de la manipulación de los espíritus y las emociones, de ejercicio de la fascinación. El poder político se vuelve cada vez más dependiente de las imágenes, *de su propia imagen*; siendo político, el poder ya no puede disociarse de lo espectacular y, por eso mismo, se vuelve más vulnerable, menos consistente, sometido a los efectos de la versatilidad de los ciudadanos; siendo tecnocrático, menos visible, menos precario, sostenido en redes de solidaridad y en la certidumbre de la competencia, el poder subyacente puede mantener un espíritu de control total de la sociedad.

Acaba de demostrarse en qué sentido el fenómeno totalitario se vincula en adelante con los sistemas técnicos y sus lógicas. Evidentemente, no son las únicas manifestaciones de su existencia *potencial*; la economía, debido a los procesos de concentración, refuerzo de las potencias financieras, las contaminaciones que afectan a la política, de la mercantilización en vías de generalizarse, engendra otras manifestaciones; lo mismo que confluyen la primacía de lo estadístico, en una sociedad "medida", que acarrea el emparejamiento de las particularidades y sobre todo el desarrollo de una cultura que borra las diferenciaciones y multiplica las de carácter artificial y precario. El riesgo de actualización del potencial totalitario se relaciona tanto (incluso más) con la naturaleza misma de la modernidad, con el movimiento y las incertidumbres que le son propias. Los períodos de transición, de gran transformación y de crisis durable abren un campo más libre a las tendencias constitutivas del totalitarismo; lo que se experimenta como desorden nutre entonces el deseo de orden, la inquietud o la angustia individual puede llevar a la búsqueda de certidumbres, de remedios que se transforman en su mayoría en trampas en las que el individuo se hace prender. Frente a la dispersión, la seducción de la totalidad se refuerza y, con ella, la de la figura histórica que parece poder y deber efectuarla. El estado democrático no se establece de una vez por todas, debe mantenérselo por una invención, una creación continuas, capaces de producir una renovación de los efectos del orden. (26)

La respuesta de la persona, el orden de lo sagrado

Frente a la evasión del sentido, a la desaparición de un orden que no parece todavía la aparición de otro, los ensayos de reapropiación individual y colectiva del sentido se multiplican. Y se sitúan con respecto a dos polos.

Por una parte, la versatilidad, lo que yo calificaría metafóricamente con el término "nomadismo", que incentiva una búsqueda incesante, sin objetivos bien definidos, intentos de ver y una asignación de significado a los cambios en cuanto tales. Los espacios del orden son aceptados en su precariedad, la novedad y lo efímero son acreditados en razón misma de su poca duración, la futilidad cobra importancia, y el goce de lo inmediato reemplaza al proyecto y la moda se convierte en un sistema por el cual progresa la realización personal y se realiza un "suavizamiento" de las costumbres —según palabras de Tocqueville— considerado propicio para la democracia. Es traducir en el modo de vivir lo que la posmodernidad expresa: pensar dejando tras de sí todos los paradigmas, existir sin referirse a normas (principio de orden exterior) o a los valores (principio de orden interior) relativamente estables.

Por otra parte, a la inversa, es el anclaje y ya no el vagabundeo, el repliegue sobre los espacios de lo social y de la cultura donde el pasado y la tradición han dejado sus señales. Este movimiento de regreso conduce a una recuperación de los valores que se reconocen como perennes (y por eso considerados verdaderos), a una reivindicación de la claridad, de normas (contra las mezclas de la modernidad) y a una exigencia de rigor (contra la experimentación arriesgada y aventurera de los posibles). Es la oposición de la certidumbre, de la afirmación, a los efectos nefastos de una movilidad que desconcierta; de un mundo de las permanencias, de una realidad sólidamente establecida, a las apariencias invasoras que las ocultan y que no son sino simulaciones de la realidad. Al orden "verdadero, natural y justo" se lo juzga capaz de someter al desorden a condición de ser asistido por una adhesión y una voluntad firmes, de imponerse por una especie de evidencia íntima al individuo que acepta activamente su servicio. Con respecto a ese polo fijo se organizan diferentes figuras, como la del conservadorismo fundamental, el integrismo o el totalitarismo naciente.

El retorno de lo sagrado ha sido anunciado, luego reconocido, en el transcurso de los últimos veinte o treinta años, por oposición al testimonio de una secularización generalizada; Malraux la hacía prevalecer, con su profecía de un siglo XXI necesariamente religioso, sobre Weber y su racionalidad seductora. El espacio de lo sagrado es aquel en el cual la exigencia personal de sentido, de relación con un orden idealizado, puede encontrar su lugar y su satisfacción. Pero esta relación no se establece sin ambigüedad. La naturaleza misma de lo sagrado no se devela completamente, ni se encierra en una definición. Durkheim, atreviéndose a fundar una sociología de la religión, no llega sino con muchos rodeos a considerar lo sagrado. Identifica a "los seres y las cosas sagradas" con respecto a los cuales se definen las representaciones (un orden de las cosas y los seres expresado por el mito o el dogma), las relaciones de creencia y de obligación, las prácticas. Durkheim manifiesta toda su ambigüedad: lo sagrado o lo religioso depende de la trascendencia, pero es de origen social, se diversifica con las formas de la sociedad y, al igual que ella, no escapa completamente al proceso histórico; separa lo que es de su dominio de lo que constituye el reino de lo profano, aunque exista "comunicación entre los dos mundos"; se desdobla él mismo en un sagrado puro (garantía del orden, del bien, de los valores) y un sagrado impuro (asociado al desorden, al mal, a la transgresión); estas dos categorías se encuentran en una relación de antagonismo, pero los dos géneros permiten transformaciones recíprocas. Lo sagrado, por último, se constituye en una infinita variedad, no delimita solamente el espacio de los dioses, los espíritus y otros seres personales, puede manifestarse bajo formas nuevas, hasta ahora insospechadas. (27)

La obra de Durkheim no es evidentemente la única fuente, ni la menos controvertida, pero es indiscutible que conserva una validez en la orientación de las investigaciones actuales de lo sagrado, en un período en el que los nuevos movimientos religiosos se encuentran en trance de llegar a ser una de las realizaciones del movimiento social. La modernidad somete lo sagrado a la prueba de los grandes cambios, y la religión ya no aparece claramente a través de las funciones que la tradición y el pasado habían definido: proponer a la conciencia una imagen coherente del universo; conferir una legitimidad a las instituciones, a las obligaciones, a los roles sociales; aportar los medios para responder colectiva e individualmente a los riesgos, lo inesperado, el acontecimiento y las pruebas. Las situaciones nacidas de la modernidad se vuelven reveladoras de la ambigüedad constitutiva de lo sagrado y lo religioso, cimientos de un orden y fuentes de efervescencia colectiva (según Durkheim), respuestas a las exigencias de la legitimación y a las reivindicaciones (según Weber); una ambigüedad que se encuentra a la vez manifestada, aprovechada y empujada a los extremos. La religión, objeto de fe, se encuentra en una crisis de credibilidad debido a los procesos de secularización y al incremento —para retomar mi fórmula— de un agnosticismo trivializado. Ya no puede mantener un monopolio como en las sociedades del pasado; con la modernidad, se divide, se pluraliza, está sujeta a la ley de la competencia, del mercado; no impuesta por la tradición o la coerción, depende cada vez más de la elección y de la apropiación individuales. En el interior y en el exterior de las Iglesias establecidas, históricas, funcionan fuerzas y propuestas que compiten; adentro: las de la adaptación que brindan una apertura filtrante a las demandas modernistas, las que conducen el regreso a la integridad doctrinal y litúrgica, a la autoridad eclesial, las que reivindican una revitalización de la fe y un movimiento carismático, las que restituyen a la religión una carga política y liberadora; afuera: los movimientos de la disidencia y el sincretismo que toman una forma sectaria, los agrupamientos que se constituyen por la importación de las espiritualidades y de un ritualismo propios de las civilizaciones no occidentales, centros que se vuelven propagadores de nuevas místicas, formas modernas de la meditación y el esoterismo reavivado y, en el extremo, los centros que ponen en marcha las fuerzas de lo sagrado impuro y provocan en cierto modo conversiones al revés.

Lo sagrado desborda el espacio de las religiones, no depende de éstas y la muerte de los dioses no acarrea su desaparición; es el objeto de transformaciones que le son propias. En el transcurso de la historia, las instituciones religiosas son los principales instrumentos de la gestión de lo sagrado y de las relaciones que mantiene con el mundo profano; debilitadas por la modernidad, como la mayoría de las instituciones heredadas, han perdido la carga exclusiva de esta función. Lo sagrado se encuentra liberado de ellas, más disponible; vuelve a un estado difuso, especie de energía utilizable para otros empleos. Estos desplazamientos de lo sagrado hacia el dominio de lo temporal han tenido realizaciones anteriores o más antiguas, principalmente con las religiones políticas sacralizadoras de lo político y la dominación. Importa sin embargo recordar que esas transferencias se efectúan entre campos emparentados; repetidas veces he insistido en lo que une política y religión, en particular la afirmación de una coherencia y una unidad, de un orden y un sentido, la puesta en marcha de obligaciones justificadas por una trascendencia, y la capacidad de orientar las elecciones, la diversidad cambiante de los objetos de los cuales se encuentra investido, sus metamorfosis asociadas con la multiplicación de las experiencias subjetivas; liberado, recuperaría entonces, por una parte, lo que era en su comienzo: su calidad de energía nacida de la exuberancia de una vida colectiva no refrenada todavía y dirigida a la búsqueda de su sentido. Adquiere así la capacidad de impregnar más el terreno secular. Entra en la composición de las ritualizaciones de la vida cotidiana, puede contribuir a un "encantamiento" por el cual se suaviza la rudeza de lo real en las situaciones de crisis grave y duradera. Por el trabajo simbólico y la solidaridad intensa que engendra, da validez a las experimentaciones culturales, sociales y políticas que tratan de unir una socialidad nueva a significaciones revigorizadoras o inéditas. Aporta su fuerza, su poder de fascinación a las polémicas y los proyectos de ruptura en los que sirve para legitimar la violencia, traduciéndola en un acto moral devastador (arrasar un orden falso e inaceptable) y en un acto sacrificial fundante. Lo sagrado difuso puede fijarse en figuras, unirse a prácticas múltiples y cambiantes. En el primer caso, maestros de vida de una autenticidad incierta, *vedettes* espectaculares convertidas en objeto de cultos juveniles, héroes negativos transfigurados por la audacia de sus transgresiones, incluso personajes políticos de pronto provocadores de una adhesión idolátrica, entre otras encarnaciones a las cuales los medios de comunicación brindan, con la consagración, una sacralidad a menudo efímera. En el segundo caso, la rutinización cotidiana que se hace religión y, a la inversa, las prácticas de la superación, del exceso, las conductas de una "explosión pura" —se trate de un viaje inducido por las drogas, de sexo, violencia o la realización de hazañas— que oponen una especie de sagrado salvaje a lo sagrado doméstico (de uso doméstico) de las ritualizaciones triviales. A través de sus transformismos — "para mejor o para peor", dicen los comentadores desconcertados— lo sagrado sigue siendo aquello por lo cual la actividad humana se atribuye sentido y valor, aquello por lo cual la experiencia subjetiva adquiere densidad.

Los nuevos movimientos religiosos, las nuevas religiosidades han sido evaluadas según los criterios del orden y el desorden, y no sólo según la calidad de las respuestas que proponen o las transformaciones de conciencias que realizan. Su abundancia explica su disparidad, así como la lógica totalitaria de algunas sectas explica el vigor de las reacciones (de adhesión o rechazo) con respecto a ese mercado de lo sagrado, rico y atractivo. El conflicto de las interpretaciones obtiene ahí su intensidad. Para unos, la innovación religiosa, no obstante su carácter reactivo inicial, contribuye al mantenimiento del orden todavía dominante; desvía la protesta, produce efectos de compensación, es de nuevo capaz "de hacer funcionar los mecanismos de las grandes burocracias impersonales" (Harvey Cox); recombina los símbolos y los valores y hace aceptar bajo otro aspecto los que legitiman el sistema existente; permite probar modos de comportamiento que con el tiempo pueden ser incorporados a las maneras de ser establecidas, las cuales se encuentran así rejuvenecidas. Al final, por consiguiente, un nuevo ajuste, una contribución que se traduce en una revigorización del orden. Para los otros, estos movimientos religiosos son los indicadores de una desintegración de la sociedad, de la cultura, de la persona: con una anomia en expansión concuerda una especie de sagrado anómico, y éste se convierte en un agente del desorden trabajando en el debilitamiento de lo que legitima a las instituciones y mantiene un amplio consenso normativo. Según un tercer conjunto de interpretaciones, he ahí, de una y otra parte, demasiado crédito otorgado a esas innovaciones. Esa es la interpretación de las que limitan su importancia confinándolas al dominio de la vida privada, tratándolas como los instrumentos de una disciplina personal, a la vez espiritual y moral, de poca incidencia en el funcionamiento de la máquina social (Bryan Wilson), y de las que hacen de la nueva religiosidad una de las formas de la cultura narcisista, del despliegue sobre el Yo en búsqueda de su autenticidad, de la afirmación de un individualismo llevado "hasta un punto asocial extremo" (Norman Birnbaum).

Las nuevas religiones, consideradas en cuanto respuestas del orden a la interrogación y la angustia que engendran el movimiento, el desorden, la mezcla del sentido, deben ser definidas por su forma, su modo de hacerse cargo de las demandas y esperas individuales, su organización por la cual se pueden constituir en "totalidad", en sociedad de reemplazo capaz de acaparar completamente a los adeptos. La forma es específica de una modernidad que se edifica por deconstrucción y reconstrucción, por adición de lo nuevo, lo inédito, por reemplazo de elementos recibidos del pasado y tomados de culturas y tradiciones exteriores; es una creación por amalgama o sincretismo cultural. Las nuevas religiones se forman según el mismo procedimiento, como además aquellas que el choque de la modernización ha hecho aparecer en las sociedades sumisas, dependientes y occidentalizadas; relacionan referencias doctrinales, temas y valores, simbolismos, modelos de vida y de conducta espiritual de orígenes diversos. Así es con las que dependen de la inspiración oriental en América del Norte; reemplazan la fe, las creencias, por una experiencia personal que debe abrir acceso a una realidad más profunda, más verdadera, y que concuerda con la corriente de la ideología científica; introducen una ritualización compleja de la existencia individual, contribuyen a una construcción y una gestión del sí-mismo que coinciden con las prácticas *psy* divulgadas en el curso de las últimas décadas; dan forma a un individualismo originado en otras fuentes, al punto de que se las ha podido considerar como uno de los factores de la actual revolución individualista. Lo que los adeptos esperan en primer término de las nuevas religiones se expresa con una doble fórmula: la significación para sí mismos, el orden en sí mismos. Obtienen de su adhesión la capacidad de transfigurar su existencia (sin que un Dios reencontrado sea necesariamente la causa, puesto que algunas de sus experiencias se ahorran lo divino), al igual que la capacidad de reformar sus relaciones con el exterior. No se encuentran sólo en búsqueda de la mitigación de su "angustia moral" (según la interpretación de Daniel Bell) y de los medios para ocultar la racionalidad instrumental y burocrática bajo los colores de la mística. Sus adeptos, principalmente jóvenes, tratan de descubrir la certidumbre en una época de incertidumbre; la validación por cierta ciencia (y sobre todo la metaciencia), el crédito atribuido a las tradiciones exóticas consideradas más integradas lo demuestran sin ambigüedad. Tienen acceso a otra práctica de la temporalidad mientras que lo efímero y la capacidad de la historia próxima se imponen a ellos; sueñan con el tiempo de las permanencias o, a la inversa, el de los comienzos fundantes, o a una historia reaparecida pero convertida en otra por lo sagrado. Ensayan y predican valores menos precarios, la adhesión a una moral y una disciplina que los une y debe hacerlos alcanzar una mayor armonía, a una especie de salvación aquí y ahora.

En todo eso, se trata precisamente del sentido y el orden. Un deseo de orden que la institución de la religión nueva aprovecha cuando se traduce en la organización de una secta y no sólo en una pedagogía de la experiencia mística individual. Por este motivo, las sectas inquietan, y tanto más cuanto que algunas de ellas se constituyen en sistemas totalitarios. Reclutan adeptos recurriendo a manipulaciones mentales y a la seducción mediante una publicidad espiritualista; separan rompiendo la red de relaciones familiares y de amistad, imponiendo el agrupamiento de los integrantes de la secta como si fuesen los únicos "padres verdaderos"; practican la captura de conciencia, el acondicionamiento de los espíritus y los medios de expresión (se excluyen los lenguajes que no sean los de la iglesia) y, a menudo, la sumisión de los cuerpos mediante técnicas de mortificación; someten a los adeptos a una jerarquía de maestros supremos respaldados por una democracia, supervisan, castigan y reprimen toda tentativa de autonomía. Presentadas al observador exterior como potencias espirituales, estas especies de sectas son potencias temporales; su asentamiento internacional no es únicamente el de una religión en proceso de universalizarse, sino el de una empresa económica con actividades y activos diversificados, el de una organización con capacidad política poco discutible. Estas potencias dobles son sin duda poco numerosas, comparadas con la población creciente de sectas y movimientos místicos; ellas han hecho de la necesidad individual de sentido y orden, al captarla y desviarla, el instrumento de una nueva construcción totalitaria.

Pero si bien es cierto que el hombre de hoy busca también sus últimas razones de vivir fuera de los caminos señalados por las religiones establecidas, no es menos cierto que la dinámica actual de lo sagrado le ofrece otras salidas diferentes que la de abandonarse a las iglesias jóvenes y pervertidas que deben más al cálculo, a la oportunidad mestizada de cinismo político, que a una revelación cualquiera. (28)

La respuesta pragmática, el orden por el movimiento

La actualidad mediatizada pone todo bajo la influencia del movimiento, consagra las figuras que lo encarnan, alimenta el pequeño culto de los audaces y los ganadores y aquel, superior pero no menos vulnerables, de los pilotos experimentados para los tiempos difíciles. Empero, en segundo plano, las imágenes de la decadencia, la impotencia o la pasividad siguen presentes. No está muy lejos la época de las profecías negativas, aquella en la que el presidente del célebre Club de Roma predecía que "la humanidad va hacia una decadencia progresiva", salvo que sea capaz de "inventar el futuro"; ¡eso era en 1979! Optimistas al comienzo, menos hoy, los interrogadores del futuro, provistos de técnicas más complejas, limitan sus ambiciones. La profecía tecnificada ha padecido demasiado la desmentida de los hechos; al anunciar el o los posibles, afectaba al sentido y el orden del futuro, lo que le daba crédito; en lo sucesivo, la sacerdotisa del futuro ha perdido su resplandor y su interrogación se plantea más sobre el futuro próximo, casi presente.

La atención crítica se centra sobre lo que paraliza las situaciones, sobre lo que traba el movimieto. Propone remedios. Evalúa así las fuerzas y las debilidades del Estado-Providencia, protector de las seguridades, barrera contra los riesgos, eliminador del temor a la manera de la religión. Sin querer abolirlo, como lo requiere el ultraliberalismo, puede tratar de mantenerlo mejor reanimándolo; preconiza así el sustento en una economía de cambio propicia a la movilidad de las condiciones individuales y la reforma permanente, el recurso inventivo de un derecho "oportunista", móvil, capaz de una adaptación constante a la realidad; recomienda la audacia de volver a cuestionar, de sacudir lo adquirido y las inercias. Se trata en síntesis de inyectar movimiento y de lograr los medios para dirigirlo; reiteración de la comprobación que he recordado a menudo: la producción de la sociedad es continua, se retoma siempre, las elecciones que la orientan y las significaciones que engendra no son fijadas sin que haya, al final, una esclerosis y una decadencia. (29) La crítica se formula también en cuanto denuncia del desgaste de los responsables y del sistema que ellos gobiernan; el acento principal se pone en la rutinización (la evitación del riesgo), el conservadorismo (la salvaguardia de los privilegios) y en el descrédito resultante. La crítica es todavía la de una pasividad —"esperar que pase o que estalle"— que reduce al estado de espectador frente al acontecimiento y las turbulencias de la historia inmediata; lleva, como lo ha hecho Alain Touraine, a apelar a la "voluntad de acción" y proclamar que "el peor factor de la crisis es la conciencia de la impotencia". (30) El inventario podría completarse hasta tomar en cuenta las ideas flojas y los valores inciertos cuyo único mérito reconocido es ser más bien inofensivos, por consiguiente poco perjudiciales para el ejercicio de la democracia.

Por el contrario, si uno se limita a la observación del escenario francés en los años recientes, parece que el movimiento, porque es una fuerza creadora, y el empirismo, porque reemplaza al dogma por la realidad, son nuevamente apreciados y exaltados. No sin ambigüedad. Las apreciaciones y significaciones nuevas relacionadas con el dinero, con su posesión, su trabajo y su circulación, son a este respecto reveladoras: se trata mucho más que de un medio de satisfacer al culto del consumo y los goces. Como imagen del fluido vital que irriga el organismo, el dinero simboliza la vida en la sociedad. El también, a su manera, sirve de indicador del buen o mal estado del conjunto, del funcionamiento o los disfuncionamientos. El valor de la moneda comunicado cada día por el canal de los medios masivos ritualiza esta medida de lo económico, de lo social, del crédito que se le concede, y el índice global de las cotizaciones bursátiles puede llegar a ser, a causa de las coyunturas, una escala de los valores más comúnmente compartidos, en el sentido ético de la palabra, evidentemente. El dinero expresa la esencia de las sociedades donde casi todo puede traducirse en términos de mercancía; además, informa —como acaba de decirse— en un universo social y cultural donde la información es la energía indispensable para actividades cada vez más numerosas, y designa por excelencia la relación cambista en un mundo que es el de la comunicación, la multiplicación rápida y la intensificación de los intercambios de todo tipo. Concuerda plenamente con las sociedades de esta clase: por el mercado, regula; por la división, jerarquiza; por la inversión, acrecienta. Representa al generador del orden.

Esta concordancia se efectúa también en el terreno de lo imaginario, en esos lugares donde el deseo, los fantasmas y el juego se unen. Las aventuras del capital se convierten en relatos, fragmentos de los mitos y las epopeyas de una cierta modernidad; la novela a lo norteamericano y el cine se inspiran en ellas y obtienen un éxito masivo. Se divulgan y se transforman imaginariamente fórmulas propias de los especialistas; el capital de riesgo se convierte en una conquista de nuevas fronteras (las de la modernidad más avanzada) y el movimiento parece fundante bajo este aspecto; las O.P.A., operaciones repentinas mediante las cuales se realizan tomas de control del capital y de las empresas, o efectos especulativos similares a un *raid*, se describen en términos que evocan la competencia, el enfrentamiento heroico o la carga salvaje, y el capitalismo llamado popular se interpreta a la manera de una nueva división (sin embargo, más simbólica que real) en la que entra una parte de juego. Toda una imaginería por la cual la audacia, el riesgo, la hazaña, reciben crédito, se benefician con una evaluación positiva, como si hubiese una desaparición de las inercias contrarias al surgimiento de nuevas formas armonizadas con los dinamismos actuales.

Pero el dinero, figura principal de todas estas escenas, aparece también bajo los aspectos de lo negativo. Crea a partir del desorden que las crisis acentúan y dramatizan; estraga, por las batallas cuyo capital es la apuesta, los empleos y las actividades cuyo valor no es simplemente contable; hace y deshace fortunas apresuradas; corrompe y nutre los negocios sucios; esquiva a los que el movimiento de la modernidad deja en su lugar, que tendrán que padecer su pobreza como una mala novedad. Todo el estallido de la solidaridad (la caridad) no podría bastar para ocultar esta violencia hasta ahí sin recurso.

La búsqueda del orden mediante el movimiento trata de relacionar la eficacia, generalmente asemejada a la racionalidad instrumental, con el empirismo que diversifica, desmultiplica las respuestas y excluye toda reforma total, al revés del proyecto revolucionario, ahora abandonado por muchos de sus partidarios de ayer que lo reducen al estado de una liturgia violenta. En primer término, se exigen a las aplicaciones de la ciencia, a las técnicas, que sean generadoras de un orden progresivo y que se vuelvan autocorrectoras de sus propios efectos perversos. La racionalidad del saber y de la técnica encuentra entonces su ventaja; aparece como *la* fuerza organizadora, que funciona por sectores, por problemas, por interacción de las competencias. Le es dado los lugares de manifestación, que pueden verse como la imagen de los lugares santos donde se celebraría un culto positivista y modernista consagrado a la creación: los parques científicos y técnicos. Pierre Lafitte, fundador de Sofia-Antipolis, ha definido lo que él designa con el término "creatividad tecnopolística": "Concentración de materia gris o vuelta hacia el pasaje del saber a la técnica; interacción entre los que saben, los que actúan, los que financian, los que dirigen". En este caso, no hay una simple ilustración, incluso menos un espectáculo futuroscópico, sino un amplio proyecto en vías de realizarse. El medio ambiente, los instrumentos y las obras de la modernidad, el hombre imaginativo creador de riquezas y servicios, de cultura y de una manera de vivir superior, están comprometidos en una nueva alianza. La movilización de la inteligencia, el debate y la formación mutua (o "fertilización cruzada"), la práctica de las firmas interesadas, utilizadoras de las tecnologías más avanzadas, la trivialización por el uso cotidiano de los instrumentos más nuevos, el encuentro de sabios y artistas, se convierten en los medios de "una acción en todas las direcciones", generadores de un movimiento propicio a la constitución de formas, significaciones y maneras de ser que podrían tener ulteriormente una calidad ejemplar. En ese caso, un tecnomesianismo parece obrar, por el cual el culto de la sabiduría y el humanismo sin dogma trata de mostrar un futuro posible y de hacerlo existir oponiéndole una fe racional a la apatía, la rutina y la incertidumbre. (31) Es sobre todo la empresa la que ha sido convertida en un agente capaz de transformar el movimiento en una producción expansiva, en relaciones sociales diferentes, en cultura y valores reavivados. Se dice y se repite que los franceses que se encuentran ahora más armonizados con el espíritu emprendedor y el lucro, menos secretos con respecto al dinero, menos culpabilizados. A derecha e izquierda, sería la misma celebración, la misma exigencia de salvación dirigida a las empresas. Los jóvenes son elogiados por su fogosidad totalmente nueva: ser los creadores de aquéllas, escapar así a la maldición de la desocupación de la que son las víctimas más numerosas. Según las palabras de un antiguo responsable del empresariado francés, habrían efectuado una verdadera revolución: liberados del "molde estructural" antiguo que han roto, valorizarían en adelante la iniciativa, la novedad, el riesgo e, incluso "la responsabilidad". La imaginería actual es sobre todo una ilustración del héroe de la hazaña y del dirigente que sabe llevar la empresa al éxito; opone las figuras que ganan a las figuras pusilánimes, incompetentes o desengañadas; introduce una lógica de la creación —de la producción de orden— que saca ventaja de la lógica del juego. El elogio de las empresas de éxito puede entonces explicarlo por una mayor capacidad de inventar relaciones sin inercia y comunicación sin pérdida, en su propio seno y en sus relaciones con el mercado. Este elogio es el de los "nuevos constructores", de los que se han podido decir que toman decididamente el partido de la innovación, que aprovechan todas las posibilidades originadas en sus compromisos internacionales, que no temen practicar el cuestionamiento permanente de sus propias actividades. Es una invitación al aprendizaje del buen uso de la crisis, acompañada de un encomio del riesgo, y es, también, una apreciación reveladora. Muestra lo que se inscribe en el campo del hecho fuera de lo común: la superación de la simple modernización, la conjunción de la imaginación y la iniciativa, el rechazo de los comportamientos "frioleros", la capacidad constante de la autoevaluación, y, en total, un movimiento que se mantiene debido a su fecundidad. Llevado por éste, uno es un ganador. En la escenografía mediática, el personaje del empresario que triunfa reúne a las otras figuras en *vedette*, a veces hasta el punto de convertirse él mismo en un animador de la imaginería televisual; encarna la acción múltiple: más que potencia es su omnipresencia lo que se manifiesta, ya se trate de economía, política, cultura y comunicación o ética y solidaridad; aparece como aquel por el cual se forma principalmente el mundo en vías de hacerse, aquel que ya ha percibido su sentido, que se encuentra en posición de filósofo por la actividad y ya no por el discurso. Pero esta popularización está ligada a la imagen, cuya fragilidad tiene; la impopularidad redhibitoria que Schumpeter deploraba con respecto al espíritu de empresa no ha sido todavía totalmente eliminada.

La figura del político es en adelante más borrosa, menos creíble en lo que concierne a su capacidad para producir efectos "atraedores"; las relaciones de orden y desorden, que están a su cargo, se mezclan. La potencia se acrecienta mientras que el poder parece sometido a un proceso regresivo y vaciarse progresivamente, lo cual puede favorecer el impulso a los extremos, aumentar la seducción de las respuestas simplificadoras. Por un lado, el aprovechamiento del deseo de orden: el ascenso político de los prometedores y promotores de un orden renovado, elemental y rudo, recibe su impulso de esa espera. Por otro lado, a la inversa, la puesta en marcha de una lógica del desorden: legitima las violencias y las revoluciones en la cotidianidad, declarándolas creadoras; reviste un aspecto más apacible tomando las formas del espontaneísmo (dejar obrar a lo imprevisto) y el creativismo (dejar hacer a la innovación) e insta entonces a captar la energía engendrada por el desorden a fin de convertirla en fuerza positiva. La simple respuesta empirista traduce el desorden en preguntas cuya gravedad y la no resolución producen los males; se pretende que sea técnica, curativa y disociada de una acción política que divide y opone; se presenta en generadora de orden por la cohesión, el frente (todos juntos, y no unos contra los otros) que trata de realizar en una búsqueda colectiva de resolución de los problemas más amenazantes. Más respetuosas de la complejidad son las diligencias que tratan de servirse del orden porque es organización y del desorden porque es movimiento. El modelo "estato-libertario" caracteriza una de ellas, llevada hasta la paradoja. Une componentes poco o mal relacionables: el mercado, que amortigua los embates de las turbulencias, que es un escudo cuyo uso no se limita sólo a la defensa armada; la dimensión libertaria en el juego social, que restituye a éste su plena capacidad inventiva, que contiene o compensa la entropía del universo burocrático; por último, la autogestión, en cuanto utopía de la cual debe nutrirse sin cesar la sociedad civil. Es, en cierto modo, un sincretismo, de estructura homóloga a la de los nuevos sincretismos religiosos y que puede ser portador, como aquellos, de una fuerza de atracción. Es también un revelador complementario de la obligación de trabajar de otro modo en la producción continua de la sociedad actual. (32)

El modelo inspirado por la autonomía se sitúa aparte; no es asemejable, según sus autores y defensores, a un proyecto; apunta a la realización de una posibilidad efectiva del hombre que ninguna corriente política ha puesto al día hasta ahora, está ambiciosamente ligado con un nuevo comienzo de la filosofía y, merecidamente, al rechazo de la esterilidad ecléctica. Este modelo también apela al creativismo, a la eficacia crítica, a la responsabilidad, al rechazo del dejar pasar. Invita a reencontrar la fuerza de la tradición emancipadora a fin de utilizarla en la construcción de una sociedad autogobernada, donde la autonomía individual y la autonomía colectiva se sostienen y alimentan mutuamente, donde la institución de lo social se encuentra renovada y donde las significaciones imaginarias son suficientemente vivas para poder formar, inspirar y animar a los individuos. En el movimiento es donde éstos vuelven a ser los artesanos de un orden y un sentido que los sacan de la pasividad, que los hacen renunciar a la aceptación de "vivir *del* sistema". (33) En esos términos, también se plantea la cuestión de la democracia: la única que permite devolver el vigor a los debates sobre el presente, asumiendo sus contradicciones, utilizando sus incertidumbres como un remedio antidogmático, convirtiendo el relativismo de los valores en oportunidad dada a una libertad que se define en el movimiento y renace constantemente de su propia crítica. (34)

Notas

(1) Sade: *Histoire de Juliette*, tomo I.

(2) El "Centro de jóvenes dirigentes de empresas" ha tenido como tema de investigación en el año 1988: "Etique et mutations", relativo a la reflexión sobre la ética y las nuevas técnicas.

(3) Sobre la solidaridad, considerada en una perspectiva histórica, la obra de J. Duvignaud: *La Solidarité, liens de sang et liens de raison*, París, Fayard, 1986. Sobre la ideología "suave", la mercantilización de sus productos, sus efectos, el libro polémico y desoxidante de F. B. Huyghe y P. Barbes: *La Sofi-idéologie*, París, Laffont, 1987.

(4) Entre las obras dedicadas a las crisis, a las interpretaciones cíclicas de los movimientos de la economía, sobresalen: C. Stoffaes: *Fins de mondes*, París, Odile Jacob, 1987; B. Rosier: *Les Théories des crises économiques*, París, La Découverte; 1987.

(5) Sobre la corriente de investigación designada con el término *caos*, véase en este libro: cap. II: "La ciencia pierde la armonía; el ruido, la disipación y el caos". El *crac* de octubre de 1987 ha sido considerado bajo este aspecto por algunas revistas especializadas, sobre todo norteamericanas.

(6) Simmel, G.: *Philosophie de l'argent* (1900), trad. fsa., París, PUF, 1987.

(7) La antropología de la enfermedad, la muerte y el mal ha llegado a ser en unos años uno de los sectores más activos de la disciplina. Véase M. Augé y C. Herzlich (dir.): *Ordre biologique, ordre social. La Maladie, forme élémentaire de l'événement*, París, Ed. de los Archivos contemporáneos, 1984.

(8) Entrevista con I. Mihaileanu: "Notre unité, c'est l'interrogation", en *Le Monde*, 5 de julio de 1986 (entrevista inédita en francés hasta esa fecha).

(9) J. Delumeau e Y. Lequin: *Les Malheurs des temps (histoire des fléaux et des calamités en France)*, París, Larousse, 1987.

(10) Fórmulas tomadas del primer libro —calificado de "empresa médico-literaria"— escrito por un enfermo de SIDA: E. Dreuilhe: *Corps à corps*, París, Gallimard, 1987.

(11) Comentario del profesor G. David, presidente-fundador de los Centros de estudios y conservación del esperma, en el diario *Le Monde*, bajo un título bien significativo: "SIDA: la ménace démographique" ("SIDA: la amenaza demográfica").

(12) Estos temas —violencia, transformación de la violencia, astucia con la violencia— aparecieron en el campo antropológico con los trabajos de la escuela llamada dinamista (por oposición a estructuralista). R. Girard los ha abordado a partir de su obra *La Violence et le Sacré* (París, Grasset, 1972), hasta su libro *Le Bouc émissaire* (París, Grasset, 1982).

(13) Véase el conjunto de artículos, en adelante clásico, de M. Gluckman: *Order and Rebellion in Tribal Africa*, Londres, Cohen y West, 1963.

(14) Véase una presentación general, más completa, en mi artículo de la *Revue internationale des sciences sociales*, 110, dic. de 1986: "La violence et la guerre: une anthropologie".

(15) En Francia, los debates con Sartre (y con respecto a Sartre) se centraron un tiempo en la violencia; ejemplos notables: R. D. Laing y D. G. Cooper: *Reason and Violence. A Decade of Sartre's Philosophie*, Londres, Tavistock, 1964; R. Aron: *Histoire et dialectique de la violence*, París, Gallimard, 1973. Sobre la violencia y su relación con el poder, la importante obra de W. J. Mackenzie: *Pouvoir, violence, décision* (1975), trad. fsa., París, PUF, 1979.

(19) Un estudio de espíritu etnográfico, realizado por una encuesta directa, ha sido dedicado a los *"hooligans"* ingleses observados durante los grandes partidos en el extranjero: J. Williams y otros: *Hooligans abroad*, Londres, Routledge y Kegan Paul, 1984.

(17) Véase la contribución de C. Rosset a la revista *Traverses*: "La peur", nº 25, 1982.

(18) Véase A. Schmid y J. de Graaf: *Violence as Communication, Insurgent Terrorism and the Western News Media*, Londres, Sage, 1982.

(19) Balandier, G.: *Le Détour, pouvoir et modernité*, París, Fayard, 1985, págs. 152-153 y 204-205.

(20) La literatura dedicada al terrorismo es abundante. Elijo: W. Lanqueur: *Terrorism*, Boston, Little Brown, 1977; B. Gros: *Le Terrorisme*, París, Hatier, 1976, y la tesis inédita de P. Mannoni a la cual me he referido principalmente: *Le Terrorisme: un laboratoire de la peur* (Universidad de Niza).

(21) J. J. Gleizal ha hecho de la relación orden/desorden la clave de su interpretación de la institución policial: *Le Désordre policière*, París, PUF, 1985.

(22) J. Vries (pseudónimo de un grupo de altos funcionarios): "Nous sommes tous des humanistes empiriques", en *Le Monde*, 9 de febrero de 1988.

(23) Antiguo consejero de Matignon, T. Pfister ha publicado un libro especialmente informado sobre la "casta de los administradores": *La République des fonctionnaires*, París, Albin Michel, 1988.

(24) Véase mi obra: *Le Détour, op. cit.*, cap. 1: "Le corps à 'corps politique'", págs. 21-56.

(25) Duval, M.: *Un Totalitarisme sans Etat, essai d'anthropologie politique à partir d'un village burkinabé*, París, L'Harmattan, 1985.

(26) La literatura dedicada al totalitarismo es evidentemente abundante, pero la referencia principal sigue siendo H. Arendt: *Le Système totalitaire*, última edición de la traducción francesa, París, Seuil (Points), 1972. Para una presentación general, la sección "Le Totalitarisme" du *Traité de science politique*, vol. 2, París, PUF, 1985, dirigido por M. Grawitz y J. Leca, y G. Hermet: *Totalitarismes*, París, Económica, 1984.

(27) Sobre la sociología de la religión en Durkheim, véase principalmente: "De la définition des phénomenes religieux", *Année socio*. II, 1989, y *Les Formes élémentaires de la vie religieuse*, París, Alcan, 1912. Sobre

Durkheim, la obra de J. A. Prades: *Persistance et métamorphose du sacré; actualiser Durkheim et repenser la modernité*, París, PUF, 1987.

(28) La bibliografía relativa a las figuras contemporáneas de lo sagrado, en las "nuevas religiones" es abundante. Citaré a: P. Berger: *La Religion dans la conscience moderne*, trad. fsa., París, Centurion, 1971; R. Bastide: *Le Sacré sauvage*, París, Payot, 1975; B. Wilson: *Contemporary Transformations of Religion*, Londres, Oxford University Press, 1976, y la obra dirigida: *The Social Impact of New Religious Movements*, Nueva York, Rose of Sharon Press, 1981; Y. Desrosiers: *Religion et culture au Québec. Figures contemporaines du sacré*, Montreal, Fides, 1986; C. Rivière: *Les Liturgies politiques*, París, PUF, 1988. Y, para la relación con la modernidad, mi obra: *Le Détour, op. cit.*

(29) F. Ewald, en una obra erudita, rica e inventiva, ha presentado al Estado-Providencia y definido las condiciones necesarias para su géstión actual: *L'Etat-Providence*, París, Grasset, 1986.

(30) Comentario de A. Touraine sobre la crisis bursátil de octubre de1987: "Apathie française", en *Le Monde*, 21 de noviembre de 1987.

(31) P. Lafitte, antiguo director de la Escuela de minas, fundador de la "ciudad" Sophia-Antipolis, en los alrededores de Niza, ejerce este magisterio, este casi culto dedicado a la invención de un futuro que uniría "la calidad de la vida y la modernidad". Su compromiso incansable, su contribución al movimiento, están al servicio de una apuesta arriesgada desde 1969; véase: "Un entretien avec M. Pierre Lafitte", en *Le Monde*, 3 de septiembre de 1986.

(32) A. Mint ha elaborado y preconizado este modelo que ha calificado de "estato-libertario"; véase: *L'Après-crise ets commencée*, París, Gallimard, 1982.

(33) C. Castoriadis prosigue infatigablemente su obra (solitario, dice él) de explicación y defensa de la sociedad democrática y autonóma; véase: *Domaines de l'homme*, París, Seuil, 1986, preparación para un estudio dedicado a la *Création humaine*.

(34) Entre los trabajos más recientes que vuelven a considerar la cuestión de la democracia, los de C. Lefort, evidentemente (*Essais sur la politique, L'invention démocratique*), los de L. Ferry (crítica del universo democrático y "humanismo negativo"), y de J. C. Barreau (*Du bon gouvernement*).

El movimiento

El movimiento, pues, y el desorden que lo acompaña inevitablemente. Hubo un tiempo en el que las civilizaciones, las culturas, consideradas en su forma general, eran divididas según el lugar que les concedían o les negaban. Apolíneas, privilegiaban el orden, la mesura, la armonía, y todo lo que implicaba una amenaza asumía el aspecto del mal o la catástrofe. Dionisíacas, ponían el acento en la fecundidad del desorden, el exceso y la efervescencia, relacionaban el movimiento con las fuerzas de la vida y su agotamiento con un orden cristalizado en la muerte. Dos grandes figuras del destino, pero una división demasiado simple: las civilizaciones y las culturas nacen del desorden y se desarrollan como orden, están vivas gracias a uno y otro, llevan a ambas en ellas, aunque sus aspectos particulares ponen de manifiesto la importancia muy desigual que ellas les atribuyen respectivamente, en general y a merced de variaciones sometidas a las coyunturas o las circunstancias. En las sociedades de la tradición, el mito proclama el orden, pero a partir del caos, del desorden que él contribuye a ordenar y a dominar sin fin. Con la irrupción de las modernidades en el curso de la larga historia de las civilizaciones y las sociedades occidentales, aparecen nuevos temas y figuras, todos vinculados con el movimiento, la superación. La idea fáustica es la de una fuerza sin cesar en acción contra los obstáculos, la lucha se convierte en la esencia misma de la vida; sin ella, la existencia personal está desprovista de sentido, y sólo pueden ser alcanzados los valores más ordinarios; el hombre fáustico se forma en el enfrentamiento y sus aspiraciones rechazan los límites, son infinitas. Con la idea prometeica –la que sirve para calificar a las sociedades emprendedoras y acumuladoras–, lo que se designa es la capacidad del hombre de liberarse colectivamente de lo que lo mantiene en sumisión, y principalmente los dioses, la capacidad de alcanzar el dominio y la posesión del mundo por su propia acción, sus técnicas y sus artes. Es la ruptura que reemplaza a un orden que ya existe, regido por un *poder* exterior y por este motivo heterónomo, un orden que debe hacerse y cuya realización se interpreta como progreso. Con la figura de Don Juan se encuentra exaltado el rechazo individual de todo orden; es la elevación de la transgresión al estado de valor supremo, aun a costa de la venganza divina. La seducción sin límites, el libertinaje y las contraconductas se traducen en un desafío llevado hasta el riesgo extremo: la muerte, último enfrentamiento en el cual la libertad absoluta del individuo está enfrentada con la Ley, el Comendador, en plena conciencia de que éstos quieren someterla. Tres figuras míticas que, a través de las metamorfosis efectuadas con el paso de los siglos, expresan la inagotable confrontación del orden y el desorden, la necesidad y la libertad, la violencia fundante y la violencia devastadora, la imposible victoria total de uno de los términos.

La literatura dice también, a título individual, lo que los mitos expresan colectivamente. Hace aparecer más la elección del desorden en la cual toda vida se juega, por la cual toda obra se nutre. Con la modernidad, los que encarnan esta elección, los que hacen de ella el medio de su realización o de su drama personal, se multiplican. Son nuestros prójimos, en formas muy diferentes. Así, toda la obra de Henry Miller, y no sólo los *Trópicos*, es una exaltación jubilosa del desorden, una afirmación de éste en cuanto salvador y posibilidad de restituir la vida a la literatura. Este perturbador, que ha proclamado en una de sus entrevistas: "Cuanto más total es la confusión, mejor me encuentro en ella", no ha querido mantener sino lo que es movimiento, lo que estalla y explota. Opone la realización individual, percibida como una historia única, a la realización colectiva, principalmente la de tipo norteamericano que él rebaja al estado de "pesadilla climatizada". La única cuestion que vale es la de la autoliberación; por lo demás, la perspectiva de Henry Miller es la de un apocalipsis, y no la huella que deja el movimiento histórico. El "sabio desgarrado" interioriza el desorden y las contradicciones, se hace profeta de la salvación por el desorden al mismo tiempo que propone una especie de evangelio dionisíaco. Hay ahí un júbilo de ser moviéndose sin cesar, rechazando todo sentido impuesto y establecido en la duración, desbaratando las ilusiones del orden.

Con esta figura menos ilustre, pero sombrío e intensamente presente, que es el dramaturgo y poeta alemán Heiner Müller, la ilustración del desorden asume un aspecto más trágico. La visión obedece a la experiencia vivida en un país vencido, arruinado, dividido, con la imagen omnipresente de un totalitarismo pasado que el tiempo no puede borrar y la de un presente definido por un socialismo totalitario y tecnocrático.

Dos mundos del orden absoluto, esta figura de pesadilla ("todo estaba en orden", dice el soñador a su despertar) que evoca uno de los textos reunidos bajo un título común: *La Route des chars* (*La ruta de los carros*). Escribir contra el orden, para el desorden, se convierte entonces en un medio de vengarse, ligado con un placer maligno o a una especie de maldad. Al expresar su "odio primitivo" de las "metrópolis y su arrogancia", es decir, de las potencias donde todo remite a un centro que somete y totaliza, Heiner Müller evoca la "confrontación de dos épocas: la del individuo y la de la historia". Reencuentra lo que ha hecho nacer y ha mantenido la tragedia y que se traduce, en palabras de hoy, por la oposición de los derechos del hombre a la razón de Estado. Nacido en una dictadura, criado en una segunda "que ha representado la liberación de la primera" se considera "impregnado de la violencia del Estado". Recuerda así lo que le sirvió para denunciar como imprecatorio el sueño de los funcionarios estatales, un *orden completo*: "ese estancamiento en el mismo lugar, ese inmovilismo total". Un orden que sólo la muerte puede hacer existir; fuera de su reino, está el movimiento, la parte del desorden, sin los cuales no hay vida ni creación.

En figuras menos extremas o más desengañadas, o bajo máscaras, el desorden sigue siendo el ocupante del espacio literario actual. Ya Malraux, poco antes de su desaparición, hacía del *hombre precario* la prueba de una civilización que ha perdido todo lo que, religión o doctrina, tenía un valor "ordenador" y se ha vuelto más aleatoria. Al mismo tiempo que comprobaba la ausencia de valores reconocidos, propicia a la coexistencia de formas muy contrastadas, señalaba la pérdida de una "conciencia del conjunto". Un universo de la dispersión donde el poder, sin cesar creciente debido a la ciencia y a las máquinas, puede volverse contra el hombre; una civilización de la cual se descubre progresivamente alejado y que le parece como una patria que se ha vuelto extranjera. Orden, sentido, pertenencia, son percibidos juntos en las turbulencias del cambio, la metamorfosis y el riesgo; lo que hace que Malraux vislumbre como posible "una civilización durablemente inmunizada contra todo sentido de la vida".

Las obras más recientes, y de una categoría mucho menor, evocan en gran número ora el estallido, ora la desaparición. Unos, explorando nuevos caminos para la escritura, a menudo mezclados y arriesgados, rehabilitando la experiencia de vidas reventadas, representando efectos de interferencia en el relato, recurriendo a una movilidad que restituye la abundancia de acontecimientos con desenvoltura o un humor estragador. Los otros se refieren a un mundo falso, codificado, controlado, generador de mitos mediocres y de glorias dudosas, de vidas individuales entregadas a la burla y al desamparo. En realidad, un mundo de la desaparición que no presenta más que lo exterior al caos y donde el individuo está obligado a repetir las apariencias. En el mejor de los casos, se trata de colocar la puesta en escena del desorden bajo otra luz, de no reducirla sólo a mantener el empleo de cómplice de lo negativo y de la destrucción.

Si bien el orden no es más que un caso particular del desorden, la filosofía presente debe progresar a partir de lo general: el desorden es o parece ser hoy un dato inmediato de la experiencia. Con el riesgo de "decontruirse" o de perderse, la actividad filosófica lleva a su investigación, salvo que se quiera poner entre paréntesis la gran transformación contemporánea. Puede empujar hasta el descubrimiento de tierras desoladas donde el saber de lo que es la vida se ha perdido, donde lo real sin diversidad ni color se vuelve en cierto modo numérico (código, número, ecuación), donde los sujetos humanos son borrados; en un mundo que se destruye con la pérdida de sus cualidades sensibles, algunos, y principalmente Michel Henry, se convierten en los anunciadores de una nueva barbarie. La hegemonía del modelo científico (y técnico) es sustituible por la del modo lingüístico, y es entonces el tema del encierro en la "fortaleza de los lenguajes" el que prevalece. Hegemonía que designa Michel Serres señalando su rechazo de una filosofía centrada en la abstracción, que mantiene la confusión de las palabras y las cosas. Opone los datos sensibles al "dato" del lenguaje, las "fluctuaciones del azar" a la ilusión del camino derecho, la "multiplicidad abigarrada" al orden unificador negador de la variedad; toma a su cargo una época agitada que produce caos y, sobre todo, mescolanza; hace de ésta, que todavía no se proclama sino en el mito o la leyenda, uno de los objetos de la reflexión más actual. El pensamiento de la mescolanza puede reducirse, empero, a un sincretismo (proceder por adición o *collage*) o a un eclecticismo (chapucear con trozos de saber, si es preciso por reutilización). La crítica filosófica de la posmodernidad se posa en esos dos planos; denuncia una práctica sincrética que constituye un saber fluctuante con piezas dispares y elementos que hasta ahora eran rechazados; refuta una esterilidad ecléctica y disfrazada, al mismo tiempo que una cultura que se satisface con los reflejos en detrimento de las fuentes.

El movimiento, hoy, es portador de incertidumbre. Una filosofía pretendidamente joven abraza a uno y otra. Toma nota de la desaparición de las normas trascendentes en beneficio de una ética de la autenticidad, del "sé lo que eres", de la libertad reivindicada con respecto a las normas recibidas, porque son exteriores e impuestas, o producidas, porque cada uno se decreta su poseedor y amo. Una lógica de las situaciones inherente a esta época de fluctuaciones, y una lógica interna propia de las sociedades democráticas se conjugan y coinciden con este fin. Parece cada vez más insensato referirse a un orden del mundo global y fundante sobre el cual sería edificable un dogmatismo aceptable. La falta de certidumbre tiende a reemplazar a las ideologías de la afirmación; sobre ningún plano (científico, político, ético, incluso religioso), parece posible referirse en lo sucesivo a las evidencias, todo se vuelve condicional y los valores se relativizan. A un antiguo régimen de ideas de modo afirmativo, incluso cuando el pensamiento es pretendidamente crítico, parece suceder un nuevo régimen donde la argumentación se hace más libre e inestable, en la medida en que ya no es alimentada por certidumbres. Aparecen fórmulas que tratan de designar este pasaje, como las que parecen marcar el acomodamiento al pensamiento débil y a las ideologías blandas.

Lo que está más en tela de juicio es la cuestión de la *verdad*. En un universo de la agitación y las apariencias, en un devenir donde lo posible prevalece sobre la necesidad, la respuesta se elude o se confunde. Toma cuerpo la idea de que no hay hechos, sino interpretaciones, y que la pretensión de la verdad es una especie de abuso. De ahí la sugerencia de aceptar el renacimiento de una "realidad supuesta" en la que la división entre lo verdadero y lo falso, la verdad y la ficción pierde su nitidez (Gianni Vattino). La afirmación de que la *Verdad* no es asible, que se efectúa un viaje de una verdad a otra, y que los hombres no producen ni lo verdadero ni lo falso, sino "lo *existente*" (Paul Veyne), ya no parece tan provocadora. Como todo en la modernidad, la verdad estalla y ya no es más de una sola pieza; se dispersa y su movimiento puede interpretarse, con cierto exceso, como un vagabundo. El orden firme, o postulado así, permitía concebir una verdad unificada; lo inestable y el desorden la hacen ineluctablemente plural.

Se admite en consecuencia que el saber no puede ser asemejado a una suma de conocimientos que develaría progresivamente la verdad sino a lo que puede ser visto (evidencias) y dicho (enunciados) y armonizado según las condiciones particulares de una época. Esta, más que ninguna otra, impone la consideración problemática, el examen de la manera en que las cosas y las ideas crean problemas. En este sentido, ya, el aporte de Michel Foucault, que presentó él mismo como una "historia de las problematizaciones" y no como un pensamiento sistemático, una teoría o una doctrina, marca un hito. La marcha conduce –y las conversaciones son principalmente el medio de realizar este camino– a considerar la actualidad a fin de detectar los "puntos sensibles", los que son reveladores de fragilidad en el pensamiento y en las prácticas, los que señalan líneas de fractura más allá de las cuales se descubre lo inesperado, lo inédito. Foucault formula así la pregunta central: ¿cómo es posible la producción de algo nuevo en el mundo? Es ponerse como objetivo hacer inteligibles los cambios de régimen en el orden de las cosas, de las ideas, de las representaciones; hacer inteligibles los *pasajes*. Identificar esos momentos, aclarar lo que es problemático, llegar a conocer lo que entra en el mundo y no estaba ya ahí, es llevar a la experiencia humana a reducir la conciencia del desorden y la pérdida de sentido. Es aceptar un trabajo que se realiza en dos movimientos: abordar lo que depende del pasado, del "archivo" —tarea a la cual dedica Foucault la mayor parte de sus libros— , y considerar lo que somos en vías de dejar de ser; abordar, como se acaba de decir, lo "actual", es decir lo que somos en vías de llegar a ser. La obra del filósofo no se presta evidentemente a una sola interpretación, pero es legítima y además está legitimada por quienes son sus más seguros intérpretes, principalmente Gilles Deleuze; muestra la constante consideración de las condiciones históricas; revela una marcha de carácter generativo donde lo humano se encuentra continuamente confrontado (y constituido debido a esta confrontación) con las "fuerzas del afuera", y no sólo con los efectos de la estructura, que borran al hombre, al sujeto. Estos resultados han sido malinterpretados y vulgarizados, reducidos a un estado de simplicidad provocadora por el choque de una fórmula: la muerte del hombre, después de la de Dios. Las ciencias de la sociedad plantean esta cuestión de otro modo, pero están atormentadas por una misma obsesión: la de la muerte de las culturas, del por qué y el cómo el desorden lo logra, debilitando a las instituciones y borrando las significaciones. O, a la inversa, y de manera más optimista, por lo que permite el nacimiento de una cultura: a saber, cómo ésta se crea engendrando significaciones nuevas, poniendo lo imaginario al servicio de la formación de instituciones, haciendo prevalecer el principio de organización. Preocupación de un tiempo del desorden que *también* se identifica como el de los nuevos comienzos.

Las ciencias humanas encuentran en este terreno un desafío fundamental; el movimiento las trastoca, arrasa muchas de sus certidumbres, desplaza las fronteras que delimitan sus territorios de especialización. Ya no saben más precisamente en qué hombre, en qué sociedad y qué cultura deben ser competentes. Todo se ha vuelto demasiado inestable, demasiado disociado de lo que es el factor de permanencia y determinador de orden. Lo social —en el sentido más extensivo de esta palabra— se capta en un estado de gran fluidez. Porque es movilidad, ya no es circunscribible en el interior del espacio de una disciplina. Porque es un constante devenir, con la aceleración propia de los períodos de modernidad, debe ser asido en su engendramiento y no en las estructuras que lo fijan y lo desnaturalizan. Por estas razones, la división de las disciplinas según que se consideren interesadas en el pasado (historia) y el imperio de la tradición (etnología y antropología) o en el actual (sociología y otras ciencias del presente), pierden cada vez más su pertinencia. Cada una de ellas se encuentra con las otras cuando percibe el devenir, cuando aclara el "archivo" mediante lo actual, y recíprocamente.

La historia, en Francia principalmente, ocupa una posición triunfante cuya significación es necesario precisar, puesto que no carece de relación con lo que acaba de decirse. Al hacerse historia *total*, ha dominado el estado de fragmentación que impone la consideración del acontecimiento y, con este fin, ha integrado el aporte de las demás ciencias humanas, de la filosofía a las ciencias de la sociedad y la cultura, a la lingüística y la semiología; ha realizado un trabajo sintetizador, ha construido conjuntos anclados en el pasado y cuyos efectos se prolongan en el presente. En un tiempo que se caracteriza por lo inestable, la dispersión, lo efímero, permite la presencia de estos conjuntos ordenados, cargados de significaciones, que hacen "mundo" en el sentido filosófico del término. La historia brinda amarras y, al hacerlo, responde a una demanda difusa que es la de los hombres hoy desamparados.

Los comentadores de la actividad histórica —y de la avidez consumidora de textos resultante— lo presentan de otro modo: cuestionan la incertidumbre que alimenta la búsqueda de la identidad, individual y colectiva, y de su arraigo, la reivindicación de un sentido que se da sólo en la duración y cuyas fracturas de modernidad son devastadoras, el deseo de tener acceso a un futuro en gran medida desconocido, especie de agujero negro, sirviéndose de la iluminación del pasado.

La historia reactualiza la cuestión de la memoria colectiva, que estuvo no hace mucho en el centro de la interrogación sociológica. La modernidad es productora de amnesia, borras las referencias y oculta los anclajes del pasado, recurre a la abolición para hacer lugar a lo nuevo y lo inédito, y valoriza lo efímero en perjuicio de lo durable, oculta la permanencia bajo la superficie agitada del cambio; pero no llega a provocar una desaparición total, no más que la acción radicalmente revolucionaria de hacer tabla rasa a fin de imponer un comienzo absoluto. La historia vivida tiene una función de acumulación: fuera de los hombres, en la materialidad de lo que ellos producen y forman contra la agresión arrasadora del tiempo; en ellos, colectiva e individualmente, en lo que es su parte de herencia y orienta sus interpretaciones, sus comportamientos, sin que tengan plena conciencia de ello. Una sociedad completamente nueva, un hombre completamente nuevo, eso no existe, no puede existir. La memoria colectiva es plural, diversa, está constituida por múltiples aportes, obras, informaciones continuamente acumuladas y en parte disipadas. Puede verse, empero, la manera de una memoria informática; por ella, los depósitos del pasado son tratados y conservados, siguen siendo actualizables o programables según las circunstancias. Pero, es necesario recordarlo una vez más, la modernidad mantiene el pasaje a los extremos, actúa también por procesos de divergencia. Por una parte, da a la memoria colectiva instrumentos técnicos nuevos, más poderosos, de salvaguardia material y de almacenamiento de las obras y los "productos" culturales; las "tecas" de diversas clases se multiplican, la conservación por medios electrónicos e informáticos acumula y concentra, la creación de museos de todo tipo de cosas se transforma, según algunos, en una museomanía; los lugares de la memoria son reverenciados, toda parcela de ésta se transforma en pieza del patrimonio y puede llegar a ser un objeto de conmemoración y punto de peregrinación. Por otra parte, la modernidad hace precario, trivializa, masifica, desnaturaliza, pone en escena el consumo cultural; la inscripción en la duración pierde su importancia frente a la valorización del instante y el acontecimiento. Cuando la creación cultural se hace industria y la difusión de lo que produce es un inmenso mercado, las obras se degradan en mercancías pobres en significaciones que no sean las inmediatas; ya no tienen el mismo valor singular ni la misma fuerza testimonial —si el tiempo las conserva— para las generaciones actuales y las futuras. En la pasión que impulsa a muchos hacia las exposiciones y los museos, se ha podido reconocer la manifestación caricaturesca de aquello a lo que puede conducir la modernidad: el placer de consumir, la satisfacción que produce el acceso a los signos más que a las obras, la complicidad con una civilización de las apariencias mantenida por el poder de la moda, el privilegio otorgado a lo que se brinda para ver y conocer de manera espectacular, la aceptación de los simulacros. La interrogación crítica queda menos en la superficie cuando reconoce que la condición actual de la memoria está cuestionada, ya sea para denunciar una especie de agresión que reemplaza a la memoria viva por una multiplicidad de memorias artificiales, ya sea para evocar una derrota de la memoria que impulsa a emplear todos los remedios. Esta última observación nos lleva de nuevo al problema del desorden.

La conciencia del desorden, tal como la he descrito, se sitúa en la línea del tiempo entre el olvido de las condiciones anteriores y la ignorancia de los estados futuros. A lo cual se asocian el descubrimiento de una complejidad creciente —todo parece volverse cada vez más difícil de describir, toda acción parece tomar mejor la medida de sus límites— y el reconocimiento de una irreversibilidad que se opone a las tentativas para regresar a un orden pasado de las cosas. En esta posición incierta, el individuo y los grupos no logran definirse bien, fijar sus elecciones, orientar sus conductas. La señalización anticipada, la proyección en el futuro, es aleatoria; el repliegue sobre las posiciones de la vida personal, gestión del espacio privado más nítidamente marcada y del tiempo corto de la cotidianidad, es una de las respuestas a esta incertidumbre. En estas condiciones, el pasado, lo ya hecho, aparece también como portador de certidumbres, como un conjunto de señales a partir del cual resulta trabajoso analizar la situación. He ahí más que el engaño de la impotencia por una cultura de la nostalgia: es un intento de no ser tomado en un movimiento cuyo origen se ha olvidado y cuyo fin todavía está oculto. La definición retrospectiva, a falta de una imposible definición prospectiva, se percibe como un recurso, un socorro que permite introducir un poco de orden en esta época. La búsqueda de permanencias es la de un apoyo a partir del cual el devenir innovador podría ser sometido. El filósofo Gianni Vattimo no dice otra cosa cuando apela a un re-pensamiento de la herencia a fin de volver a dar fuerza al deseo de "pertenecer a este mundo", a la voluntad de no estar ausente por pasividad, futilidad o nihilismo trivial. Entonces la tradición ya no sería más el instrumento de un conservadorismo artificial, obligado y forzado, sino la guía necesaria para la investigación y la construcción del presente.

Por todas partes, en todo, el movimiento, y, debería decirse, el desamparo. Es éste el que tiene que ser reducido ahora, poniéndose en situación de afrontar lo real, de *producirlo* y, al hacerlo, introducir los principios de orden y sentido. Se sabe ahora lo que está cada vez menos a disposición de los hombres de hoy: los grandes dispositivos, totalidades por las cuales toda cosa podía ser ordenada. Las religiones transmitidas, formadas por la larga historia de las civilizaciones, que expresan y mantienen una unidad del mundo y de la persona, están debilitadas, fragmentadas, abandonadas o sometidas a la competencia de múltiples metamorfosis contemporáneas de lo sagrado. Los saberes que proceden de las ciencias y de los empleos técnicos ya no proponen un sistema de interpretación ni un sistema de acción unificadores; se mueven, se fragmentan, progresan en complejidad y en abstracción; el proyecto de una "ciencia unificada" es abandonado, la visión totalizante donde los elementos y las propuestas se presentan en relación de compatibilidad ya no es válida. Las ideologías, especies de recuperaciones por la razón de la obra puesta en orden general de la cual se encargaba el mito en las sociedades de la tradición, procedimientos por los cuales la unidad era conjuntamente impuesta a la naturaleza, lo social y la historia, caen en desuso, retroceden, se vuelven blandas, frágiles o superficiales; son reemplazadas por pequeñas ideologías precarias y sostenidas por micrológicas. En cuanto a la política, pierde progresivamente su capacidad de producir efectos de unidad, de animar las máquinas sociales que tienen por función integrar y normalizar.

Muy pronto, al comienzo de este siglo y con independiencia de la ciencia social dominante, el sociólogo Georg Simmel comprendió lo que iba a ser propio de las "sociedades modernas" en vías de hacerse. Las presenta cada vez más inestables, heterogéneas y abiertas al juego de fuerzas cambiantes, rebeldes —salvo por coacción, por lo arbitrario desnaturalizante— a todo intento de sistematizarlas. Mientras que el orden antiguo, el de las sociedades de la tradición, se piensa según "leyes" que determinan toda existencia desde el comienzo, según una lógica de lo vivo que hace casi impensable su degradación, y según prácticas que permiten cierto sometimiento del desorden, el déficit de orden de la modernidad se piensa en función de la posibilidad, de la contradicción entre una racionalidad instrumental omnipresente, poderosa, y una racionalidad interpretativa desfalleciente, de devenir incesante, abierto a lo aleatorio y lo efímero. Por un lado, sociedades donde la tradición reduce el olvido e impone la referencia a los orígenes, conserva la capacidad ordenadora de lo originario, donde los códigos, los ritos, las liturgias múltiples mantienen las regulaciones, donde el desorden es percibido como inherente al movimiento de toda vida, como una forma de energía que debe ser puesta al servicio del orden. Por el otro, sociedades donde la historia ya no es en cierto modo "natural", donde lo que toma forma no es sino una realización (precaria) entre otras formas posibles, donde se suceden sin cesar los desafíos y las presiones para responder a ellos, donde la inestabilidad de las señales, los saberes, los códigos y los valores contribuye a la incertidumbre, donde el avance se realiza de manera pragmática y concuerda con la metáfora de un movimiento que procede por bifurcaciones sucesivas.

Una época de movimiento y de conciencia del desorden es a la vez una época de grandes riesgos y grandes posibilidades. Puede convertirse en una época de contagio entrópico y, más aun, de implosiones y explosiones sociales en cadena y locuras desastrosas. El paso a los extremos, a la exageración, se ve facilitdo, ya sea por la retirada —repliegue al interior de pequeños espacios adonde las turbulencias llegan poco y donde el orden se mantiene, al menos en apariencia—, ya sea por la huida hacia adelante, ciega o casi ciega; elección del movimiento en cuanto tal, porque renueva, sin cesar, maridaje con el desorden que es entonces una fuente de goce, o certidumbre de que los límites de lo imposible se alejan como sucede raras veces en la historia. Es necesario afrontar lo real de otro modo, construirlo, y dirigir el movimiento del cual no se separa. La primera de las condiciones es diponer de los medios creándolos, para comprenderlo mejor en su estado presente y su fluidez: ponerse en actitud de no percibirlo como caos, sino como devenir, de reconocer cómo el desorden se une ahora a nuevas formas de orden, más fluctuantes. Este poyecto impone renunciamientos: a un pensamiento que vincula el orden con la estabilidad, a una concepción que rechaza lo irracional y lo imaginario a fin de realizar a toda costa una sociedad de la razón, habiendo olvidado lo que ya había dicho Pascal: que "hay dos locuras, la de excluir la razón, la de admitirla sólo a ella". Lo cual entraña otra renunciación: al voluntarismo *dogmático*, que finge ignorar que si bien los hombres producen las formas sociales, no lo hacen en una libertad (se le oponen límites) ni en la arbitrariedad (el decreto y la obligación no bastan) absolutas.

Abrazar el movimiento, y esta época, es tomar en cuenta y asumir los riesgos principales que entraña. Son tres, aparentes.

El primero se origina en el desarrollo individual, las interpretaciones falseadas y las reacciones o conductas erráticas que engendra. La muestra reside primero en una formación y educación colectivas que preparan para la comprensión de lo actual, que fortalecen el deseo de estar presente en este mundo. Obliga también a no dejar la libertad —relajada por el desmoronamiento de los encuadres antiguos— en estado difuso o salvaje y, en consecuencia, ilusoria y fácilmente manipulable. Es necesario llegar a una nueva y firme reapropiación de la libertad, asociando esta recuperación con la definición de valores liberados de los dogmas y de aquellos que hacen una especialidad de su formulación y su salvaguardia.

El segundo riesgo es correlativo. He señalado anteriormente que el fenómeno totalitario está inscrito en todo orden social; la democracia lo mantiene en estado virtual, le impide la actualización, pero ella es frágil y puede ser pervertida. Los períodos de gran transformación, de incertidumbres, durante los cuales el individuo se encuentra desorientado o sacrificado, son propicios al refuerzo del deseo de orden. Este, ganando en intensidad, hace más pasible la transformación del fenómeno totalitario en un totalitarismo consumado. Falsa y trágica victoria del orden, mientras que el pluralismo, la confrontación de las diferencias, la democracia viva son propicios a la creación de formas sociales y significaciones, capaces de impedir una degradación que lleve al estado mecánico donde el individuo tendría claramente su lugar, pero como pieza esclavizada de la gran maquinaria. La protección contra esta amenaza de realización de un orden engañoso y fatal consiste en una crítica infatigable de los mecanismos y los regímenes totalitarios, en una vigilancia sin desmayos.

El tercer riesgo no se separa de los precedentes: es el del confinamiento por olvido (o negación) que la modernidad generaliza la comunicación, multiplica las relaciones con el exterior y las solidaridades. Desde el cerco de la vida privada hasta el que protege los privilegios materiales de una comunidad nacional poderosa, o incluso la que defiende un régimen totalitario contra toda influencia contraria de afuera, un mismo error establece un lazo: el desconocimiento o la negación del hecho de que las sociedades presentes se encuentran cada vez más en una relación de intercambio, de dependencia del ambiente que todas las demás constituyen para cada una de ellas y del hecho de que el orden interior no se forma ni se conserva al abrigo de barreras levantadas para preservarlo de los desórdenes venidos de afuera. Esta es la lección del saber actual.

La administración del movimiento y, por consiguiente, del desorden, no puede reducirse a una acción defensiva, a una operación de restauración, a un juego de apariencias que sólo impondrían efectos de orden en la superficie. Más aun que en los períodos apacibles, es una conquista, una creación constante que orientan los valores jóvenes, una ética nueva y en gran medida compartida. Lo cual implica dar todas las posibilidades a lo que es portador de vida y no a lo que depende de un funcionamiento mecánico, a la sociedad civil y no a los aparatos. Encuentro aquí una conclusión ya propuesta no hace mucho: hacer participar de manera continua la gran cantidad de actores sociales en las definiciones —que deben retomarse siempre— de la sociedad, reconocer la necesidad de su presencia en los lugares donde se forman las elecciones que la producen y donde se engendran los elementos de su significación. Dicho de otro modo, hacer el elogio del movimiento, disipar los temores que inspira y, sobre todo, no consentir jamás que se aproveche el miedo confuso que produce.